Index de *Présence Africaine* par auteurs

Yutaka SAKUMA

Index de *Présence Africaine* par auteurs (1947-2016)

Présence Africaine

Reconnaissance

Un index a pour fonction de rassembler et de classer tous les éléments qu'un ensemble contient, mais pour des raisons qui tiennent aux ruses de la langue le mot s'est retrouvé dans une expression qui, loin de rassembler, exclut : on met à l'index depuis des temps lointains ce qui est perçu comme dangereux, ou simplement inapproprié. Ce nouvel Index ne répond évidemment pas à un acte d'exclusion mais à un processus de continuation d'un travail d'indexation qui couvrait la vie de la Revue depuis l'année 1947 jusqu'à 1976. Il a été le couronnement éditorial d'un travail effectué par Jacques Howlett, fortement aidé par son épouse Simone Howlett, qui marquait autant son attachement à la revue *Présence Africaine* qu'il signifiait son importance dans l'existence de cette même Revue, puis dans la fondation de la Maison d'édition. Jacques Howlett a été fidèle à Présence Africaine comme peu peuvent s'en enorgueillir. Dans l'ombre plus que dans la lumière, il a œuvré avec acharnement pour que cette Revue et la maison d'édition qui lui était attachée soient à la hauteur de son ambition originelle. Jacques Howlett avait rencontré au lendemain de la Seconde Guerre mondiale Alioune Diop, tous deux, maîtres d'internat au lycée Saint-Louis à Paris. Entre ces deux hommes, une amitié faite de respect, de complicité et de confiance s'est nouée au point qu'Alioune Diop a laissé la direction littéraire à Jacques Howlett, devenu par ailleurs professeur de philosophie, pendant de nombreuses années jusqu'à lui demander de se mettre en disponibilité de son poste d'enseignant pour se consacrer exclusivement à la maison d'édition. Toujours proches dans la vie, malheureusement ils le furent également dans la mort : Alioune Diop décède le 2 mai 1980, Jacques Howlett, mon père, les premiers jours de l'année 1982. Leurs épouses respectives, Christiane Diop et Simone Howlett, ma mère (décédée en 2005), chacune à des titres différents, ont repris le flambeau pour que la Maison *Présence Africaine* demeure.

Voilà pourquoi la continuation de leur travail est pour tous et pour les études africaines en particulier d'une importance exceptionnelle et on ne peut que rendre hommage au travail de M. Yutaka Sakuma de l'Université Meiji de Tokyo qui, par cette recension exhaustive, a tout autant prolongé le travail de mes parents qu'il a honoré la Revue.

Depuis les années 1980, les modalités de travail ont changé. Nul doute que M. Yutaka Sakuma a travaillé sur cet index avec des outils autrement plus performants que ceux utilisés par mes parents et on imagine aisément le gain que, pour un tel travail, l'outil informatique peut représenter. Il faut savoir que mon père et ma mère travaillaient avec des petites fiches bristol et que, jour après jour, ils rassemblaient scrupuleusement sur ces petites fiches l'ensemble des textes parus dans la Revue. C'était un travail que ressemblait à une tâche de moine copiste : l'un ou l'autre ont recensé les références, sérié les rubriques et construit artisanalement ce qui fut le premier Index de la Revue. Dans le peu de temps que leurs occupations professionnelles leur octroyaient, ils s'attelaient à cette tâche obscure. Je les vois encore, jour après jour, collationner toutes ces fiches bristol dans de longs casiers précieusement choyés avec une seule crainte : que tout cela se perde.

C'est la raison pour laquelle j'ai voulu écrire ces quelques mots : pour que leur travail ne se perde pas, qu'il ne soit pas obsolète, que les noms de Jacques et Simone Howlett, eux qui ont tant donné, ne soient pas absents de cette nouvelle édition, pour que cet Index les désigne plutôt qu'il ne les voue à l'oubli.

Marc-Vincent Howlett

Introduction

Présence Africaine, « revue culturelle du monde noir », fondée en 1947 par Alioune Diop paraît jusqu'à nos jours[1]. Si dès son premier numéro (novembre-décembre 1947) – dans un contexte de lutte contre la colonisation et de défense des peuples opprimés – la revue a publié des auteurs majeurs venant de tous les horizons, de toutes les disciplines et origines[2] (André Gide, Théodore Monod, Marcel Griaule, Jean-Paul Sartre, Georges Balandier, Emmanuel Mounier, Paul Mercier, etc.), bon nombre de célébrités « noires », écrivains, essayistes, poètes, chercheurs et acteurs de la société civile y ont collaboré et publié des travaux importants en français et en anglais. Parmi tant d'autres on peut mentionner : Aimé Césaire, Bernard B. Dadié, Léon-Gontran Damas, Léopold Sédar Senghor, René Depestre, Jacques Rabemananjara, Birago Diop, Cheikh Anta Diop, Édouard Glissant, Jacques Roumain, David Diop, Richard Wright, Peter Abrahams, Amadou Hampâté Bâ, René Maran, Baba Ibrahima Kaké, Maryse Condé, etc. À partir de cet échantillon, on constate que ces auteurs viennent de divers horizons. On y trouve notamment des personnalités qui sont à la fois des intellectuels et des hommes politiques ayant marqué leur siècle. À ce titre, comme le souligne Sarah Frioux (2009) *Présence Africaine* n'est pas simplement une revue culturelle, mais « une tribune, un mouvement, un réseau » politico-culturel qui a participé activement au processus de décolonisation.

---

1. Présence Africaine est aussi le nom de la maison d'édition qui publie la revue (et d'autres livres) et celui de la librairie située dans le Quartier Latin à Paris.
2. Ce sont des auteurs souvent anticolonialistes ou des chercheurs défenseurs des « cultures » noires.

Ce document est un index alphabétique des auteurs de *Présence Africaine* de 1947 jusqu'à 2016. Soulignons, qu'il existe des travaux de recherche et d'ordonnancement antérieurs à notre travail. À ce titre, indiquons que l'index établi en 1977 par Jacques Howlett (qui était un éditeur de cette revue) est le plus minutieux[3]. Cependant cet index n'a pas été actualisé : il s'arrête en 1976 et ne peut donc être utilisé pour l'époque de l'après-guerre froide. C'est, entre autres, pour cette raison qu'un nouvel index est nécessaire.

---

3. Parmi ces travaux, nous pouvons citer ceux d'Ojo-Ade (1977) ou de Coquery-Vidrovitch (1992) ; mais ils ne sont pas aussi minutieux et exacts que l'ouvrage de Jacques Howlett. Ces dernières années, il existe un archivage par support numérique internet à travers des bases de données accessibles au grand public (JSTOR, CAIRN. INFO, etc.). Si elles peuvent être utilisées comme index alphabétique par auteur, elles sont tronquées et de nombreux numéros sont absents. Pour ce qui concerne JSTOR : N°43, N°158, N°165, N°169, N°181-190 (de la deuxième série). Pour le site de référencement de revues en ligne CAIRN.INFO : N°5, N°7, N°10-11, N°13 (de la première série) et N°4, N°6-7, N°16, N°34, N°35, N°40, N°52, N°57, N°85, N°90, N°160 (de la deuxième série).

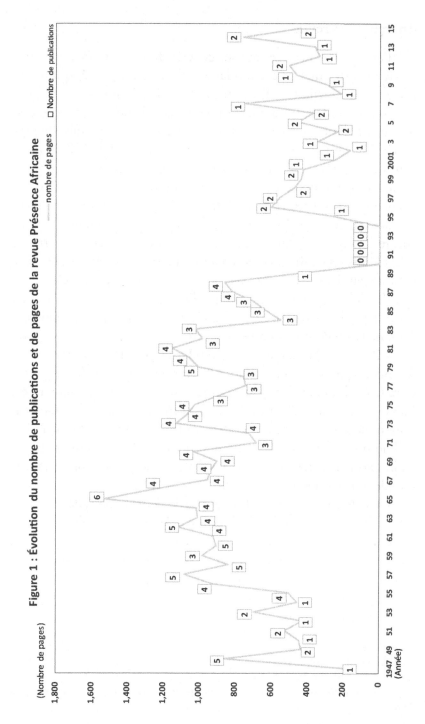

Figure 1 : Évolution du nombre de publications et de pages de la revue Présence Africaine

Aperçu de la revue

Pour commencer ce tableau général de la revue *Présence Africaine*, j'insiste sur l'aspect fondamental de sa longévité, quasi sans discontinuité, depuis 1947. Entre 1947 et 1954 nous avons d'abord la publication des 16 premiers numéros de « l'ancienne série », puis une année d'interruption (et enfin le lancement de la nouvelle série en 1955. Ce qui donne entre 1947 et 2016, un total de 192 numéros édités comportant 45 116 pages et plus de 4 800 articles publiés : ce qui constitue un corpus impressionnant dans l'univers des revues et encore plus s'intéressant à l'Afrique et aux diasporas noires. Dans l'espace francophone forgé par la colonisation, s'il y a eu ou s'il existe encore d'autres publications (magazines, périodiques, revues, journaux, etc.) réunissant des intellectuels noirs comme on le verra ci-après, il ne subsiste pas d'autre exemple avec cette ampleur et pérennité[4].

Par ailleurs, ce qui rend unique la revue *Présence Africaine* c'est la diversité de ses textes. Voici l'explication donnée par le fondateur Alioune Diop dans le premier numéro.

« Présence Africaine » comprend trois parties essentielles. La seconde, la plus importante à nos yeux, sera constituée de textes d'Africains (romans, nouvelles, poèmes, pièces de théâtre, etc.). La première publiera des études d'Africanistes sur la culture et la civilisation africaines. Nous y examinerons également les modalités de l'intégration de l'homme noir dans la civilisation occidentale. La dernière partie enfin, passera en revue des œuvres d'art ou de pensée concernant le monde noir (A. Diop, 1947 : 7).

Cette revue est donc à la fois un lieu de valorisation et de réflexion. Ceci étant dit, en se référant aux propos d'Alioune Diop, il est possible de se tromper sur la nature de la revue et de la réduire uniquement à des études scientifiques, à la culture et/ou aux arts. Qu'en est-il en réalité ? En jetant un regard sur les dossiers spéciaux, nous avons un autre point de vue. (voir aussi en annexe : « les numéros et dossiers spéciaux de la revue »).

---

4. Dans l'espace anglophone, notamment aux USA, il y a le journal *The Crisis*, de la NAACP (National Association for the Advancement of Colored People) qui existe depuis 1910 à nos jours et *Ebony Magazine* qui a été créé par John H. Johnson en 1945.

Tableau 1 : classification des dossiers spéciaux par genre

Poésie	Ancienne 12, 4, 5, 6, 7, 11, 57, 165-166
Littérature	Ancienne 16, 55, 139, 154, 159, 187-188, 190
Art	Ancienne 10-11, 60, 65, 94, 95, 96, 117-118, 191
Culture	16, 80, 98, 99-100, 101-102, 117-118, 179-180, 183
Économie	21, 93, 113, 167-168
Politique	18-19, 63, 97, 127-128, 146, 178, 183, 185-186
Histoire	60, 70, 81, 89, 155, 157, 173
Philosophie	18-19, 66, 91, 165-166, 171
Éducation	6, 11, 60, 61, 64, 81, 87, 92, 94, 95, 96

Tableau 2 : classification des dossiers spéciaux par région

Afrique	12 (Ghana), 29 (Guinée), 38 (Somalie), 42 (Angola), 58 (Nigeria), 80 (Afrique du Sud), 153 (Afrique du Sud)
Caraïbes-Amérique	Ancienne 12 (Haïti), 43 (Antilles, Guyane), 53 (Brésil), 69 (Haïti), 121-122 (Guadeloupe, Guyane, Martinique)

Tableau 3 : classification des dossiers spéciaux par personnage

Afrique	85 (K. Nkrumah), 154 (L.S. Senghor), 155 (W. Sassine), 157 (Oumar Ba), 170 (P. S. Vieyra), 181-182 (A. Diop)
Caraïbes-Amérique	64 (L. Hughes), 71 (J. Price-Mars), 112 (L.-G. Damas), 151-152 (A. Césaire), 178 (A. Césaire, Obama), 184 (É. Glissant, A. Césaire), 187-188 (R. Maran, L.-G. Damas), 189 (A. Césaire)

Nous constatons, en nous appuyant sur le tableau 1, qu'il existe une variété de dossiers spéciaux abordés par *Présence Africaine* tels que la poésie, la littérature, l'art et la culture, mais aussi l'économie, la politique, l'histoire, la philosophie, l'éducation, etc.

Reprenant l'explication liminaire de Diop, la revue se concentre sur « l'Afrique », mais il faut porter attention à ce vocable. En regardant les lieux, les thèmes et les personnalités apparaissant dans les dossiers spéciaux (tableau 2 et tableau 3), il est possible de voir qu'ils ne se limitent pas au continent africain *stricto sensu*, mais incluent également les Africains vivant aux Amériques ou dans les Caraïbes (plus largement les afro-descendants et les diasporas noires sur différents continents).

De cette manière, le fait que *Présence Africaine* est « un média interdisciplinaire et ultra-ethnique » (Mudimbe-Boyi, 2006 : 737) est la plus grande caractéristique de la revue. Bien plus, la publication de la revue juste après la Seconde Guerre mondiale fut un événement avant-gardiste. C'est à ce propos que Clifford, le rédacteur en chef de *Writing Culture*, a écrit que la revue *Présence Africaine* était « un forum inhabituel pour la collaboration » entre les chercheurs et non-chercheurs autour du colonialisme (Clifford, 1986 : 9). Amplifiant cette perspective de décloisonnement, l'expert en études culturelles, Gilroy, a également dit à propos de cette publication qu'il s'agissait d'« une opportunité importante de développer la conscience de la diaspora africaine comme une diversité transnationale et interculturelle » (Gilroy, 1993:195). Soulignons toutefois que les avis de Clifford et Gilroy pourraient induire le lecteur non avisé en erreur, laissant à penser que *Présence Africaine* a été créée immédiatement en tant que revue innovante. Ce n'est pas le cas. Elle a évolué.

Pour le comprendre, il faut revenir au contexte de la parution du premier numéro. Le fait particulièrement important est que durant l'entre-deux guerres, et singulièrement dans le Paris des années 1920, les activités des intellectuels noirs et des artistes d'Afrique et des Caraïbes ont pris de l'ampleur. Évidemment, ceux qui les évaluaient ou consommaient leurs œuvres étaient en général des occidentaux d'Europe ou des États-Unis ; cependant, bien qu'étant peu nombreux, il y avait des Africains qui réagissaient sensiblement à ces changements. Grâce à ces étudiants et intellectuels noirs vivant dans la capitale française des publications diverses (articles, brochures, revues, magazines, etc.), tels que *La Revue du Monde Noir* (Paris, 1931-32), *Légitime Défense* (Paris, 1932), *L'Étudiant Noir* (Paris, 1935), *Tropiques* (Martinique, 1941-45) ont été éditées des années 1930 aux années 1940. C'étaient certes souvent des parutions « sporadiques » (Jules-Rosette, 1988 : 5), mais en se servant du surréalisme, de l'anthropologie culturelle et du communisme en tant qu'intermédiaires, elles ont été le ferment d'un mouvement culturel fondamental : la « Négritude ».

La Négritude est un mouvement culturel qui renverse, en se servant de la signification du mot « Nègre », la négation, la dégradation et la valeur inférieure attribuées aux Noirs, en passant par la force de la littérature et plus spécialement de la poésie. Principalement dans la période 1930-1940, les œuvres des poètes Léon-Gontran Damas, Léopold Sédar Senghor et Aimé Césaire, représentants de la Négritude, sont publiées successivement et concomitamment (Damas, 1937 ; Senghor, 1945 ; Césaire, 1946 ; Damas éd., 1947 ; Césaire, 1947 ; Senghor, 1948 ; Senghor ed., 1948). C'est en conjonction avec cette mouvance que s'inscrit la parution de la revue *Présence Africaine*.

Soulignons cependant que la revue ne faisait pas seulement partie du mouvement de la Négritude. Ce mouvement est critiqué de temps en temps pour son culturalisme apolitique. Pour référence, voici une des critiques effectuées :

« La Négritude, bien qu'un slogan politique valable, peut, du fait que ses apôtres l'aient mis en place comme principe d'art, (...) équivaloir à de l'auto-asservissement/auto-colonisation ». (Mphahlele, 1963)

Ces mots de l'écrivain sud-africain Ezekiel Mphahlele dans les années 1960 appartiennent à un courant de critiques qui estime qu'un simple développement de la culture noire peut renforcer une subordination politique. Dans ce sens, comme le souligne Wole Soyinka à la Conférence des écrivains africains de Kampala (1962) : « Le tigre ne proclame pas sa tigritude. Il bondit sur sa proie et la dévore » (Feuser, 1986 : 557). La transformation de *Présence Africaine* est une réponse à ces critiques, autrement dit, elle s'est servie des problèmes politiques et culturels comme d'un levier de changement.

Comme je l'ai déjà mentionné, Alioune Diop, le créateur de la revue, avait annoncé que « Cette revue ne se place sous l'obédience d'aucune idéologie philosophique ou politique (Diop, 1947 : 7). Certes la politique fait partie des prémices de la revue, mais il n'y a pas de critique radicale ou de parti pris sur les fondements de la colonisation. Par exemple, contrairement à la cinquième conférence panafricaine de Manchester en 1945 qui a eu lieu en même temps en Angleterre, les critiques du colonialisme et les réclamations pour appliquer le droit à l'autodétermination des peuples n'en constituent pas l'essentiel.

Ce ton a évolué avec le temps. Les premiers signes apparaissent en 1953 dans le dossier spécial « Les étudiants noirs parlent », dans le numéro 14 de l'ancienne série de *Présence Africaine*. Ce dossier incluait des contributions d'étudiants africains, dont la majorité reste anonyme encore aujourd'hui, à propos du besoin de quitter l'Union Française et celui d'indépendance totale (Diop, 1953). De même, la Négritude qui avait négligé les problèmes politiques et économiques est critiquée et considérée comme une tromperie (Franklin, 1953).

Dans le premier numéro de la deuxième série qui reparait après une suspension d'un an, c'est Alioune Diop lui-même qui clarifie l'orientation politique de la revue :

« Tous les articles seront publiés sous réserve que leur tenue s'y prête, qu'ils concernent l'Afrique, ne trahissent ni notre volonté antiraciste, anticolonialiste, ni la solidarité des peuples colonisés ». (Diop, 1955)

Le tournant majeur survient en 1956. Il s'agit du *1er Congrès International des Écrivains et Artistes Noirs (Paris - Sorbonne - 19-22 septembre 1956)* organisé par *Présence Africaine* comme une réponse à la Conférence de Bandung (1955) qui « était un événement décisif, historique » « pour peuples colonisés » (Howlett, 1958 : 147). De nombreuses personnes ont participé à cette conférence, non seulement en provenance de pays francophones, mais également de pays anglophones et, à l'inverse du nom de « écrivains et artistes », de nombreuses « personnalités politiques » y ont également pris part. Cela est dû au fait que de nombreux écrivains et artistes étaient également engagés dans des mouvements politiques ou occupaient des responsabilités politiques. L'un d'entre eux, poète de la négritude et homme politique en Martinique, Aimé Césaire, s'est exprimé ainsi :

« Autrement dit, qu'on le veuille ou non, on ne peut pas poser actuellement le problème de la culture noire, sans poser en même temps le problème du colonialisme, car toutes les cultures noires se développent à l'heure actuelle dans ce conditionnement particulier qu'est la situation coloniale ou semi-coloniale ou para-coloniale ». (Césaire, 1956 : 190)

Il s'agit de l'avènement d'une nouvelle ère dans laquelle les Français d'ascendance africaine, hommes politiques et poètes à la fois, font savoir fortement qu'il n'est plus possible de s'intéresser aux questions littéraires ou culturelles sans également s'intéresser au colonialisme et aux questions politiques. Avec le second Congrès de Rome en 1959 puis l'arrivée de "l'année de l'Afrique (1960)", *Présence Africaine* se transforme en une revue résolument révolutionnaire.

Dans les recherches faites jusqu'à ce jour, la transformation de *Présence Africaine* dans les années 1950 a régulièrement été catégorisée comme une évolution de l'ambiguïté du culturalisme vers le développement d'une conscience politique. Les défis futurs seront les variations et complexifications des rapports entre la culture et la politique, ainsi que la souffrance, les conflits et le silence des intellectuels noirs.

À la suite de ces travaux, le problème concernant l'unification des cultures et de la politique au 21e siècle, autrement appelée la globalisation de l'économie, qui progresse à l'échelle mondiale, est une opportunité pour réévaluer les mouvements culturels tels que le nationalisme ou l'exclusivisme qui avaient constitué un danger pour les problèmes de culture politique après la Guerre Froide. Cet index a pour objectif d'être une piste réflexive à cet effet.

Commentaire

Dans ce document, on peut trouver les informations ci-dessous : ① Le nom de l'auteur, ② le titre du texte, ③ le numéro de la revue dans lequel ce texte est publié, ④ l'année de publication, ⑤ la ou les page(s).

ex.

Césaire, Aimé ←①
    Va-t-en chien des nuits ←②
    (1-2, 1955, p. 116)
    ↑   ↑   ↑
    ③   ④   ⑤

Les numéros de la revue sont parfois complexes. Il existe quatre séries[5] :

---

5. N°18-19-20, N°24-25 et du N°29 au N°60 dans la deuxième série, la revue a eu deux éditions dont les contenus étaient identiques en français et en anglais (cf. Jacques Howlett, 1977 : 7).

Les numéros de la première série (1947-1949) : de 1 à 7 ;
Les numéros spéciaux (1950-1954) : 8-9, 10-11, 12, 13, 14, 15, 16 ;
Les numéros de la deuxième série (1955-1966) : de I à LVI et de 57 à 60 ;
Les numéros de la nouvelle série bilingue (1966-2014) : de 61 à 192.

Dans cet index, nous écrivons simplement le numéro avec des chiffres arabes, ce qui permet de distinguer les séries à partir de l'année de publication.

*

En 2017, *Présence Africaine* a fêté son 70e anniversaire. Cet index pourra être utile pour des études pluridisciplinaires : littératures comparées, littératures « noires », sociologie des médias, anthropologie, histoire, sciences de l'éducation, études culturelles, etc. Nous espérons que cet index pourra faciliter et accroître l'intérêt des recherches autour de cette revue qui, non seulement a toujours été le reflet de son temps, mais aussi a historiquement une influence majeure sur les mouvements politiques et culturels en Afrique et dans les diasporas noires (Amérique du Nord et du Sud, Caraïbes, Europe, etc.).

Bibliographie

CÉSAIRE, Aimé. 1946. *Les Armes miraculeuses*. Paris, Gallimard.

CÉSAIRE, Aimé. 1947. *Soleil cou coupé*. Paris, Editions K.

CÉSAIRE, Aimé. 1956. "Culture et colonisation." *Présence Africaine*, 8-9-10 : 190-205.

CLIFFORD, James. 1986. "Introduction." *Writing Culture: The Poetics and Politics of Ethnography*. Berkeley, University of California Press.

COQUERY-VIDROVITCH, Catherine. 1992. "*Présence Africaine* : History and Historians of Africa." *The Surreptitious Speech : Présence Africaine and the Politics of Otherness 1947-1987* (V. Y. Mudimbe ed.), 59-94, Chicago, The University of Chicago Press.

DAMAS, Léon-Gontran. 1937. *Pigments*. Paris, Guy Lévis Mano.

DAMAS, Léon-Gontran éd. 1947. *Poètes d'expression française*. Paris, Seuil.

DAMAS, Léon-Gontran éd. 1948. *Poèmes Nègres sur des airs africains.* Paris, G.L.M. Éditeurs.

DIOP, Alioune. 1947. "Niam n'goura : Ou les raisons d'être de *Présence Africaine.*" *Présence Africaine*, 1: 7-14.

DIOP, Alioune. 1955. "Liminaire." *Présence Africaine*, 1-2: 5-7.

DIOP, Majhemout.1953. "L'unique issue : L'indépendance totale." *Présence Africaine*, 14 : 145-184.

FEUSER, Willfried F. 1988. "Wole Soyinka: The Problem of Authenticity." *Black American Literature Forum*, 22-3: 555-575.

FRANKLIN, Albert. 1953. "La Négritude : Réalité ou mystification ?" *Présence Africaine*, 14: 287-303.

FRIOUX-SALGAS, Sarah. 2009. "*Présence Africaine*. Une tribune, un mouvement, un réseau." *Gradhiva*, 10: 1-21.

GILROY, Paul. 1993. *The Black Atlantic: Modernity and Double Consciousness.* Cambridge, Harvard University Press.

HOWLETT, Jacques. 1958. "Présence Africaine 1947-1958." *The Journal of Negro History*, 43 (2): 140-150.

HOWLETT, Jacques. 1977. *Index alphabétique des auteurs et des matières 1947-1976.* Paris, Présence Africaine.

JULES-ROSETTE, Bennetta. 1998. *Black Paris: The African Writers' Landscape*, Urbana and Chicago, University of Illinois Press.

MPHAHLELE, Ezekiel. 1963. "On Negritude in Literature," BlackPast.org. (http://www.blackpast.org/1963-eskia-ezekiel-mphahle-le-negritude-literature)

MUDIMBE-BOYI, Elisabeth. 2006. "Présence Africaine." *The Columbia History of Twentieth-Century French Thought* (Lawrence D. Kritzman ed.), 736-738, New York, Columbia University Press.

OJO-ADE, Femi. 1977. *Analytic Index of Presence Africaine (1947-1972)*, Washington, D.C., Three Continents Press.

SENGHOR, Léopold Sédar. 1945. *Chants d'ombre.* Paris, Seuil.

SENGHOR, Léopold Sédar. 1948. *Hosties noires.* Paris, Seuil.

SENGHOR, Léopold Sédar éd. 1948. *Anthologie de la nouvelle poésie nègre et malgache de langue française.* Paris, Presses universitaires de France.

Sites internet

CAIRN.INFO : https://www.cairn.info/revue-presence-africaine.htm
JSTOR : http://www.jstor.org/journal/presafri
Présence Africaine : http://www.presenceafricaine.com/17-revue-culturelle-monde-noir

Annexe :
Les numéros et dossiers spéciaux de la revue

Numéro	Année	Dossier spécial	Pages totales
1	1947/1	Varia	196
2	1948/1	Varia	162
3	1948/2	Varia	170
4	1948/3	Varia	194
5	1948	Varia	167
5	1948	Varia	167
6	1949/1	Varia	286
7	1949	Varia	149
8-9	1950	Le monde noir	448
10-11	1951	L'Art Nègre	256
12	1951	Haïti. Poètes noirs	268
13	1952	Le travail en Afrique noire	428
14	1953/1	Les étudiants noirs parlent...	312
15	1953/4	Hommage à Jacques Richard-Molard	384
16	1954	Trois écrivains noirs	427
1-2	1955/1-2	Varia	186
3	1955/3	La Conférence de Bandoeng	96
4	1955/4	Varia (*Un débat autour des conditions d'une poésie nationale chez les peuples noirs)	96
5	1955/5	Varia (*Suite du débat autour des conditions d'une poésie nationale chez les peuples noirs)	128

6	1956/1	Varia (*Problèmes de l'enseignement en Afrique noire. Suite du débat autour des conditions d'une poésie nationale chez les peuples noirs)	176
7	1956/2	Varia (*L'enseignement en Afrique noire. Débat sur la poésie nationale)	160
8-9-10	1956/3-4-5	Le 1er Congrès International des Écrivains et Artistes Noirs (Paris - Sorbonne - 19-22 septembre 1956)	416
11	1956/6	L'enseignement en Afrique noire. Conditions d'une poésie nationale chez les peuples noirs	176
12	1957/1	Hier Gold Coast, aujourd'hui Ghana	176
13	1957/2	Varia (*Débat autour des conditions d'un roman national chez les peuples noirs)	160
14-15	1957/3-4	Contributions au 1er Congrès des Écrivains et Artistes Noirs	364
16	1957/5	Varia (*L'homme de culture noir et son peuple)	200
17	1957/6	Varia	184
18-19	1958/1-2	Aspects de la spiritualité africaine. La loi-cadre	254
20	1958/3	Varia	160
21	1958/4	Le sous-développement	104
22	1958/5	Varia	158
23	1958/6	Varia	160
24-25	1959/1-2	Deuxième Congrès des Écrivains et Artistes Noirs	484
26	1959/3	Varia	132
27-28	1959/4-5	Deuxième Congrès des Écrivains et Artistes Noirs	368
29	1960/1	Guinée indépendante !	126
30	1960/2	Varia	144
31	1960/3	Varia	156
32-33	1960/4-5	Varia	216
34-35	1960-1961	Varia	264

36	1961/1	Varia	176
37	1961/2	Varia	240
38	1961/3	La Somalie indépendante	248
39	1961/4	Varia	258
40	1962/1	Varia	202
41	1962/2	Varia	190
42	1962/3	Angola	222
43	1962/3b	Antilles - Guyane	222
44	1962/4	Varia	280
45	1963/1	Dossier angolais	250
46	1963/2	Varia	250
47	1963/3	Varia	256
48	1963/4	Varia	254
49	1964/1	Varia	268
50	1964/2	Dossier « Apartheid »	284
51	1964/3	Varia	192
52	1964/1	Varia	270
53	1965/1	Textes sur les préjugés de couleur au Brésil	294
54	1965/2	Varia (*Pour l'égalité raciale)	278
55	1965/3	Varia (*Recherches sur la littérature traditionnelle malgache)	232
56	1965/4	Varia	170
57	1966/1	Nouvelle somme de poésie du monde noir	574
58	1966/2	Nigeria	276
59	1966/3	Varia	180
60	1966/4	À la recherche de l'histoire. Le problème pédagogique	224
61	1967/1	Varia	246
62	1967/2	Varia	228
63	1967/3	Politique et idéologie en Afrique	294

64	1967/4	Table ronde sur l'éducation en Afrique Hommage à Langston Hughes	186
65	1968/1	Danse négro-africaine	188
66	1968/2	Dossier philosophique	284
67	1968/.3	Table ronde sur les langues africaines	222
68	1968/4	Dossier sur la femme africaine	244
69	1969/1	Dossier : Table ronde sur la médecine en Afrique noire	248
70	1969/2	Dossier sur l'histoire africaine	256
71	1969/3	Hommage à Jean Price-Mars	148
72	1969/4	Varia	248
73	1970/1	Elite et Peuple dans l'Afrique d'aujourd'hui : Table ronde	264
74	1970/2	Varia	250
75	1970/3	Varia	250
76	1970/4	Varia	268
77	1971/1	Varia	304
79	1971/3	Varia	178
80	1971/4	Symposium : « Cultutal days on South Africa »	202
81	1972/1	Table ronde sur l'enseignement de l'Histoire...	224
82	1972/2	Varia	178
83	1972/3	Varia	164
84	1972/4	Varia	160
85	1973/1	Hommage à Kwame Nkrumah	244
86	1973/2	Varia	326
87	1973/3	Pré-colloque sur « Civilisation noire et Éducation »	234
88	1973/4	Mass media et civilisation noire	326
89	1974/1	Études historiques	292
90	1974/2	Le rôle du cinéaste africain dans l'éveil d'une conscience de civilisation noire	288

91	1974/3	Philosophie	252
92	1974/4	2ᵉ Pré-colloque sur « Civilisation noire et Éducation »	234
93	1975/1	« Économie et Urbanisme »	254
94	1975/2	Travaux préparatoires au Colloque du Deuxième Festival Mondial des Arts Négro-Africains : « Civilisation noire et éducation » Dossiers I et II	272
95	1975/3	Travaux préparatoires au Colloque du Deuxième Festival Mondial des Arts Négro-Africains : « Civilisation noire et éducation » : Dossiers III et IV	220
96	1975/4	Travaux préparatoires au Colloque du Deuxième Festival Mondial des Arts Négro-Africains : « Civilisation noire et éducation » : Dossiers V, VI et VII	280
97	1976/1	« Science politique »	272
98	1976/2	Identité culturelle négro-africaine (I)	320
99-100	1976/3-4	Identité culturelle négro-africaine (II)	294
101-102	1977/1-2	Identité culturelle négro-africaine (III)	350
103	1977/3	Varia	182
104	1977/4	Varia	210
105-106	1978/1-2	Varia	300
107	1978/3	Varia	272
108	1978/4	Varia	184
109	1979/1	Varia	168
110	1979/2	Varia	188
111	1979/3	Varia	168
112	1979/4	Varia	240
112	1979/4	Varia (*Hommage posthume à Léon-Gontran Damas)	240
113	1980/1	Réflexions sur les problèmes alimentaires en Afrique Noire	268

114	1980/2	Varia	230
115	1980/3	Varia	254
116	1980/4	Varia	306
117-118	1981/1-2	1er Pré-Colloque du 3e Festival Mondial des Arts Nègres - Dimensions mondiales de la communauté des peuples noirs - Maîtrise scientifique des connaissances et diffusion - Conférence des Ministres de la Culture du Monde Noir	412
119	1981/3	Varia	208
120	1981/4	Varia	118
121-122	1982/1-2	Présence antillaise : Guadeloupe – Guyane – Martinique	450
123	1982/3	Varia	280
124	1982/4	Aspects de la médecine en Afrique	254
125	1983/1	Varia	384
126	1983/2	Varia	220
127-128	1983/3-4	Colloque sur « La problématique de l'État en Afrique Noire »	416
129	1984/1	Varia	190
130	1984/2	Varia	190
131	1984/3	Aspects du syndicalisme en Afrique Noire	170
133-134	1985/1-2	Varia	294
135	1985/3	Varia	148
136	1985/4	Varia	190
137-138	1986/1-2	Varia	300
139	1986/3	Panorama de la littérature négro-africaine des années 80	228
140	1986/4	Varia	176
141	1987/1	La femme noire dans la vie moderne : Images et Réalités 1re Partie	228

142	1987/2	Varia	198
143	1987/3	Varia	230
144	1987/4	Varia	160
145	1988/1	Varia	256
146	1988/2	XXVᵉ Anniversaire de l'Organisation de l'Unité Africaine (1963-1988)	288
147	1988/3	Varia	128
148	1988/4	Varia	188
149-150	1989/1-2	Varia	420
151-152	1995/3-4	Aimé Césaire	256
153	1996/1	« Présence Africaine » and South Africa. Femmes du monde, femmes d'Afrique	266
154	1996/2	Spécial Senghor : Hommages : Autour des littératures africaines	336
155	1997/1	Williams Sassine (1944-1997). Sociétés, minorités, migrations et histoire	294
156	1997/2	Cinquantenaire	264
157	1998/1	L'abolition de l'esclavage. Hommage à Oumar Ba	274
158	1998/2	Varia	202
159	1999/1	Varia	236
160	1999/2	L'excision.	202
161-162	2000	L'eau	423
163-164	2001/1-2	Varia	248
165-166	2002/1-2	Questions d'identité. L'Afrique et la philosophie. Débat autour d'une poésie nationale	166
167-168	2003/1-2	La mondialisation, aspects, réalités, enjeux	344
169	2004/1	Haïti et l'Afrique	260
170	2004/2	Cinquante ans de cinéma africain. Hommage à Paulin Soumanou Vieyra	236
171	2005/1	Esthétique africaine et discours philosophiques	240

172	2005/2	Approches endogènes des sciences sociales	214
173	2006/1	L'histoire africaine : l'après Ki-Zerbo	232
174	2006/2	Cinquantenaire du 1er Congrès international des écrivains et artistes noirs : Volume I	140
175-176-177	2007/1-2-2008/1	Cinquantenaire du 1er Congrès international des écrivains et artistes noirs : Volume II	752
178	2008/2	Nouveaux horizons politiques : Césaire/Obama	216
179-180	2009/1-2	Questions autour de la Culture	296
181-182	2010/1-2	Colloque international Alioune Diop, l'homme et l'œuvre face aux défis contemporains	464
183	2011/1	Politiques sportives et culturelles	208
184	2011/2	Hommage à Édouard Glissant. Aimé Césaire revisité	298
185-186	2012/1-2	Repenser les indépendances	336
187-188	2013/1-2	Éloge de l'écrivain : Léon-Gontran Damas / René Maran	362
189	2014/1	Césaire 2013 : parole due (Colloque de Cerisy)	392
190	2014/2	Imaginaire et urgence du social dans le roman francophone de la modernité	368
191	2015	Vues sur l'art africain contemporain	282
192	2015	Varia	161

* Textes variés sans thème particulier.

Index

(Anonyme)

L'UNESCO fera-t-elle apporter l'éducation dans les contrées arriérées ?
(**2**, 1948, p. 325-327)

— Sokamé
(**4**, 1948, p. 627-641)

— Un mariage chez le Mandegnis
(**4**, 1948, p. 642-646)

— Radio
(**4**, 1948, p. 710)

— *Errata : Le travail des noirs dans l'industrie aux États-Unis*
(**6**, 1949, p. 184)

— L'auteur de « ngandu » nous parle
(**7**, 1949, p. 314-316)

— « Il ne peut y avoir de justification biologique aux discriminations raciales »
(**10-11**, 1951, p. 248-254)

— *Errata*
(**12**, 1951, p. 250)

— Revenu national et agriculture en Afrique Noire
(**13**, 1952, p. 193-201)

— Travail, salaires et prix
(**13**, 1952, p. 265-278)

— Discriminations raciales et travail forcé dans les territoires d'outre-mer
(**13**, 1952, p. 368-376)

— Un débat autour des conditions d'une poésie nationale chez les peuples noirs
(**4**, 1955, p. 36-38)

— Note de la rédaction
(**7**, 1956, p. 2)
— *Errata* : Concernant le Nº VI
(**7**, 1956, p. 156)
— Notices bibliographiques
(**8-9-10**, 1956, p. 402-406)
— Quelques données sur le Ghana
(**12**, 1957, p. 6-10)
— La Constitution de l'État de Ghana
(**12**, 1957, p. 48-57)
— Un concours international du film d'outre-mer
(**12**, 1957, p. 175-176)
— Notices bio-bibliographiques
(**14-15**, 1957, p. 358-363)
— Prix antiraciste
(**17**, 1957, p. 166)
— Spiritualité africaine
(**18-19**, 1958, p. 7)
— La loi-cadre [Présentation]
(**18-19**, 1958, p. 68)
— Les élus des T.O.M. et la loi-cadre
(**18-19**, 1958, p. 121-124)
— Rectificatif
(**20**, 1958, p. 68)
— In memoriam : UM Nyobe
(**20**, 1958, p. 144)
— Motion concernant l'amnistie
(**22**, 1958, p. 141)
— Des bronzes africains anciens exposés pour la première fois à Paris
(**22**, 1958, p. 143)
— Motion d'un groupe de marxistes
(**24-25**, 1959, p. 419-424)
— Notices bio-bibliographiques
(**27-28**, 1959, p. 365-368)
— David Diop est mort
(**32-33**, 1960, p. 216)

— Notes : Les livres
(**36**, 1961, p. 160)
— Abdoulaye Sadji est mort
(**39**, 1961, p. 257)
— Aide-mémoire sur la situation en Angola
(**42**, 1962, p. 199-205)
— Agostinho Neto et la police de sécurité portugaise
(**42**, 1962, p. 209-211)
— Le corps volontaire angolais d'assistance aux réfugiés (CVAAR)
(**42**, 1962, p. 212-213)
— Essai de bibliographie angolaise
(**42**, 1962, p. 219-220)
— Antilles-Guyane [Présentation]
(**43**, 1962, p. 227-228)
— De la réalité coloniale à la réalité nationale aux Antilles
(**43**, 1962, p. 229-245)
— Guadeloupe : La situation politique
(**43**, 1962, p. 246-259)
— De Dunkerque à Maripassoula ?
(**43**, 1962, p. 260-273)
— Martinique : L'hypothèque des « dix familles » sur la vie martiniquaise
(**43**, 1962, p. 274-292)
— Les bases de la coopération avec la France
(**43**, 1962, p. 293-301)
— La réalité réunionnaise est une réalité coloniale
(**43**, 1962, p. 302-322)
— Problèmes de la jeunesse aux Antilles
(**43**, 1962, p. 323-334)
— La situation des travailleurs antillais et guyanais en France
(**43**, 1962, p. 351-359)
— Enquête
(**43**, 1962, p. 360-368)
— Enquête II
(**43**, 1962, p. 369-372)
— Le plan nemo ou la traite des noirs de 1962 à 198...
(**43**, 1962, p. 373-378)

— Ce que sont les Antilles
(**43**, 1962, p. 431-440)

— Résolutions du Congrès d'Avril 1961 : Résolution Générale
(**43**, 1962, p. 441-444)

— Les Faits de répression
(**43**, 1962, p. 445-446)

— Appel à l'union pour un changement fondamental de statut
(**43**, 1962, p. 447-448)

— *Erratum*
(**46**, 1963, p. 254)

— Rectificatif : Confusion de nom d'auteur
(**49**, 1964, p. 266)

— *Erratum*
(**51**, 1964, p. 96)

— Poesia Africana de Expressão Portugusa, Breve Notas Explicativas
(**57**, 1966, p. 433-434)

— *Erratum*
(**59**, 1966, p. 163)

— Review of the Debates in English Language Journals
(**63**, 1967, p. 267-271)

— Hommage à Langston Hughes / Homage to Langston Hughes
(**64**, 1967, p. 33)

— In memoriam: Eduardo MONDLANE
(69, 1969, p. 229-231)

— Symposium: "Cultural Days on South Africa" [introduction]
(**80**, 1971, p. 111)

— Chronique de l'UNESCO : 25ᵉ anniversaire
(**80**, 1971, p. 137-138)

— Autour d'une biographie de Frantz Fanon
(**80**, 1971, p. 159-161)

— Déclaration de Kyoto
(**82**, 1972, p. 161)

— *Erratum*
(**96**, 1975, p. sans page)

— Manifeste pour une Humanité libérée
(**104**, 1977, p. 199-203)

— Niyi Osundare ou la consécration d'un poète
(**158**, 1998, p. 139)
— Introduction [Dossier : L'excision]
(**160**, 1999, p. 29-30)
— Compte rendu des exposés faits à la table ronde sur : « L'excision : Acquis ou défi culturel ? », le mercredi 24 février 1999 à la Maison de la Culture Douta-Seck de Dakar
(**160**, 1999, p. 134-139)
— [Présentation : Mohammed BENNIS. Poète qui relie les brèches de l'imaginaire]
(**160**, 1999, p. 163)
— Introduction [Dossier : L'eau]
(**161-162**, 2000, p. 27-30)
— Introduction [Dossier : L'eau]
(**161-162**, 2000, p. 31-32)
— Livres reçus / Revues
(**163-164**, 2001, p. 244)
— Un débat autour des conditions d'une poésie nationale chez les peuples noirs
(**165-166**, 2002, p. 219-220)
— FESPACO 2005. Palmarès des longs métrages
(**170**, 2004, p. 213-214)
— Déclaration de Paris
(**174**, 2006, p. 129-133)
— Declaration of Paris
(**174**, 2006, p. 134-138)
— La littérature africaine entre la parole des racines, l'écriture et l'oralité contemporaines [introduction]
(**179-180**, 2009, p. 129-131)
— Dialogue avec les Jeunes. Actualité du projet *Présence Africaine* : La question de la transmission des mémoires
(**181-182**, 2010, p. 428-429)
— Le sens d'une indépendance idéologies et renaissance africaine [Présentation]
(**185-186**, 2012, p. 13)
— Pensées et pratiques politiques : Mises en perspective [Présentation]
(**185-186**, 2012, p. 79)

— Textes et discours sur le vif [Présentation]
(**185-186**, 2012, p. 231)

— Palmarès officiel du FESPACO 2015
(**190**, 2014, p. 340-341)

A., E.S.

Ségrégation. Essai sur le problème noir en Amérique par Robert Penn Warren
(**16**, 1957, p. 183-184)

ABA, Noureddine

Débat imaginaire sur la culture algérienne
(**49**, 1964, p. 212-221)

— Voyelles pour Gazelle
(**50**, 1964, p. 214)

— *Industrialisation au Maghreb. — Textes du colloque d'Alger, tenu en 1963* par l'Union des Étudiants Marocains
(**50**, 1964, p. 275-276)

— *Le Kabuki de Tokyo*
(**56**, 1965, p. 152-155)

ABA, Noureddine et D. BRUTUS

Un poète de la tragédie Sud-Africaine. Poèmes
(**50**, 1964, p. 207-214)

ABANIME, Emeka P.

Warfare in the Novels of Chinua Achebe
(**111**, 1979, p. 90-100)

ABDALLAH, L. Yahaya Adamou

Le règne du Cheik Ousman Dan Fodio
(**39**, 1961, pp. 159-165)

ABDEL-AZIZ, Anwar

Problèmes sociaux, économiques et culturels en R. A. U.
(**56**, 1965, p. 9-25)

ABDUL-HAI, Muhammad

Conflict and Identity: The Cultural Poetics of Contemporary Sudanese Poetry
(**99-100**, 1976, p. 60-81)

ABDUR RAHMAN, El Sadig
New Day
(**75**, 1970, p. 111-112)

ABESSOLO, S.
Emprise de la religion sur le Noir
(**1-2**, 1955, p. 11-23)

ABLODE
VIIe congrès de l'association des étudiants togolais en France :
Résolution de politique générale
(**20**, 1958, p. 135-136)

ABOU-SIRIL
Civilisations africaines, au pluriel
(**8-9**, 1950, p. 71-78)

ABRAHA
Message au 2e Congrès des Écrivains et Artistes Noirs
(**24-25**, 1959, p. 340)

ABRAHAM, Arthur
Cannibalism and African Historiography
(**105-106**, 1978, p. 216-229)

ABRAHAMS, Peter
Slops boy — Office boy
(**5**, 1948, p. 818-831)
— Office Boy
(**6**, 1949, p. 84-93)
— The African Past
(**6**, 1949, p. 163)
— Le conflit de cultures en Afrique
(**14-15**, 1957, p. 107-118)

**ACATO, Yiki, Alfa I. SOW, Mamadou DIOP, Ali SALEH, Anicet
KASHAMURA, HOKORO, AFANDE, KALIBWAMI, J.-C.
BAHOKEN, John Bart AGAMI, Mme GRAH et M. GATER**
Table ronde sur « Le Swahili comme langue de Culture, d'Enseignement et Grand Véhiculaire inter-africain »
(**78**, 1971, p. 49-117)

AGBLEMAGNON, F. N'Sougan et a.

Table ronde : « Elite et Peuple dans l'Afrique d'aujourd'hui »
(**73**, 1970, p. 39-108)

ACHEBE, Chinua

La Mort d'Ikemefuna
(**56**, 1965, p. 99-104)

— Le fardeau de l'écrivain noir
(**59**, 1966, p. 142-147)

ACHEBE, Christie C.

Continuities, Changes and Challenges : Women's Role in Nigerian Society
(**120**, 1981, p. 3-16)

ACHILLE, Louis T.

Amérique du Nord
(**8-9**, 1950, p. 357-382)

— Les Negro-spirituals et l'expansion de la culture noire
(**8-9-10**, 1956, p. 227-237)

— L'artiste noir et son peuple
(**16**, 1957, p. 32-52)

— Chanter avec dieu, danser avec lui : Fleuve Profond, Sombre Rivière. Les « Negro Spirituals », commentaires et traductions par Marguerite Yourcenar, Gallimard, Paris, 1964
(**54**, 1965, p. 127-136)

— Théâtre religieux noir-américain en voyage
(**126**, 1983, p. 128-134)

— In Memoriam : Paulette Nardal
(**133-134**, 1985, p. 291-293)

ACHILLE, Louis T. et Georges NGANGO

Les poètes nègres des États-Unis par Jean Wagner
(**49**, 1964, p. 165-183)

ACHILLE, Louis T. et al.

Débats : 20 Septembre, à 21 h [Le 1er Congrès International des Écrivains et Artistes Noirs]
(**8-9-10**, 1956, p. 206-226)

— Dialogue [Le 1er Congrès International des Écrivains et Artistes Noirs]
(**8-9-10**, 1956, p. 366-378)

ACHOLONU, Catherine Obianuju
Going Home
(**120**, 1981, p. 63-65)

ACHUFUSI, Modilim
Devoirs et responsabilités des historiens africains
(**27-28**, 1959, p. 81-95)

ACOGNY, Togun
Souvenir du pays.
(**6**, 1949, pp. 111-112)

ADAM, André Georges
Kwame N'Krumah : L'homme et l'œuvre
(**93**, 1975, p. 113-139)

ADAMS, Anne
Literary Black Womanhood : Mobilizing Pan-African Forces.
(**175-176-177**, 2007-2008, pp. 738-747)

ADAMS, Anne, Kiflé SÉLASSIÉ, Mme CISSÉ, Thérèse DIATTA, Gisèle Bourquin JOLY, Bertrand BOISSIER, Howard DODSON, Henri LOPES, Djibril Tamsir NIANE et Abdoulaye BATHILY
Débat [I. Impacts / 1. Le Congrès de 1956 et son impact sur la question de l'identité, de la diversité et des solidarités culturelles]
(**175-176-177**, 2007-2008, p. 50-61)

ADAMS, Milton A.
Behavioral Objectives, Processes and Outcomes in African Traditional Education
(**125**, 1983, p. 133-145)

ADAMS, Russell L.
An Analysis of the « Roots » Phenomenon in the Context of American Racial Conservatism
(**116**, 1980, p. 125-140)

ADANDÉ, Alexandre Sénou
— La tradition gnomique
(**8-9**, 1950, p. 323-332)

— L'impérieuse nécessité des musées africains
(**10-11**, 1951, p. 194-198)
— Fonctions et signification sociales des masques en Afrique Noire
(**1-2**, 1955, p. 24-38)
Paul Hazoume
(**114**, 1980, p. 197-203)
— Prise de conscience et solidarité du monde noir dans le domaine de l'art
(**117-118**, 1981, p. 176-189)
— In memoriam : Abdou-Serpos Tidjani (1918-1981)
(**129**, 1984, p. 174-176)

ADDO, Joyce
Memories of An Old Friend
(**80**, 1971, p. 93-94)

ADEBAYO, Aduke
Bamikilé
(**154**, 1996, p. 316-318)

ADEKANYE, Tomilayo O.
African Women in Agriculture: Problems and Policies for Development
(**141**, 1987, p. 7-14)

ADELAJA, Kola
Political Leadership in the Congo (The Parti Solidaire Africain During the Independence Struggle) par Herbert F. Weiss
(**65**, 1968, p. 181-182)
— *Political Protest in Africa (Post-Independence Generational Conflict in Upper Volta, Senegal, Niger, Dahomey, and the Central African Republic)* par Victor T. Le Vine
(**65**, 1968, p. 183-184)
— *Edward Wilmot Blyden — Pan-Negro Patriot, 1832-1912, (West African History Series)* par Hollis R. Lync
(**66**, 1968, p. 209-210)
— Sources in African Political Thought - I : Blyden and the Impact of Religion on the Emergence of African Political Thought
(**70**, 1969, p. 7-26)

— Sources in African Political Thought – II : The Concept of
« African Personality » : Its Meaning and Significance in the
Political Thought of Blyden
(**80**, 1971, p. 49-72)

— Traditional Power Control among the Mossi and the Yoruba: A
Comparative Study
(**97**, 1976, p. 43-54)

ADEMOLA, Ade

Education and Students' Changing Perceptions of the Wider
World
(**119**, 1981, p. 133-142)

ADEOLA, James

An Introduction to the African Novel par Eustace Palmer
(**98**, 1976, p. 261-266)

ADESANMI, Pius

Anti-Manichean Aesthetics: The Economy of Space in Maryse
Condé's *Crossing the Mangrove* and Calixthe Beyala's *Loukoum*
(**167-168**, 2003, p. 319-327)

ADESIMI, Kayode

An African Abroad
(**137-138**, 1986, p. 156-157)

— One Day of Rain
(**137-138**, 1986, p. 158-159)

ADJANOHOUN, Edouard

Évolution des recherches sur les plantes médicinales en Afrique
(**124**, 1982, p. 130-137)

ADJIE, Thew

Avant (2 mai 1951)
(**12**, 1951, p. 206-207)

ADOTEVI, Stanislas Spero

Nkrumah ou le rêve éveillé
(**85**, 1973, p. 11-24)

— Alioune Diop ou l'histoire d'une passion pour l'Afrique
(**181-182**, 2010, p. 277-287)

— La condition socio-culturelle négro-africaine et le cinéma

(**55**, 1965, p. 32-41)

— Hommage à Jacques Howlett

(**126**, 1983, p. 163-164)

— *Le désordre : Éloge du mouvement* par Georges Balandier

(**147**, 1988, p. 117-119)

AGBLEMAGNON, N'S., Alioune DIOP, Joseph BIPOUN-WOUM, Théophile OBENGA, Benoît ATANGANA, Pascal WASUNGU, Lamine DIAKHATE, Makhily GASSAMA, Iwiyé KALA-LOBE, Ernest MUNZADI, F. N'Sougan AGBLEMA-GNON, Gilbert NGOM, Paulin HOUNTONDJI, Jean-Calvin BAHOKEN, Georges NGANGO, Abel EYINGA, Oumar WIL-LANE, Alphonse Tylé SARA

Table ronde : « Elite et Peuple dans l'Afrique d'aujourd'hui »

(**73**, 1970, p. 39-108)

AGBLEMAGNON, N'Sougan, BOISSIER-PALUN, Christiane Yandé DIOP, Aimée GNALI, Erica SIMON, Régine VAN-CHI, Avo AJAYI, Edouard ANDRIANTSILANIARIVO, Claude AUGOT, Cheikh BA, Jean-Calvin BAHOKEN, Jagbans BALBIR, Roger BASTIDE, Manga BÉKOMBO, L. BOISSIER-PALUN, Paul-Henry CHOMBART DE LAUWE, Robert CORNEVIN, Pathé DIAGNE, Yaya DIALLO, Doudou DIENE, Michel FABRE, Albert FERRAL, Ian HALL, Hamidou HASSANE, Jacques HOWLETT, Jacques JACOTA, Dennis J. JUDD, Ibrahima B. KAKÉ, I. KALA-LOBÉ, Jacques MACHO, Daniel MAXIMIN, Amadou-Mahtar M'BOW, Albert MEMMI, Paul MERCIER, Dr Robert DE MONTVALON, Zahgloul MORSY, Ntite A.K. MUKENDI, R.P. Engelbert MVENG, Dragoljub NAJMAN, Théophile NATA, Jean-Pierre N'DIAYE, Papa Guèye N'DIAYE, Edward NGALOSCHE, Yves PERSON, Nidra POLLER, Martin RAMANOELINA, Pierre RANDRIANARISOA, Ali SALEH, André SALIFOU, Blaise SENGHOR, Martial SINDA, Babacar SINE, Cheikh Tidiane SX

Pré-colloque sur « Civilisation noire et Éducation »

(**87**, 1973, p. 5-142)

AGBLEMAGNON, N'Sougan et al.

Débats : 19 Septembre, à 21 h [Le 1er Congrès International des Écrivains et Artistes Noirs]

(**8-9-10**, 1956, p. 66-83)

AGBOR-TABI, Peter

Le choix de technologies et la promotion de l'emploi dans les pays en développement : Étude de cas sur le Cameroun

(**142**, 1987, p. 108-118)

AGOVI, James Kofi

Of Actors, Performers and Audience in Traditional African Drama

(**116**, 1980, p. 141-158)

— Is There an African Vision of Tragedy in Contemporary African Theatre?

(**133-134**, 1985, p. 55-74)

— *A Harvest of our Dreams* and *Earthchild* par Kofi Anyidoho

(**142**, 1987, p. 166-172)

— Consensual Politics and Development Aid in Africa

(**143**, 1987, p. 141-149)

AGUESSY, C.

Esclavage, colonisation et tradition au Dahomey (sud)

(**6**, 1956, p. 58-67)

AGUESSY, Honorat

À propos du Colloque sur "Les religions traditionnelles comme source de valeurs de civilisation"

(**74**, 1970, p. 90-93)

— Concerning "Traditional African Religions as a Source of Civilization Values"

(**74**, 1970, p. 94-97)

— La phase de la négritude

(**80**, 1971, p. 33-47)

— Les dimensions spirituelles : Religions traditionnelles africaines

(**117-118**, 1981, p. 138-148)

— Cadre théorique : Les concepts de tribu, ethnie, clan, pays, peuple, nation, État, etc. et les sociétés africaines

(**127-128**, 1983, p. 17-42)

AGUNGBESAN, Kolawole

The Cape Gooseberry Also Grows in Botswana: Alienation and Commitment in the Writings of Bessie Head
(**109**, 1979, p. 92-106)

AGYEMAN, Opoku

Kwame Nkrumah and Tom Mboya: Non-Alignment and Pan-African Trade Unionism
(**103**, 1977, p. 59-85)

AHMED

Interventions des délégués africains à la XVIe session [L'Angola et l'ONU] : République Arabe-Unie (intervention de M. Ahmed)
(**42**, 1962, p. 92-95)

AHYI, Paul, Amadou M. M'BOW, Mamadou DIA, Marcelino DOS SANTOS, Sarah MALDOROR, Gérard BISSAINTHE, Justino Pinto DE ANDRADE, Assane SECK et René DEPESTRE

L'apport du 1er Congrès international des écrivains et artistes noirs à la pensée contemporaine
(**174**, 2006, p. 101-125)

AIDOO, Christina Ama Ata

Poem
(**57**, 1966, p. 300)
— Prelude
(**57**, 1966, p. 300-301)
— Sebonwoma
(**57**, 1966, p. 301-302)
— *Not Yet Uhuru* par Oginga Odinga
(**64**, 1967, p. 179-181)

AIG-IMOUKHUEDE, Frank

Cinéma et télévision au Nigeria
(**58**, 1966, p. 91-96)

AÏTA, Mariella

Spécificités de la traduction du *Cahier d'un retour au pays natal* vers l'espagnol
(**189**, 2014, p. 211-217)

AKELAGUELO, Aganga
Esquisse d'histoire ethnique du Gabon
(**132**, 1984, p. 3-32)

AKINDES, Francis-Augustin
Entretien avec Georges Niangoran-Bouah
(**146**, 1988, p. 236-244)

AKOKPO
Interventions des délégués africains à la XVIᵉ session [L'Angola et l'ONU] : République du Togo (intervention de M. Akokpo)
(**42**, 1962, p. 179-180)

AKPABOT, Samuel
The Conflict between Foreign and Traditional Culture in Nigeria
(**81**, 1972, p. 177-182)

AKPABOT, Samuel, Guy DE BOSSCHÈRE, Henri LARCIER, Ikelle MATIBA et Tagbo NWOGU
Palabre : Pour qui sonne le glas en Afrique Centrale ? Un Africain sur les rives de la Tamise. Angola toujours portugaise. Journée d'études africaine à Paris. Le cas de Mgr Pinto de Andrade. Le Katanga, le Congo et l'ONU.
(**45**, 1963, p. 217-232)

AL AMIN, Ahmed
L'évolution de la femme et le problème du mariage au Maroc
(**68**, 1968, p. 32-51)

ALAGOA, E.J.
The Inter-disciplinary Approach to African History in Nigeria
(**94**, 1975, p. 171-183)

ALANTE-LIMA, Willy (A.-L., W., Alante Willy LIMA)
Requiem de minuit
(**69**, 1968, p. 95-96)
— Un peintre guadeloupéen de qualité
(**69**, 1969, p. 195-198)
— *Chaque heure blesse...* par Raoul Danaho
(**69**, 1969, p. 216-217)
— *Esclave à Cuba, biographie d'un « cimarron », coll. « témoins »* par M. Barnett, Cl. Couffon
(**69**, 1969, p. 217-219)

— *Qui se nourrit de la famine en Afrique ?*
(**93**, 1975, p. 235-237)
— *La graine* par Jacqueline Manicom
(**94**, 1975, p. III-V)
— *Malemort* par Edouard Glissant
(**97**, 1976, p. 178-182)
— *Mère la mort* par Jeanne Hyvrard
(**98**, 1976, p. 245-248)
— La vengeance de Tanquebradine, la sorcière
(**121-122**, 1982, p. 316-321)
— Ombres portées
(**129**, 1984, p. 92)
— Le paradoxe de l'Ibis Noir
(**129**, 1984, p. 93)
— Trah Bi Ninin, l'Ivoirien
(**129**, 1984, p. 122-125)
— *Léon-Gontran Damas : L'homme et l'œuvre (« approches »)* par
Daniel Racine
(**130**, 1984, p. 165-168)
— *Icare ou la préfiguration* par André Masson
(**132**, 1984, p. 149-152)
— *Fablier de Sao Tome*
(**132**, 1984, p. 153-154)
— Exercices 65 À l'heure du Thé
(**136**, 1985, p. 89-94)
— *Excuse Sublime* par Tito Ysuku Gafudzi
(**136**, 1985, p. 169-170)
— *Pays rêvé, pays réel* par Édouard Glissant
(**136**, 1985, p. 170-172)
— *Le marchand de larmes* par Xavier Orville
(**136**, 1985, p. 172-174)
— *Avenir des Antilles-Guyane* par Guy Numa
(**137-138**, 1986, p. 278-281)
— *Muntu* (Revue scientifique et culturelle du C.I.C.I.B.A.)
(**137-138**, 1986, p. 281-283)
— *La voix* par Gabriel Okara
(**140**, 1986, p. 154-156)

— *La révolution et l'esclavage à la Guadeloupe : 1789-1802* par Henri Bangou
(**148**, 1988, p. 159-162)
— *L'exil ou la tombe* par Tchichelle Tchivela
(**148**, 1988, p. 162-164)
— Supports de rêves
(**148**, 1988, p. 185-186)
— « Le mât de cocagne »
(**153**, 1996, p. 220-222)
— *L'aïeul noir de Pouchkine*
(**154**, 1996, p. 313-315)
— Artistes d'Afrique du Sud à Paris
(**154**, 1996, p. 319-325)
— Masques
(**154**, 1996, p. 326-330)
— La Mygale
(**155**, 1997, p. 165-170)
— « Moi, Trésilien-Théodore Augustin »
(**155**, 1997, p. 274-276)
— Une visite « Au Diamahilar »
(**155**, 1997, p. 283-284)
— Enfin l'épuration attendue
(**156**, 1997, p. 221-225)
— L'artiste est parti...
(**157**, 1998, p. 263-264)
— Dialogue de mes lampes et autres textes de Magloire-Saint-Aude
(**158**, 1998, p. 197-199)
— L'épilogue d'un beau geste
(**160**, 1999, p. 178-180)
— Moustapha Dimé sculpteur de l'éphémère
(**160**, 1999, p. 183-185)
— Un gros poisson
(**161-162**, 2000, p. 207-208)
— Préhistoire actuelle
(**171**, 2005, p. 189-195)
— *Joseph de Saint-George, le Chevalier noir* par Pierre Bardin
(**172**, 2005, p. 201-203)

— *Dictionnaire des gens de couleur dans la France moderne (fin XVe-1792)* par E. Noël éd.
(**184**, 2011, p. 292-293)
— *Dictionnaire des gens de couleur dans la France moderne* (Direction éditoriale : Erick Noël)
(**190**, 2014, p. 332-334)
— *Terre ceinte* par Mbougar Sarr
(**190**, 2014, p. 334-337)

ALBERICH, Julio Cola et P. NAVILLE
L'hydrographie comme facteur bio-dynamique et sociologique en Afrique
(**13**, 1952, p. 34-42)

ALBERT, Alan
À propos de Study in Brown
(**44**, 1962, p. 81-99)
— Le poème de la Basse Mer
(**45**, 1963, p. 160-163)
— Poème
(**49**, 1964, p. 195-198)
— Notes sur la décolonisation
(**53**, 1965, p. 47-67)

ALBERT, Alan, Alex BINDA, Irmelin HOSSMANN, Iwiyé KALA-LOBÉ, Philip A. KGOSAMA, Henri LARCIER
Palabre : Événements au Ghana. Sport et tribalisme. Racisme au Mississipi. Congo ou le jeu de massacre. Le différend Congo-Gabon. Un peintre éthiopien. Elections en Rhodésie du Nord. Afrique du Sud.
(**44**, 1962, p. 215-232)

ALCANDRE, Jean-Jacques
Afrique Antilles Allemagne France La « culture africaine » en question autour de l'œuvre et de la réception posthume de l'anthropologue allemand Leo Frobenius
(**184**, 2011, p. 67-93)

ALCANTARA, Osvaldo (alias Baltasar Lopes).
Ressac
(**65**, 1968, p. 69)

ALEX, Gauvin
Vietnam
(**68**, 1968, p. 91-92)

ALEXANDER, Donald W.
On Going Mad
(**85**, 1973, p. 187-188)

ALEXANDER, Otis D.
Three Great Ladies of Dance
(**111**, 1979, p. 66-67)

ALEXANDER-MINTER, Rae
An African American Artist Finds His Voice in Paris During the 19th Century
(**171**, 2005, p. 119-132)

ALEXANDRE, Pierre
Sur la linguistique africaine
(**41**, 1962, p. 23-33)

ALEXANDRINE, Élysée
"M"
(**121-122**, 1982, p. 395-400)

ALEXIS, Florence
A Tribute
(**145**, 1988, p. 181-184)
— Hommage
(**145**, 1988, p. 185-187)

ALEXIS, Jacques-Stéphen
Du réalisme merveilleux des Haïtiens
(**8-9-10**, 1956, p. 245-271)
— Où va le roman ?
(**13**, 1957, p. 81-101)
— La rouille des ans
(**16**, 1957, p. 89-93)
— Du réalisme merveilleux des Haïtiens
(**165-166**, 2002, p. 91-112)

ALLEN, Samuel W.
A Moment, Please
(**6**, 1949, p. 76)
— Sonnet
(**6**, 1949, p. 77)
— Little Lamb, Who Made Thee?
(**7**, 1949, p. 300)
— Be Not Overly Amused
(**7**, 1949, p. 301)
— When I Am Done with Heaven
(**7**, 1949, p. 302)
— La Négritude et ses rapports avec le Noir américain
(**27-28**, 1959, p. 16-26)
— Muntu
(**44**, 1962, p. 210-214)

ALLEN, S. W. et J.-P. SARTRE
Black Orpheus
(**10-11**, 1951, p. 219-247)

ALLOTT, A. N.
Communication : L'unité du droit africain
(**27-28**, 1959, p. 343-358)

ALO, Oladimeji I.
Contemporary Convergence in Sociological Theories: The
Relevance of the African Thought-System in Theory Formation
(**126**, 1983, p. 34-57)

ALPHA, Jenny
Je suis martiniquaise par Mayotte Capecia
(5, 1948, p. 886-889)

ALPHA, José
1902
(**121-122**, 1982, p. 401-407)

**ALPHONSE, Sara, A. I. SOW, H. HENKEL, J. C. BAHOKEN,
GOLLONDO, KALA-LOBÉ, L.DIAKHATÉ, A. BOLS, V. FOUT-
CHANTSÉ, Kahombo MATEENE, M. Bot Ba NJOCK, Ali SALEH,
O. UGIRASHEBU**
Table ronde sur les langues africaines

(**67**, 1968, p. 50-123)

ALVES, Henrique L.

Poètes noirs du Brésil

(**24-25**, 1959, p. 321-325) ·

ALY, Jacques M.

A Tribute to Fernand Kasanga

(**78**, 1971, p. 235-239)

— Le discours rituel chez les Betsimisaraka de la côte-est de Madagascar

(**132**, 1984, p. 54-61) ·

— La structuration ethnolinguistique de la chanson caribéenne anglophone

(**148**, 1988, p. 54-67)

AMADI-TSHIWALA, Regina

Critical Bearings in African Literature

(**115**, 1980, p. 148-155)

AMADOU, Sakho, Abdou MOUMOUNI, LAKOUE, Alfa Ibrahim SOW, Pathé DIAGNE, Mme KALA-LOBE, N'Diaye Papa GUÈYE, Aimée GNAI, Antoine GOLLONDO, Laurent BILGHO, Yambo OULOGUEM, BOLS, Amady Aly DIENG, Paulin HOUNTONDJI, Ndangye MPIA, ENOCH

Table ronde sur "l'éducation en Afrique"

(**64**, 1967, p. 59-96)

AMALI, Odumu

Botched

(**146**, 1988, p. 143)

— Contractor Generals and Field Marshalls

(**146**, 1988, p. 144-145)

AMATUCCI, Alfred

Messages au 2ᵉ Congrès des Écrivains et Artistes Noirs

(**24-25**, 1959, p. 340)

AMBASSADEUR DU SOUDAN EN ITALIE

Message au 2ᵉ Congrès des Écrivains et Artistes Noirs

(**24-25**, 1959, p. 334)

AMEGBLEAME, Simon Aghéko

La littérature orale comme mode de connaissance et méthode d'investigation

(**139**, 1986, p. 41-56)

AMELA, Amélavi

Littérature africaine et critique traditionnelle

(**139**, 1986, p. 10-19)

AMIDOU, Ibrahim B.

L'exotisme (philosophique) de l'Afrique et des Africains dans *Tamango* de Mérimée

(**167-168**, 2003, p. 305-317)

AMIN, Samir

C.N.U.C.E.D. III : Un Bilan

(**84**, 1972, p. 3-20)

AMLAK, Almaz G.

Le point sur l'excision dans la Corne de l'Afrique

(**160**, 1999, p. 100-108)

AMOUSSOUGA, Hervé

Invitation au voyage

(**156**, 1997, p. 227-232)

AMOUZOU, Essè

Impact de la vidéoprojection sur la socialisation des enfants au Togo

(**167-168**, 2003, p. 93-102)

AMROUCHE, Pierre

Hommage à Aimé Césaire

(**178**, 2008, p. 96-97)

— Paul Ahyi, charpentier des corps

(**179-180**, 2009, p. 275-279)

— Alioune Diop et Présence Africaine

(**181-182**, 2010, p. 87-91)

— Paulin Joachim un Africain d'autrefois (1931-2012)

(**187-188**, 2013, p. 347-348)

ANAFAK, Japhet A.
Le mouvement nationaliste au Cameroun sous tutelle française relaté par la presse écrite de France (1945-1960)
(**187-188**, 2013, p. 291-313)

ANAHORY, Terencio
Meia Noite
(**57**, 1966, p. 458)

ANDERSON, Charles L.
Question
(**57**, 1966, p. 369)
— Finger Poppin', August 1961
(**57**, 1966, p. 369-370)
— I Know Jesus Heard Me
(**57**, 1966, p. 371)
— Cracker Man
(**57**, 1966, p. 371)
— What I Need is a Dark Woman
(**57**, 1966, p. 371)

ANDJEMBE, Léonard
Sur la rupture opérée par Cheikh Anta Diop dans l'historiographie négro-africaine
(**149-150**, 1989, p. 10-19)

ANDOGARE et SANGODARE
Orfeu Negro
(**57**, 1966, p. 545)
— Kawina-ritman
(**57**, 1966, p. 546)

ANDOH, A.S. Y.
The Nature of Government and Politics in the "Natural" African Environment of Poverty and Tribalism
(**63**, 1967, p. 103-119)
— Background to Government and Politics in Africa: The Nature of Government and Politics in the "Natural" African Environment of Poverty and Tribalism
(**74**, 1970, p. 29-45)

ANDRADE, Fernando Costa

L'« angolanité », de Agostinho Neto et Antonio Jacinto
(**42**, 1962, p. 76-91)

— Quatrième poème d'un chant d'accusation
(**65**, 1968, p. 77-78)

ANDRÉ, Laude

Le mulâtre par Aluizio Azevedo
(40, 1962, p. 175-176)

ANDRE, Maud et Roberto NODAL

Dynamique de la Santeria afro-cubaine
(**105-106**, 1978, p. 109-122)

ANDRÉ, Jacques

Un tracé de silence. La case du commandeur par Édouard Glissant
(**121-122**, 1982, p. 428-429)

— Les lieux de la mère dans les sociétés afro-américaines par Fritz
Gracchus
(**125**, 1983, p. 280-283)

ANDRIAMANJATO, Richard

— La culture malgache
(**22**, 1958, p. 58-62)

ANDRIANARAHINJAKA, Lucien-Xavier

Ile aux vents
(**11**, 1956, p. 109)

— Ramananato : Poète betsileo du début du 19ᵉ siècle
(**55**, 1965, p. 42-72)

— Ombre
(**57**, 1966, p. 150)

— Terre promise
(**57**, 1966, p. 151-158)

ANDRIANTSILANIARIVO, Edouard

Le malgache du xxᵉ siècle
(**8-9-10**, 1956, p. 98-107)

— Les indésirables par Jean Crouzol
(**23**, 1958, p. 141-142)

— Le colonialisme
(**24-25**, 1959, p. 192-207)

ANOZIE, S. O.
The Novel & Autobiography *(The Narrow Path* par Francis
Selormey; *No Easy Task* par Aubrey Kachingwé; *Kinsman &*
Foreman par T. M. Aluko; *Houseboy* par Ferdinand Oyono)
(62, 1967, p. 200-204)
— Christopher Okigbo: A Creative Itinerary 1957-1961
(64, 1967, p. 158-167)

ANSAH, Paul
Léopold Sédar Senghor and the Politics of Négritude par Irving
Leonard Markovitz
(76, 1970, p. 225-228)
— « Caractéristiques de l'esthétique Bantu » *revue Muntu* n° 1 par
Théophile Obenga ; *Littérature traditionnelle des Mbochi : Etsee*
le Yamba par Théophile Obenga ; *Les Bantu : Langues, peuples,*
civilisations par Théophile Obenga
(133-134, 1985, p. 251-253)
— *Le sacrifice dans les religions africaines* (Collection bibliothèque des
sciences humaines) par Luc de Heusch
(148, 1988, p. 137-142)

ANSELIN, Alain
« A Lost Kingdom in Nubia at the Dawn of History ». *Notes and*
News par Bruce Williams; « Lost Pharaoh of Nubia ». *Archeology*
par Bruce Williams
(133-134, 1985, p. 253-255)
— Les Initiés de l'Aube
(149-150, 1989, p. 20-40)
— « L'Égypte antique, une civilisation africaine », compte rendu
du Colloque de Barcelone, 18 mars-23 mars 1996.
(154, 1996, p. 331-333)
— Parenté, sexualité et maternité dans l'Égypte ancienne
(158, 1998, p. 23-46)
— 9ᵉ séminaire de gynécologie et de psychosomatique, Schoelcher
(Martinique) 10-13 février 1999 : Hymne aux Femmes Ouvertes
L'inscription de la fertilité dans la continuité des générations
dans les cultures africaines, de l'Égypte ancienne à l'Afrique
d'aujourd'hui)
(160, 1999, p. 156-159)

ANYANG' NYONG'O, Pater
The Economic Foundations of The State in Contemporary Africa:
Stratification and Social Classes
(**127-128**, 1983, p. 187-196)

ANYIDOHO, Nana Akua et al.
African Philosophy: A "Serious Affair"
(**165-166**, 2002, p. 121-125)

ANYINEFA, Koffi
Le feu des origines par Emmanuel B. Dongala
(**146**, 1988, p. 262-265)

APRONTI, E.O.
Language and National Integration in Ghana
(**81**, 1972, p. 162-169)

ARAGON
Messages au 2ᵉ Congrès des Écrivains et Artistes Noirs
(**24-25**, 1959, p. 366)

ARCHIMÈDE, Jenny
[ils ont dit]
(**121-122**, 1982, p. 195-196)

ARDITI, Claude
Économie et politiques céréalières dans le Sahel
(**113**, 1980, p. 77-95)

ARGONDICO, Sylvie
Il est certains jours...
(**178**, 2008, p. 94-95)

ARION, Frank Martinus
XXVI
(**57**, 1966, p. 551)
— XXVII
(**57**, 1966, p. 551-552)
— XXVIII
(**57**, 1966, p. 552)
— Korsou
(**57**, 1966, p. 553)

— *Un homme pareil aux autres* par René Maran
(**6**, 1949, p. 158)
— *Bêtes de la brousse. — Mbala l'éléphant* par René Maran
(**6**, 1949, p. 159-162)
— Le mythe nègre
(**7**, 1949, p. 306-308)

ARNAUD, Marthe et W. FAGG
L'art nigérien avant Jésus-Christ
(**10-11**, 1951, p. 91-95)

ARNOLD, A. James
Les héritiers de Césaire aux Antilles
(**151-152**, 1995, p. 143-151)

ARNOLD, Stephen H.
Popular Literature in Tanzania: Its Background and Relation to
« East African » Literature
(**115**, 1980, p. 156-177)

AROWOLO, E.O.
Problems of Translation in African Writings
(**123**, 1982, p. 188-194)

ARZALIER, Francis
Exemplarité de la révolution haïtienne
(**169**, 2004, p. 33-40)

ASAAH, Augustin Heldfred
Revers, révolte et réveil dans *Tu t'appelleras Tanga* de Calixthe
Beyala
(**161-162**, 2000, p. 253-268)

ASALACHE, Khadambi
The Making of a Poet: Wole Soyinka
(**67**, 1968, p. 172-174)

ASANTE, Molefi Kete
The World of the African Writer and Artist Fifty Years after the
1956 Conference
(**175-176-177**, 2007-2008, p. 240-245)

ASANTE, Molefi Kete et al.
Débat [II. Nouveaux enjeux / 1. Le monde noir aujourd'hui]

(175-176-177, 2007-2008, pp. 272-273)

ASARE, Sardar
Havana
(110, 1979, p. 129-130)
— Light and Rare Air
(110, 1979, p. 131)
— Nuit de Peking
(110, 1979, p. 132)

ASHETU, Bernardo
Litteken
(57, 1966, p. 557)

ASIWAJU, A.I.
The Concept of Frontier in the Setting of States in Pre-colonial
Africa
(127-128, 1983, p. 43-49)

ASOMBA Jr., Benny
*The Writer in Modern Africa: African-Scandinavian Writers'
Conference* par Per Wästberg
(71, 1969, p. 112-113)
— *African Literature Today : A Journal of Explanatory Criticism*, n° 1
par Eldred D. Jones
(71, 1969, p. 113)
— The New African
(71, 1969, p. 113-114)
— The Importance of Being Cheerful
(72, 1969, p. 212-213)

ASSANE, Sylla
Une République Africaine au XIXᵉ siècle (1795-1857)
(1-2, 1955, p. 47-65)
— Vérités sur Dakar
(23, 1958, p. 81-87)
— Au IIᵉ Congrès des Écrivains et Artistes Noirs : En ton cœur je
bâtirai
(27-28, 1959, p. 340-342)

ASSANE, Sylla, Moustapha WADE, A. WADE, David DIOP, J. K. Z.
Témoignages des Africains sur Bandoeng

(**3**, 1955, p. 38-44)

ASSOCIATION DES CRITIQUES LITTÉRAIRES AFRICAINS

Ouverture du Congrès constitutif de l'Association des critiques littéraires africains (Université Nationale du Zaïre, campus de Lubumbashi : Du 24 au 27 mars 1975)
(**97**, 1976, p. 204-252)

ASSOCIATION DES ÉCRIVAINS ET ARTISTES DU BRÉSIL

Messages au 2e Congrès des Écrivains et Artistes Noirs
(**24-25**, 1959, p. 367-368)

ASSOCIATION DES ÉTUDIANTS ARABES EN ITALIE

Messages au 2e Congrès des Écrivains et Artistes Noirs
(**24-25**, 1959, p. 334)

ASSOCIATION DES TRAVAILLEURS SÉNÉGALAIS DE LA SANTÉ EN FRANCE (ATSSF)

La santé au Sénégal
(**124**, 1982, p. 118-129)

ASSOCIATION DES TROIS MONDES

Entrées des films africains en salle. Chiffres PARIS PÉRIPHÉRIE de 1996 à 2003
(**170**, 2004, p. 165-167)

ASSOCIATION DES TROIS MONDES/FESPACO

Filmographie de Paulin Soumanou Vieyra
(**170**, 2004, p. 83-86)

ASSOCIATION GÉNÉRALE DES ÉTUDIANTS GUADELOU-PÉENS

IVe Congrès de l'Association Générale des Étudiants Guadeloupéens
(**43**, 1962, p. 335-344)

ASSOCIATION SÉNÉGALAISE DE GYNÉCOLOGIE ET D'OBSTÉTRIQUE (ASGO)

IIIe Congrès de l'Association sénégalaise de gynécologie et d'obstétrique (ASGO : « Santé de la reproduction et économie de la santé » « Mutilations génitales féminines (MGF) »
(**160**, 1999, p. 127-133)

ASSOUAN, Roger

Retour

(**37**, 1961, p. 88)
— Regard
(**57**, 1966, p. 58-59)
— Demain
(**57**, 1966, p. 59)
— Solitude
(**57**, 1966, p. 60)

ASTALDI, Sante Marialuisa
Messages au 2ᵉ Congrès des Écrivains et Artistes Noirs
(**24-25**, 1959, p. 362)

ATANGANA, Komlavi SEDDOH, Lazare KI-ZERBO, Mme KADJA, KANE, KONÉ, NGALASSO, Domingo Luis TOMA, Marcelino DOS SANTOS, Mme DIOP, Amady Ali DIENG, Mme KESTELOOT, Tanella BONI
Débat [I. Impacts / 3. Le Congrès de 1956 et son impact sur les politiques culturelles de l'éducation]
(**175-176-177**, 2007-2008, p. 210-224)

ATANGANA, Alpha Alumba
La clé sur la porte
(**157**, 1998, p. 217-226)

ATANGANA, Benoît
Un aspect de la pratique gouvernementale en Afrique Centrale :
Les remaniements ministériels
(**63**, 1967, p. 87-102)

ATANGANA, Benoît, R. BOURGEOIS, Makhily GASSAMA, Luther HENKEL et Ihrahima KAKE
Palabre: Is Portuguese Colonialism on the Wane ? — Lettre à Aimé Césaire — Pouvoir politique et sécurité en Afrique — Le griot dans le drame sénégalais et la femme dans "El Hadj Omar" — Incertitude de la jeunesse
(**70**, 1969, p. 206-216)

ATANGANA, Benoît et al.
Table ronde : « Élite et Peuple dans l'Afrique d'aujourd'hui »
(**73**, 1970, p. 39-108)

ATANGANA, Nicolas
La femme africaine dans la société

(**13**, 1957, p. 133-142)
— *Révolution dans les campagnes chinoises* par René Dumont
(**16**, 1957, p. 178-181)
— *Les maîtres fous*
(**16**, 1957, p. 195-197)
— *L'économie africaine. Études et problèmes nouveaux* par Mamadou Dia
(**17**, 1957, p. 125-127)
— *Le tiers monde. Sous-développement et développement* par G. Balandier
(**17**, 1957, p. 127-130)
— Analyse juridique des décrets de la « loi-cadre »
(**18-19**, 1958, p. 75-81)
— Une économie internationale par Gunnar Myrdal
(**22**, 1958, p. 125-127)

AUBIN, Danielle
Approche du roman historique antillais
(**148**, 1988, p. 30-43)

AUDRAN, Cl.
S.M. Molema, l'auteur de *The Bantu past and present*, vient de mourir
(**58**, 1966, p. 210-214)

AUGOT, Claude et al.
Pré-colloque sur « Civilisation noire et Éducation »
(**87**, 1973, p. 5-142)

AUGUSTE, Yves L.
L'Amour dans la littérature haïtienne
(**60**, 1966, p. 159-171)
— Du « Nègre masqué » de Stephen Alexis à « L'Homme invisible » de Ralph Ellison
(**101-102**, 1977, p. 176-187)
— Littérature noire des États-Unis et d'Haïti : La couleur
(**112**, 1979, p. 113-120)

AUTRA, Ray
Historique de l'enseignement en A.O.F.
(**6**, 1956, p. 68-86)

— Conférence mondiale des enseignants (Varsovie, 20-29 août 1957)
(16, 1957, p. 155-161)

— *La philosophie morale des Wolof* par Assane Sylla
(**124**, 1982, p. 236-239)

AVANGA, Nzambi
Chanson du Bandji
(**80**, 1971, p. 97-98)

AVARO, Ambourdié
La notion d'Anyambiè (Dieu) dans les civilisations claniques du
Gabon avant les Blancs
(**72**, 1969, p. 96-102)

AWA, Maria-Teresa et al.
Palabre : Danse et musique au Sénégal. Sociologie de la nouvelle
Afrique. Les indigénistes et la culture. Paul VI et l'église au Congo.
Conditions à un haut commandement africain. Classiques afri-
cains. Quand les Dieux parlent à *France-Soir.*
(**54**, 1965, p. 240-264)

AWOLALU, J. Omosade
The Yoruba Philosophy of Life
(**73**, 1970, p. 20-38)

AWOONER-RENNER, Marilyn
White Media and Black Britain par Charles Husband
(**99-100**, 1976, p. 275-276)

AWOONOR-WILLIAMS, George
The Years Behind
(**47**, 1963, p. 181)
— I Heard A Bird Cry
(**57**, 1966, p. 303-304)
— Desire
(**57**, 1966, p. 304-305)
— The Nim Trees the Cemetery
(**57**, 1966, p. 305)
— The Return from Bali
(**57**, 1966, p. 306)

AWOUMA, Joseph
Esquisse d'une étude socio-culturelle d'un conte Bulu (Sud Cameroun)

(**55**, 1965, p. 83-91)
— Le conte africain et la société traditionnelle
(**66**, 1968, p. 137-144)

AYOADE, John A.A.
The Political Economy of Wage Negotiation in The Tin Mining Industry in Nigeria
(**105-106**, 1978, p. 268-287)

AYODELE-JOHNSON, Christian
Le Nigeria : Éléments d'un nationalisme par James S. Coleman
(**34-35**, 1960-1961, p. 245-246)

AYODELE-JOHNSON, Christian, Albert BÉVILLE, Amady Aly DIENG, Alioune DIOP, Jules GÉRARD-LIBOIS et Paulin JOACHIM
Palabres : Congo belge. Kenya. Mali. Antilles. Tunis. Le XIᵉ Congrès de la F.E.A.N.F.
(**30**, 1960, p. 96-107)

AYODELE-JOHNSON, Christian et al.
Palabre : Afrique 1960. Congo indépendant. Troubles au Congo. Tunis. Conakry. Addis-Abeba. Togo. Sierra Leone.
(**31**, 1960, p. 96-124)
— Palabre : Le Congo et l'ONU. Première conférence des étudiants à Londres. L'indépendance de la Mauritanie. Conférence de Brazzaville. Une soirée de poésie africaine à Munich. Au Congrès méditerranéen de la culture. La XIᵉ session de l'UNESCO.
(**34-35**, 1960-1961, p. 211-226)

AYUK, G. Ojong
Building a National Culture
(**112**, 1979, p. 126-136)
— The Lust for Material Well-Being in *The Beautyful Ones Are Not Yet Born* and *Fragments* par Ayi Kwei Armah
(**132**, 1984, p. 33-43)
— Don't Despair
(**135**, 1985, p. 96)
— The Flower
(**135**, 1985, p. 97)

— *Congo 1960. Les dossiers du crispa : Rwanda politique (1958-1960).*
(« centre de recherche et d'information »)
(**39**, 1961, p. 247-249)

B., J.-C. (Jean-Calvin BAHOKEN)
Bourgeoisie noire par Franklin Frazier
(**7**, 1956, p. 142-144)
— *Vaudou* par Marcus Bach
(**7**, 1956, p. 144)

BA
Interventions des délégués africains à la XVIe session [L'Angola et l'ONU] : République de Mauritanie (intervention de M. Ba)
(**42**, 1962, p. 152-155)

BÂ, Amadou Hampâté
Le Peul et le Bozo ou le Coccyx Calamiteux
(**6**, 1949, p. 117-124)
— Poésie peule du Macina
(**8-9**, 1950, p. 167-184)
— Culture Peule
(**8-9-10**, 1956, p. 85-97)
— Sur l'animisme
(**24-25**, 1959, p. 142-152)
— Monzon et le roi de Koré
(**58**, 1966, p. 99-127)

BA, Cheikh et al.
Pré-colloque sur « Civilisation noire et Éducation »
(**87**, 1973, p. 5-142)

BA, Mamadou
L'ensemble guinéen Kaloum
(**73**, 1970, p. 170-171)
— Il faut en passer par Césaire
(**151-152**, 1995, p. 92-114)
— Entre mémoire et promesse. Lecture de *Ferrements*
(**189**, 2014, p. 15-26)

BA, Mlle Oumar
Mon Afrique
(**57**, 1966, p. 128)

— *Le dernier de l'empire* par Ousmane Sembene
(**123**, 1982, p. 248-250)
— The Yoruba and Afro-American Trickster : A Contextual
Comparison
(**147**, 1988, p. 3-17)

BADJI, Bougoul
La constitution de la personnalité au cours de la traversée institutionnelle en milieu sénégalais
(**137-138**, 1986, p. 168-191)
— *La migration des Zombis* par Hélène Migerel
(**145**, 1988, p. 215-217)

BADJI, Françoise
Grain de sable : Les combats d'une femme de disparu par Nadine
Bari
(**133-134**, 1985, p. 248-251)

BAGAYOGO, Mamadou et al.
Activité physique et diabète en Commune IV du District de
Bamako
(**183**, 2011, p. 37-47)

BAHADUR, Tejani
Love for Land and Heritage in Africana Literatures
(**157**, 1998, p. 113-120)

BÂHNA, Sidibé
L'architecture et les hommes
(**49**, 1964, p. 129-149)

BAHOKEN, Jean-Calvin
Le séparatisme religieux en Afrique Noire par B. Holas
(**55**, 1965, p. 216-221)
— *Initiation sociologique à l'Afrique centrale* par M. Tollet
(**61**, 1967, p. 246)
— *UNTU : Patrimoine culturel des peuples de l'Afrique subsaharienne*
par G. Kajiga
(**67**, 1968, p. 196-198)
— *Anthropologie politique* par G. Balandier
(**68**, 1968, p. 224-225)

— Table ronde sur l'Enseignement de l'Histoire en Afrique Noire
(**81**, 1972, p. 49-132)

— Pré-colloque sur « Civilisation noire et Éducation »
(**87**, 1973, p. 5-142)

BAHOUETE et al.

Débat [III. Perspectives / 2. Nouveaux défis pour la culture afri-
caine]
(**175-176-177**, 2007-2008, p. 649-656)

**BAIDI, Ly Tidiane, Diallo SAYDOU, Faber PAUL et Noé SFOÉ
KUTUKLUI**

VIIIe congrès de la FEANF.
(**17**, 1957, p. 157-158)

BAKARI, Kamian

L'Afrique occidentale précoloniale et le fait urbain
(**22**, 1958, p. 76-80)

BAKER, Josephine

Messages au 2e Congrès des Écrivains et Artistes Noirs
(**24-25**, 1959, p. 336)

BAKOLE, Mgr. M.

L'Université : Signification, mesure et condition de l'africanisation
(**53**, 1965, p. 149-161)

BAKUPA-KANYINDA, Balufu

« The Longest Memory »
(**157**, 1998, p. 41-46)

— Djibril Diop Mambety. Tribut cinématographique à Colobane
(**158**, 1998, p. 173-177)

— L'esprit du numérique
(**170**, 2004, p. 103-105)

BAL, Willy

Le royaume du Congo aux xve et xvie siècles
(**45**, 1963, p. 82-97)

BALANDIER, Georges

Le noir est un homme
(**1**, 1947, p. 31-36)

BALBIR, Jagbans et al.
Pré-colloque sur « Civilisation noire et Éducation »
(**87**, 1973, p. 5-142)

BALIHUTA, Kajiga
Langue et culture des Bantu
(**94**, 1975, p. 31-52)

BALMIR, Guy-Claude
Ecrivains et folklores nègres du Nouveau Monde
(**110**, 1979, p. 49-85)

BALOGUN, Françoise
La chanson de Lawino : Un plaidoyer pour l'authenticité
(**135**, 1985, p. 102-112)
— *Sarraounia* ou le triomphe de la dignité
(**139**, 1986, p. 213-215)
— Condamnation
(**144**, 1987, p. 101-102)
— Promenade à travers les romans de Nuruddin Farah
(**145**, 1988, p. 157-164)
— *Lève-toi mulâtre. L'esprit parlera à travers ma race* par Manuel
Zapata Olivella
(**146**, 1988, p. 272-274)
— *Indigenous Enterprise in Kenya's Tourism Industry* par Rosemary B.
Jommo
(**146**, 1988, p. 274-275)
— *Les iks : Survivre par La Cruauté en Nord Ouganda.* Titre Original:
The Mountain People par Colin Turnbull
(**147**, 1988, p. 112-114)
— *Alexandre, mon amour, ma colère* par Wally Mongane Serote
(**147**, 1988, p. 115-116)
— *Visages de femmes* dans le cinéma d'Afrique noire
(**153**, 1996, p. 141-150)
— Approche critique des femmes écrivains africaines francophones
(**155**, 1997, p. 269-273)
— « Suites africaines »
(**155**, 1997, p. 285-286)

(**170**, 2004, p. 117-120)

BALOGUN, Françoise et al.
Les films africains : Un patrimoine en danger
(**170**, 2004, p. 121-126)

BALOGUN, Odun
The Late Visitor
(**123**, 1982, p. 111-113)

BALOGUN, Ola
Ajayi and His Inherited Poverty par Amos Tutuola
(**65**, 1968, p. 180-181)
— Cultural Policies as an Instrument of External Image-Building :
A Blueprint for Nigeria
(**133-134**, 1985, p. 86-98)

BALTHAZAR, L. et al.
Palabre : Les « Congologues » – Gouvernement armé – Lettre
ouverte ou Premier Festival Mondial des Arts Nègres – Note sur
Shango, dieu Yoruba – La psychologie des élites africaines face
au monde moderne – Erpétologie
(**58**, 1966, p. 215-234)

BAMBOTÉ, Pierre (Pierre MAKOMBO BAMBOTÉ)
Enfance
(**47**, 1963, p. 182-193)
— Youlou
(**53**, 1965, p. 221-231)
— L'Homme qui joue...
(**57**, 1966, p. 100-101)
— Vous voyez...
(**57**, 1966, p. 102-103)
— À Paris...
(**57**, 1966, p. 104-105)
— Les cousins de l'enfance
(**71**, 1969, p. 53-67)

BANNY, K. et al.,
Esprit et situation de l'enseignement en Afrique Noire
(**11**, 1956, p. 71-83)

— Poor Daddy
(**61**, 1967, p. 226-233)

BARRINGTON-LINDSAY, C.
Questions of a Black Child
(**136**, 1985, p. 85-86)

BARRY, Abdul Wahab, Pathé DIAGNE, SOCIÉTÉ AFRICAINE DE CULTURE, Daouda David DIOUF, Henry-Valère KINIFFO, Seydou Norou N'DIAYE, Daniel BÉNIÉ, Ibrahima NIANG et Paulin HOUNTONDJI
— Table ronde sur la médecine en Afrique Noire
(**69**, 1969, p. 29-141)

BARRY, Aminata
Femmes, pouvoir et prise de décision en Afrique au sud du Sahara
(**175-176-177**, 2007-2008, p. 713-726)

BARRY, Boubacar
Un homme de tous les combats
(**173**, 2006, p. 45-46)

BARRY, Mamadou Samba
La résistance de la médecine traditionnelle guinéenne à l'épreuve du temps
(**160**, 1999, p. 147-155)

BASCOM, William
Les premiers fondements historiques de l'urbanisme Yorouba
(**23**, 1958, p. 22-40)

BASILE, Khaly
L'Afrique Noire et son destin face à la France : Essai de critique du réformisme dans les colonies
(**12**, 1957, p. 109-126)

BASSIR, Olumbe
Une diététique africaine
(**34-35**, 1960-1961, p. 207-210)

BASSORI, Timité
Un cinéma mort-né ?
(**49**, 1964, p. 111-115)

— Lévi-Strauss ou l'ethnographe « à la recherche du temps perdu » :
Tristes tropiques, (Collection « Terres Humaines ») par C. Lévi-
Strauss
(7, 1956, p. 150-155)
— Messages 1er Congrès des Écrivains et Artistes Noirs
(8-9-10, 1956, p. 380)
— Réflexions sans titre autour d'une des formes de la spiritualité
africaine
(18-19, 1958, p. 9-16)
— Messages au 2e Congrès des Écrivains et Artistes Noirs
(24-25, 1959, p. 371)
— Variations sur la négritude
(36, 1961, p. 7-17)
— L'homme africain à travers sa religion traditionnelle
(40, 1962, p. 32-43)
— À propos d'un livre brésilien sur l'Afrique
(41, 1962, p. 123-128)
— Religions africaines et structures de civilisation
(66, 1968, p. 98-111)
— Price-Mars et le Vaudou haïtien
(71, 1969, p. 19-23)

BASTIDE, Roger et al.
Pré-colloque sur « Civilisation noire et Éducation »
(87, 1973, p. 5-142)

BASTO, Maria Benedita
Le Congrès de 1956, la SAC et Présence Africaine et la genèse
des luttes de libération nationale des colonies portugaises :
Cosmopolitisme et écritures de soi
(175-176-177, 2007-2008, p. 93-94)

BATAILLE
Cinéma et acteurs noirs
(4, 1948, p. 690-696)

BATHILY, Abdoulaye
Quelle identité aujourd'hui ?
(175-176-177, 2007-2008, p. 19-25)

BATHILY, Abdoulaye et al.
Débat [I. Impacts / 1. Le Congrès de 1956 et son impact sur la question de l'identité, de la diversité et des solidarités culturelles] (**175-176-177**, 2007-2008, p. 50-61)

BAUSCH, Christa
The Rise and Fall of the South African Peasantry par Colin Bundy (**119**, 1981, p. 176-178)

BAYE, Annette M.
Témoignage
(**32-33**, 1960, p. 143)
— Sablier
(**32-33**, 1960, p. 143-144)
— Silhouette
(**32-33**, 1960, p. 144)

BAYO, OGUNJIMI
Mphahlele: The Aesthetics and Ideology of Alienation
(**135**, 1985, p. 120-128)

BAZIN, Henri
Problèmes et perspectives de la coopération économique à l'intérieur du tiers-monde
(**55**, 1965, p. 119-134)

BÉART, Ch.
Adolescence
(**8-9**, 1950, p. 261-270)
— Intimités : Les lettres de la fiancée
(**8-9**, 1950, p. 271-288)

BEAUGE, Jacqueline
Vœux dans la nuit
(**57**, 1966, p. 237)
— Et tes deux mains
(**57**, 1966, p. 237-238)

BEAUMATIN, Jacques
Élections à la Guadeloupe
(**43**, 1962, p. 425-430)

BEAUREGARD, Erving E.
Toucouleur Resistance to French Imperialism
(**131**, 1984, p. 144-154)

BEBEY, Francis
Un jour, tu apprendras...
(**57**, 1966, p. 13)
— Qui es-tu ?
(**57**, 1966, p. 14-17)
— Un jour, tu apprendras…
(**167-168**, 2003, p. 135)

BEBEY, Kidi
Douce dissidence...
(**167-168**, 2003, p. 131-133)

BECHEREL, Esperance
Nations africaines et solidarité mondiale par Mamadou Dia
(**37**, 1961, p. 214-216)

BEDE, Damien
La nouvelle en Afrique Noire francophone : Un genre atypique
aux frontières des autres formes narratives
(**167-168**, 2003, p. 329-339)

BEDJOU, Atmane
Les coupables
(**163-164**, 2001, p. 126-128)

BEDRI, Amna
Growth of Love
(**101-102**, 1977, p. 174-175)

BÉHANZIN, Louis Sénainon
Outillage théorique pour la construction de l'Afrique noire « francophone » et de Madagascar
(**11**, 1956, p. 148-151)
— Signification historique d'une indépendance
(**12**, 1957, p. 58-63)
— Responsabilités des Noirs d'Afrique en fait de culture scientifique
(**16**, 1957, p. 70-79)
— Fondements historiques de la loi-cadre
(**18-19**, 1958, p. 69-74)

(**149-150**, 1989, p. 51-67)

BEKOMBO, Manga

Incidences sociales de la modernisation en agriculture en Afrique Noire

(**55**, 1965, p. 135-144)

BEKOMBO, Manga et al.

Pré-colloque sur « Civilisation noire et Éducation »

(**87**, 1973, p. 5-142)

BELHABIB, Assia

Lever le voile sur la littérature de la marge au Maroc

(**190**, 2014, p. 199-211)

BELHALFFAOUI, Hamou

Le paon

(**153**, 1996, p. 87-89)

— Le partage des chameaux

(**153**, 1996, p. 90)

BELINGA, M.S. Eno

Une femme au soleil de midi

(**80**, 1971, p. 96)

BELINGA, M.S. Eno et al.

Palabre : Caractère humain de la Francophonie — La Francophonie — La francophonie au Sénégal — Quelques aspects de la Francophonie — Verwœrd est-il bien mort ? — Réflexions sur la huitième coupe du monde de football

(**60**, 1966, p. 183-193)

BELLONCLE, Guy

Marx et l'Afrique : Nouvelles réflexions sur la lettre à Véra Zassoulitch

(**112**, 1979, p. 3-25)

BEMBE, Luc

Élections au Congo Belge

(**17**, 1957, p. 115-117)

BENAMOU, Michel

Demiurgic Imagery in Césaire's Theatre

(**93**, 1975, p. 165-177)

BENAO, Baliry Philippe

2 : Renaissance

(**133-134**, 1985, p. 143)

— 7 : Mort du père

(**133-134**, 1985, p. 144)

— 15 : Je ne veux plus être citoyen

(**133-134**, 1985, p. 145)

— 16 : Moi je veux la guerre

(**133-134**, 1985, p. 146)

BENHIMA

Interventions des délégués africains à la XVIᵉ session [L'Angola et l'ONU] : Royaume du Maroc (intervention de M. Benhima)

(**42**, 1962, p. 147-151)

BÉNIÉ, Daniel et al.

Table ronde sur la médecine en Afrique Noire

(**69**, 1969, p. 29-141)

BENNABI, Malek et H. HASELBERGER-BLAHA

Communications diverses

(**24-25**, 1959, p. 283-330)

BENNIS, Mohammed

Fès, pureté éteinte dans le carillon du rêve

(**160**, 1999, p. 164-167)

— Lumière sur lumière

(**160**, 1999, p. 168-169)

— Chant pour un jardin d'eau

(**160**, 1999, p. 170-172)

BENOT, Yves

Nkrumah et le rôle de la personnalité dans l'Afrique contemporaine

(**85**, 1973, p. 39-47)

BERGER, Renato

Eros noir par Boris de Rachewiltz

(**65**, 1968, p. 166-169)

— *La face de la femme africaine* par Peter Fuchs

(**65**, 1968, p. 169-172)

— *Négritude et humanisme* par Léopold Senghor, Janheinz Jahn
(**65**, 1968, p. 172-175)
— *Histoire de la littérature neo-africaine* par J. Jahn
(**67**, 1968, p. 193-196)
— The Festival of Arts in Ifé
(**77**, 1971, p. 215-217)
— *Die weissen kommen! die wahre geschichte des kolonialismus (« The Whites Are Coming! The True History Colonialism»)* par Gert V. Paczensky
(**77**, 1971, p. 250-253)
— *Kovave (A journal of New Guinea literature); Gigibori (a magazine of Papua New Guinea cultures); Sun and Moon in Papua New Guinea Folklore (anthology)*
(**97**, 1976, p. 185-187)
— *Xango : The Afro-Americans Religions : Bahia, Haiti, Trinidad* par Hubert Fichte
(**101-102**, 1977, p. 282-285)

BERNABÉ, Jean
Le travail de l'écriture chez Simone Schwartz-Bart
(**121-122**, 1982, p. 166-179)
— Césaire et Obama : Les voies d'une néo-créolité ?
(**178**, 2008, p. 27-37)

BERNABÉ, Joby,
Vyefre
(**121-122**, 1982, p. 255-256)

BERNARD-AUBERT, Claude et P.A.
Entretien avec Claude Bernard-Aubert, Réalisateur des *Lâches vivent d'espoir* (Propos recueillis par André Laude)
(**36**, 1961, p. 134-136)

BERNUS, Edmond
Famines et sécheresses chez les Touareg sahéliens
(**113**, 1980, p. 67-76)

BERNUS, E. et G. SAVONNET
Les problèmes de la sécheresse dans l'Afrique de l'Ouest
(**88**, 1973, p. 113-138)

— De l'urgence à la création littéraire. Notes sur Le Discours antillais d'Édouard Glissant et sur la situation que doit se reconnaître l'écrivain
(**190**, 2014, p. 257-268)

BESSIS, Sophie
La conférence de Pékin : Essai de bilan
(**153**, 1996, p. 137-140)

BETHUNE, Lebert
A Juju of My Own
(**55**, 1965, p. 166)
— At My Grandmothers Grave (Calvary Cemetry, Kingston)
(**55**, 1965, p. 167)
— With Help of Strong Magic
(**55**, 1965, p. 168)
— On Meeting My First Fox
(**55**, 1965, p. 168)
— Two Black Men
(**55**, 1965, p. 169)
— A Juju of My Own
(**57**, 1966, p. 397)
— A Short Passage
(**74**, 1970, p. 166-184)

BETTELHEIM, Charles
Planification et croissance économique
(**21**, 1958, p. 23-35)
— Messages au 2ᵉ Congrès des Écrivains et Artistes Noirs
(**24-25**, 1959, p. 376)
— Les exigences fondamentales d'une croissance accélérée de l'économie africaine
(**32-33**, 1960, p. 8-19)

BETTIOL, Giuseppe
Messages au 2ᵉ Congrès des Écrivains et Artistes Noirs
(**24-25**, 1959, p. 362)

BETTY, Sall Momar
Message à Mamie-Wata
(**57**, 1966, p. 118)

— Belle d'Europe
(**57**, 1966, p. 118-119)

BEUZE, Joël

Quelque part sans connaître
(**121-122**, 1982, p. 347-351)

BÉVILLE, Albert

Rapports de l'Occident avec le reste du monde, Prospective n° 3 par Marcel Demongue, Jean Darcet, Gaston Berger
(**26**, 1959, p. 120-121)

— Problèmes des pays sous-développés
(**32-33**, 1960, p. 20-48)

BÉVILLE, Albert, Guy DE BOSSCHÈRE, Edouard GLISSANT, Jacques HOWLETT, Paulin JOACHIM, Michel LIGNY, Pierre MARTEAU

La philosophie bantoue par R. P. Placide Tempels
(**32-33**, 1960, p. 194-195)

— *Unité culturelle de l'Afrique noire. — Les fondements culturels, techniques et industriels d'un futur noir* par Cheikh Anta Diop.
(**32-33**, 1960, p. 195-196)

— *De Saint-Domingue à Haïti. — Silhouettes de nègres et de négrophiles* par Jean Price-Mars
(**32-33**, 1960, p. 196-197)

— *Nationalisme et problèmes malgaches* par Jacques Rabemananjara
(**32-33**, 1960, p. 197-198)

— *Théorie économique et pays sous-développés* par Gunnar Myrdal
(**32-33**, 1960, p. 198)

— *Les masses africaines et l'actuelle condition humaine* par Abdoulaye Ly
(**32-33**, 1960, p. 199)

— *Contribution à l'étude des problèmes politiques en Afrique Noire* par Majhemout Diop
(**32-33**, 1960, p. 200)

— *Ghana, autobiographie de K. N.* par Kwame Nkrumah
(**32-33**, 1960, p. 200-201)

— *La Guinée et l'émancipation africaine (l'action politique du Parti Démocratique de Guinée)* ; *Guinée : Prélude à l'Indépendance* par Sékou Touré
(**32-33**, 1960, p. 201-202)

— *Congrès constitutif du P.F.A.* par L. Sedar Senghor
(**32-33**, 1960, p. 202)

— *Soundjata ou l'épopée mandingue* par Djibril Tamsir Niane
(**32-33**, 1960, p. 202-203)

— *Coups de pilon* par David Diop
(**32-33**, 1960, p. 204-205)

— *Khamsine* par William J. F. Syad. Préface de Léopold S. Senghor
(**32-33**, 1960, p. 205-206)

— *Leurres et lueurs* par Birago Diop
(**32-33**, 1960, p. 206-207)

— *Kiroa* par Moune de Rivel
(**32-33**, 1960, p. 207)

— *Le fabuleux empire du Mali* par Andrée Clair
(**32-33**, 1960, p. 207-208)

BÉVILLE, Albert et a.
Palabres : Congo belge. Kenya. Mali. Antilles. Tunis. Le XIᵉ Congrès de la FEANF.
(**30**, 1960, p. 96-107)

BEY, Rachid
Hayat
(**75**, 1970, p. 113)

BHÊLY-QUENUM, Olympe
Les nouveaux contes d'Amadou Koumba par Birago Diop
(**36**, 1961, p. 163-164)

— *Les Antilles décolonisées* par Daniel Guérin
(**36**, 1961, p. 168-169)

— *Le Chant du Lac* 1ᵉʳ Chapitre
(**49**, 1964, p. 201-211)

— Quand tomba le Sigui
(**154**, 1996, p. 99-106)

— Être écrivain africain francophone et un étranger dans la littérature de langue française
(**175-176-177**, 2007-2008, p. 134-142)

BHÊLY-QUENUM, Olympe, Thérèse DIATTA, Lilyan KESTE-LOOT, BAHOUETE, Chicot EBOUÉ, FAYE, KIFE, Bonaventure Mve ONDO, Mervyn CLAXTON, Edris MAKWARD

Débat [III. Perspectives / 2. Nouveaux défis pour la culture africaine]
(**175-176-177**, 2007-2008, p. 649-656)

BIDI, Jean Tape

La gestion de l'eau et ses contraintes en Côte d'Ivoire
(**161-162**, 2000, p. 147-169)

BILEN, Max

L'Afrique qui se réveille : Anthologie en hébreu des poètes africains par Chinchon Inbal
(**45**, 1963, p. 237-239)

— Le poète africain, chantre de son peuple
(**54**, 1965, p. 137-141)

— *Nouvelles anthologies africaines en hébreu : Poésies de Madagascar et du Ghana*
(**55**, 1965, p. 231-232)

BILGHO, Laurent

Mon père et ma mère par Monseigneur Tchidimbo
(**139**, 1986, p. 199-200)

BILGHO, Laurent et al.

Table ronde sur "l'éducation en Afrique"
(**64**, 1967, p. 59-96)

BILOLO, Mubabinge

La religion africaine face au défi du christianisme et de la techno-science
(**119**, 1981, p. 29-46)

— La civilisation pharaonique était-elle KAME/KMT/NÈGRE ? : L'État de la question en égyptologie avant et après *Nations Nègres et Culture*
(**149-150**, 1989, p. 68-100)

BIMWENIYI-KWESHI, Oscar
Paul VI et la fondation d'une nouvelle tradition spirituelle en Afrique
(**172**, 2005, p. 117-123)
— Le poids de l'homme dans l'univers selon les cultures et les religions africaines traditionnelles
(**175-176-177**, 2007-2008, p. 433-444)

BIMWENIYI-KWESHI, Oscar et al.
Débat [II. Nouveaux enjeux / 5. Dynamiques des cultures et des religions]
(**175-176-177**, 2007-2008, p. 445-457)

BINDA, Alex
Feather Woman of the Jungle par Amos Tutuola
(**44**, 1962, p. 239)

BINDA, Alex et al.
Palabre : Événements au Ghana. Sport et tribalisme. Racisme au Mississipi. Congo ou le jeu de massacre. Le différend Congo-Gabon. Un peintre éthiopien. Élections en Rhodésie du Nord. Afrique du Sud.
(**44**, 1962, p. 215-232)

BINDZI
Interventions des délégués africains à la XVIᵉ session [L'Angola et l'O. N. U] : République du Cameroun (intervention de M. Bindzi)
(**42**, 1962, p. 96-100)

BIOBAKU, S. O. (Saburi)
Messages 1ᵉʳ Congrès des Écrivains et Artistes Noirs
(**8-9-10**, 1956, p. 394-395)
— Les responsabilités de l'historien africain en ce qui concerne l'histoire et l'Afrique
(**27-28**, 1959, p. 96-99)
— Aspects historiques de l'acculturation : L'historique d'un cas
(**47**, 1963, p. 194-198)

BIOBAKU, S. O., H. U. BEIER et NYUNAI
De l'emploi et de l'interprétation des mythes
(**7**, 1956, p. 120-132)

BIPOUN-WOUM, Joseph-Marie
Forces politiques en Afrique Noire par Bakary Traoré, Mamadou Lo, Jean-Louis Alibert
(**61**, 1967, p. 234-238)
— Essai sur l'engagement politique dans l'Afrique des États
(**69**, 1969, p. 11-28)
— *L'avènement du parti unique en Afrique Noire. L'expérience des États d'expression française* par Ahmed Mahiou, M. F. Borella
(**69**, 1969, p. 224-227)
— Vers un blocage culturel de la démocratie dans l'Afrique des États ?
(**97**, 1976, p. 3-10)
— Are We Heading for a Cultural Blockage of Democracy in the African States?
(**97**, 1976, p. 11-17)
— L'État en Afrique comme objet d'étude : L'idée d'une statologie de situation
(**127-128**, 1983, p. 348-363)

BIPOUN-WOUM, Joseph et al.
Table ronde : « Elite et Peuple dans l'Afrique d'aujourd'hui »
(**73**, 1970, p. 39-108)

BIRAME, Samba
Sur le théâtre africain
(**14**, 1953, p. 304-306)

BIRBALSINGH, F.M.
Soyinka's *Death and The King's Horseman*
(**124**, 1982, p. 202-219)
— Urban Experience in South African Fiction
(**129**, 1984, p. 111-121)
— Interview with Niyi Osundare
(**147**, 1988, p. 95-104)

BIRT, Robert E.
Democracy vs Empire de Cornel West's Democracy Matters: "Winning the Fight Against Imperialism"
(**172**, 2005, p. 181-198)

BISANSWA, Justin
Aimé Césaire entre métaphore et oxymore. La boue et l'or

(**178**, 2008, p. 158-176)
— La fiction africaine de la modernité et ses problématiques
(**190**, 2014, p. 155-179)

BISHOP, Rand
African Literature for Whom? The Janus-Like Function of African Literary Criticism
(**101-102**, 1977, p. 57-80)
— The Old Africa
(**112**, 1979, p. 107)
— The Heart of South Africa
(**112**, 1979, p. 108)
— On an African Beach
(**112**, 1979, p. 109)

BISSAINTHE, R. P. Gérard
Le Christianisme face aux aspirations culturelles des peuples noirs
(**8-9-10**, 1956, p. 326-329)
— *Diacoute* par M. Morisseau-Leroy
(**16**, 1957, p. 184-186)

BISSAINTHE, R. P. Gérard et R. P. Jacques MONTAS
Messages 1er Congrès des Écrivains et Artistes Noirs
(**8-9-10**, 1956, p. 388)

BISSAINTHE, R. P. Gérard et al.
Débats : 20 Septembre, à 21 h [Le 1er Congrès International des Écrivains et Artistes Noirs]
(**8-9-10**, 1956, p. 206-226)
— L'apport du 1er Congrès international des écrivains et artistes noirs à la pensée contemporaine
(**174**, 2006, p. 101-125)

BISSAMBOU, Thomas et Thiréy VALET
Tam-Tam pour Mandela
(**140**, 1986, p. 95)
— Sans Parole (à Oliver Tambo)
(**140**, 1986, p. 96)

BIYAOULA, Daniel
Le destin de Zu
(**155**, 1997, p. 171-176)

BIYOGO, Grégoire
Georges NGAL : *Œuvres critiques-Articles, communications, interviews, préfaces et études sur commandes des organismes internationaux. 1970-2009 Tomes I et 2*, L'Harmattan, 2009.
(**178**, 2008, p. 203-204)

B'KUNE, Tchicaya Unti
Fragments
(**123**, 1982, p. 114-117)

BLACKMAN, Peter
Some Thoughts on West Indian Writing
(**14-15**, 1957, p. 296-300)

BLAIR, Dr. Thomas
Du Bois et le siècle de la libération africaine
(**49**, 1964, p. 184-191)

BLAIR, Thomas L. V.
Mouvements afro-brésiliens de libération, de la période esclavagiste à nos jours
(**53**, 1965, p. 96-101)
— Le développement économique africain : Capital, Planification et Science Sociale
(**56**, 1965, p. 26-44)
— Urbanism and Poetics
(**175-176-177**, 2007-2008, p. 246-252)
— The Crisis of Black Urbanism in Britain : From Folk to Freedom Ways
(**179-180**, 2009, p. 35-40)

BLAKELY, Allison
The Black Diaspora in Europe Today : Greater Presence, Greater Problems
(**175-176-177**, 2007-2008, p. 253-257)

BLERALD, Daniel
A Patrice Lumumba (poème)
(**43**, 1962, p. 379-380)

BLOW, Man, Blow
Charles L. Anderson
(**57**, 1966, p. 371)

BLYDEN et P. MERCIER
Textes de Blyden : Textes traduits par P. Mercier
(**1**, 1947, p. 47-49)

BOAHEN, A. Adu
State-Formation in Lower Guinea and The Chad-Niger Basin
(**127-128**, 1983, p. 175-186)

BOBROWSKA-SKRODZKA, Hélina
Aimé Césaire Chantre de la grandeur de l'Afrique
(**59**, 1966, p. 34-56)

BOCOUM, Hamady
Alioune Diop et le FESMAN II : Les raisons de la colère
(**181-182**, 2010, p. 276)

BOGNINI, Joseph Mezian
Trois poèmes
(**34-35**, 1960-1961, p. 151-153)
— *Un nègre à Paris* par Bernard Dadié
(**36**, 1961, p. 161-162)
— *Balles d'or* par Guy Tirolien
(**36**, 1961, p. 167)
— Poèmes : Transparence
(**53**, 1965, p. 233)
— Rien qu'un Murmure
(**53**, 1965, p. 234)
— Mission
(**57**, 1966, p. 61)
— Passer la Barrière
(**57**, 1966, p. 61-62)
— Révélation
(**57**, 1966, p. 62)
— Langage
(**57**, 1966, p. 63)
— Rançon
(**57**, 1966, p. 63-64)
— [C'étaient de très grands vestiges en naissance sur tous les sentiers du noir continent...]
(**78**, 1971, p. 177-179)

BOISSIER, Bertrand et al.
Débat [I. Impacts / 1. Le Congrès de 1956 et son impact sur la question de l'identité, de la diversité et des solidarités culturelles (**175-176-177**, 2007-2008, p. 50-61)

BOISSIER-PALUN et al.
Pré-colloque sur « Civilisation noire et Éducation »
(**87**, 1973, p. 5-142)

BOKAMBA, Eyamba G.
Authenticity and the Choice of a National Language: The Case of Zaïre
(**99-100**, 1976, p. 104-142)

BOL, Nhial
L'excision n'est plus une condition indispensable au mariage musulman
(**160**, 1999, p. 144)

BOLS et al.
Table ronde sur "l'éducation en Afrique"
(**64**, 1967, p. 59-96)
— Table ronde sur les langues africaines
(**67**, 1968, p. 50-123)

BOND, Horace Mann
Reflections, comparative, on West African Nationalist Movements
(**8-9-10**, 1956, p. 133-142)

BOND, H et al.
Débats : 20 Septembre, à 21 h [Le 1er Congrès International des Écrivains et Artistes Noirs]
(**8-9-10**, 1956, p. 206-226)

BOND, Julian
Rotation
(**57**, 1966, p. 372)
— I, Too, Hear America Singing
(**57**, 1966, p. 372)
— Look at That Gal...
(**57**, 1966, p. 372)
— Cambridge, Mass.
(**57**, 1966, p. 373-374)

BONGASU-KISHANI, Andrew

A Soldier's Shield

(**97**, 1976, p. 134)

BONGO, Maurice Adoum

La définition de l'agression par E. Aroneanu

(**34-35**, 1960-1961, p. 243-244)

BONGO, Nsame

Pensée thérapeutique africaine et traitement des conflits. La méthode de la lutte constructive

(**172**, 2005, p. 67-82)

BONI, Georges

Portulan

(**153**, 1996, p. 206-208)

BONI, Tanella

Grobli Zirignon : Itinéraire d'un artiste

(**157**, 1998, p. 227-239)

— Notre présence au monde

(**175-176-177**, 2007-2008, p. 130-133)

— Barack Obama : De l'historicité d'un homme politique

(**178**, 2008, p. 51-59)

BONI, Tanella et al.

Débat [I. Impacts / 3. Le Congrès de 1956 et son impact sur les politiques culturelles de l'éducation]

(**175-176-177**, 2007-2008, p. 210-224)

BORNEMAN, Ernest

Les racines de la musique américaine noire

(**4**, 1948, p. 576-589)

BORY, Antoine

Héritage socio-culturel africain et créations spécifiques des communautés afro-américaines de la Caraïbe

(**117-118**, 1981, p. 239-246)

— Crise de la société – Crise de la pensée aux Antilles

(**121-122**, 1982, p. 27-52)

BOUH, N. Binga et al.

Palabre : « Zulu » — L'Afrique et les Jeux Olympiques — Des nègres au ciel… ou le sens d'une canonisation — L'affreux et le Transhumant — À propos de la lutte des classes en Afrique Noire — L'Unité Africaine commence à l'école — Les crimes politiques en Afrique et la clairvoyance des masses.
(**53**, 1965, p. 235-254)

BOUILLON, Joséphine

Messages au 2ᵉ Congrès des Écrivains et Artistes Noirs
(**8-9-10**, 1956, p. 379)

BOUKMAN, Daniel

Les 10 doigts des 2 mains
(**121-122**, 1982, p. 408-413)
— *Les sœurs de solitude, le collier de servitude* par Arlette Gauthier, Tardo-Dino
(**135**, 1985, p. 137-140)

BOULBINA, Seloua Luste

Présence africaine de la musique et culture nationale : Tribute to Fanon
(**185-186**, 2012, p. 219-229)

BOUMBA, Boussoukou

L'organisation de la chefferie indigène à Ntima et à Divenié (Congo)
(**107**, 1978, p. 111-134)
— Compte rendu du Colloque de l'UNESCO (Brazzaville : 13-17 février 1978)
(**107**, 1978, p. 242-245)

BOURAOUI, Hédi

Un noël pour Gorée par Jean F. Brierre
(**116**, 1980, p. 234-236)
— *Une enquête au pays* par Driss Chra
(**123**, 1982, p. 233-236)

BOURGEOIS, R. et al.

Palabre : Is Portuguese Colonialism on the Wane ? — Lettre à Aimé Césaire — Pouvoir politique et sécurité en Afrique — Le

BOWES, Colin C.
« Frustration »
(**78**, 1971, p. 184-185)

BOWMAN, Amelia
Was It Yesterday I Left My Native Land?
(**78**, 1971, p. 183)

BOXILL, Anthony
"The Emasculated Colonial"
(**75**, 1970, p. 146-149)

BOYD-BUGGS, Debra
Entretien avec El Hadj Abdoul Aziz Sy, Jr.
(**148**, 1988, p. 125-133)

BOYER, Joseph
Le jeu africain des godets
(**7**, 1949, p. 310-314)

BRANDL, Ludwig
Early Christianity in Africa: North Africa, the Sahara, the Sudan,
Central and East Africa
(**96**, 1975, . 467-495)

BRAXTON, Joanne M.
Black pilgrimage par Tom Feelings
(**84**, 1972, p. 133-135)

BREITMAN, George
La dernière année de Malcolm X
(**62**, 1967, p. 43-62)

BREW, Kwesi
Ancestral Faces
(**63**, 1967, p. 164)
— Questions of Our Time
(**63**, 1967, p. 164-165)

BREZAULT, Éloïse
Voix africaines – Poésie d'expression française (1950-2000) par
Landry-Wilfrid Miampika
(**163-164**, 2001, p. 239-242)

BROOKS, Dorothy
Messages au 2ᵉ Congrès des Écrivains et Artistes Noirs
(**24-25**, 1959, p. 366)

BROOKS, Gwendolyn
La complainte de Pearl May Lee
(**1**, 1947, p. 111-119)

BROWN, George
Firestone-Libéria
(**13**, 1952, p. 342-347)

BROWN, Mary Antoinette Grimes et al.
Palabres : Les négriers de la matière grise. Le pardon. Education
and national development in Liberia 1800-1900. Réflexions
autour du Congrès culturel de la Havane.
(**65**, 1968, p. 156-165)

BROWN, Sterling A.
Old Lem
(**148**, 1988, p. 104-105)
— Strong Men: « The Strong Men Keep Coming on » (Sandburg)
(**148**, 1988, p. 106-107)

BROWNE, William
And Once Again: Pain
(**57**, 1966, p. 375-376)
— Harlem Sounds: Hallelujah Corner
(**57**, 1966, p. 376)
— Saturday Night in Harlem
(**57**, 1966, p. 377-378)

BRUNOT, R.
Epopées africaines
(**1**, 1947, p. 176-177)

BRUTUS, Denis (Dennis BRUTUS)
Poem
(**57**, 1966, p. 312)
— Erosion
(**57**, 1966, p. 313)
— Night Song City
(**57**, 1966, p. 313-314)

BUNTASSER, Mahamoud Bey et al.
Interventions des délégués africains
(**3**, 1955, p. 28-38)

BUREAU, Françoise
Nouvelles chroniques congolaises par J.B. Tati Loutard
(**116**, 1980, p. 220-222)
— *Sahel ! Sanglante sécheresse* par Mandé-Alpha Diarra
(**119**, 1981, p. 186-188)
— *Comme une piqûre de guêpe*, coll. « écrits » par Massa M. Diabate
(**120**, 1981, p. 102-105)

BURNESS, Donald
Six Responses to Apartheid
(**76**, 1970, p. 82-95)

BUSIA, A. K.
The African world view
(**4**, 1955, p. 16-23)

C., R.G.
« The classic » et l'exil d'une littérature
(**63**, 1967, p. 256-257)

CABRAL, Amilcar
Allocution prononcée à l'occasion de la Journée Kwame Nkrumah
(**85**, 1973, p. 5-10)
— Naissance d'un nouvel État africain : La République de Guinée-Bissau
(**88**, 1973, p. 249-312)

CADIER, Marie-Claire Pierre
Sur les sentiers de la mondialisation
(**167-168**, 2003, p. 117-118)

CAGE-FLORENTINY, Nicole
Pa gen
(**179-180**, 2009, p. 285-287)

CAILLENS, Jean-Etienne
Blues. – Poésies de l'Amérique noire
(**1**, 1947, p. 167-168)

— Images de Madagascar par V. Ravelonanosy
(**13**, 1957, p. 155-156)
— Tiberio
(**16**, 1957, p. 190-191)
— Wifredo Lam
(**16**, 1957, p. 191)
— Jeunesse et renaissance des arts en Afrique
(**16**, 1957, p. 192-193)
— Montmartre et... Côte d'Ivoire
(**16**, 1957, p. 193)
— Au palais du Louvre : Henri Lhote ouvre les archives du désert préhistorique
(**17**, 1957, p. 138-140)
— Prélude au IIᵉ Congrès des Écrivains et Artistes Noirs
(**20**, 1958, p. 130-132)
— Chroniques des arts d'outre-mer
(**20**, 1958, p. 132-133)
— Farveze et le rythme africain
(**23**, 1958, p. 155)
— Augustin Cardenas
(**23**, 1958, p. 156-157)
— À Tunis — Vie exposition internationale peintures de Sokoto
(**23**, 1958, p. 157)
— Dix ans de peinture cubaine
(**37**, 1961, p. 148-150)

CAILLER, Bernadette Adams
De Simone Weil à Aimé Césaire : Hitlérisme et entreprise coloniale
(**151-152**, 1995, p. 238-250)
— La « grande douloureuse douceur » (E. Glissant) d'Aimé Césaire : À propos de *Ferrements* (1960)
(**189**, 2014, p. 47-60)
— Poétique, politique, et éthique de l'imaginaire dans *Les neuf consciences du Malfini* de Patrick Chamoiseau
(**190**, 2014, p. 283-295)

CAILLEUS, J.
À la galerie Maegh. Baya : Autour du paradis
(**2**, 1948, p. 348-352)

CARDOSO, Antonio
Um Dia
(**57**, 1966, p. 437)

CARDOSO, Fernando Henrique
Le préjugé de couleur au Brésil
(**53**, 1965, p. 120-128)

CARDOT, Vera
Brève histoire de l'Afrique noire par Louis C.D. Joos
(**37**, 1961, p. 219-220)

CARLON, S. Jabaru
Black Civilization and the Problem of Indigenous Education in
Africa: The Liberian Experience
(**95**, 1975, p. 251-268)

CARR, Ernest
The Betrayal
(**57**, 1966, p. 423-424)
— Freedom to Sing
(**57**, 1966, p. 424)

CARRÈRE, Charles
Saisons et Caïlcédrat
(**153**, 1996, p. 165)
— *Zonzon Tête Carrée*
(**153**, 1996, p. 212-215)

CARRÈRE, Charles, Léopold Sédar SENGHOR et Hamidou DIA
Senghor : Un poète en politique
(**154**, 1996, p. 61-71)

CARRION, Guillermo Cuevas
Este, grande
(**57**, 1966, p. 521-522)
— Poema Sencillo
(**57**, 1966, p. 523)
— Sin Pulir
(**57**, 1966, p. 523)

CASE, Frederick Ivor et Marcel Ivor Alexis CASE

L'héritage égyptien : Perspectives culturelles de l'œuvre de Cheikh Anta Diop

(149-150, 1989, p. 101-109)

CASSIN, Laura

Influence d'Aimé Césaire dans le champ littéraire francophone caribéen

(189, 2014, p. 335-344)

CASTERA fils, Georges

En manière de réponse à une Toubabesse

(57, 1966, p. 244)

— Aux « Rendez-vous des Folles » ...

(57, 1966, p. 245)

— La route du départ est...

(57, 1966, p. 245)

— Blues

(57, 1966, p. 246)

— Blues-Poème

(57, 1966, p. 246-247)

CAYTON, Horace R.

A Psychological Approach to Race Relations

(3, 1948, p. 418-431)

— A psychological Approach to Race Relations (fin)

(4, 1948, p. 549-563)

— What Problems Face the New Nation, Ghana?

(12, 1957, p. 78-85)

CAZENAVE, Odile

Calixthe Beyala and the Politics of Sexuality: The Example of *Assèze l'Africaine* (1994)

(154, 1996, p. 283-298)

CAZES, Bernard

Croissance économique et structures au Moyen-Orient par Élias Gannagé

(21, 1958, p. 93-96)

— L'homme de culture et ses responsabilités
(**24-25**, 1959, p. 116-122)
— Messages au 2ᵉ Congrès des Écrivains et Artistes Noirs
(**24-25**, 1959, p. 359-360)
— Salut à la Guinée
(**26**, 1959, p. 89)
— Pour saluer le Tiers Monde
(**26**, 1959, p. 90-91)
— La pensée politique de Sékou Touré
(**29**, 1960, p. 65-73)
— Crise dans les départements d'Outre-Mer ou crise de la départe-mentalisation
(**36**, 1961, p. 109-111)
— *Les batards* par Bertène Juminer
(**36**, 1961, p. 160-161)
— *La Tragédie du Roi Christophe*
(**39**, 1961, p. 125-153)
— Deuil aux Antilles
(**42**, 1962, p. 221-222)
— *La Tragédie du Roi Christophe*
(**44**, 1962, p. 146-165)
— *La Tragédie du Roi Christophe*
(**46**, 1963, p. 163-183)
— Hommages à Jean Amrouche
(**46**, 1963, p. 187-189)
— Addis-Abeba 1963
(**47**, 1963, p. 173-175)
— Liminaire
(**57**, 1966, p. 3)
— *Une tempête* (d'après la tempête de Shakespeare) (adaptation pour un théâtre nègre)
(**67**, 1968, p. 3-32)
— Vies
(**121-122**, 1982, p. 259)
— La force de regarder demain
(**121-122**, 1982, p. 260)

CHAM, Mbye Baboucar
Art and Ideology in the Work of Sembène Ousmane and Hailé
Gerima
(**129**, 1984, p. 79-91)
— Film Production in West Africa : 1979-1981
(**124**, 1982, p. 168-189)

CHANDERLI, A. et al.
Hommages à Frantz Fanon
(**40**, 1962, p. 118-141)

CHANTS DE TRAVAIL PAYSANS
Bidim-blo, bidim-blo
(**121-122**, 1982, p. 202)

CHARLIER, Ghislaine
Toussaint Louverture ou la vocation de la liberté, collection « les
temps modernes par Roger Dorsin
(**54**, 1965, p. 265-267)

CHECOLE, Kassahun
Man Cures, God Heals (...)
(**129**, 1984, p. 126-139)

CHEMAIN, Roger et Arlette
« Stèles pour l'avenir » ou l'Afrique confrontée au Cosmos
(**107**, 1978, p. 175-186)
— *Les Cancrelats* : Un roman de Tchicaya U Tam'Si
(**115**, 1980, p. 211-227)
— Pour une lecture politique de *Le regard du roi* de Camara Laye
(**131**, 1984, p. 155-168)
— De l'oralité à l'écriture en République Populaire du Congo : *Etsee
Le Yamba* de Théophile Obenga
(**132**, 1984, p. 62-70)
— Poésie et affleurement du mythe : Introduction à l'œuvre lyrique
de Jean-Baptiste Tati-Loutard
(**145**, 1988, p. 115-140)
— U Tam'si ou « la parole arborescente »
(**146**, 1988, p. 283-284)
— Amélia Néné : Des *Fleurs de vie* aux *Larmes perdues*
(**155**, 1997, p. 243-267)

CHITEJI, Frank M.

Integration and Disintegration in East Africa par Christian P. Potholm, Richard A. Fredland

(**126**, 1983, p. 140-142)

CHOMBART DE LAUWE, Paul-Henry et al.

Pré-colloque sur « Civilisation noire et Éducation »

(**87**, 1973, p. 5-142)

CHOMBARD DE LAUWE, P.-H. et al.

Témoignages sur la *Philosophie bantoue* du père Tempels

(**7**, 1949, p. 252-278)

CHONEZ, Claudine

De l'enfant noir à la libération de l'homme

(**3**, 1948, pp. 515-518)

CHRISTIAN, Ndoung Albert

Messages au 1ᵉʳ Congrès des Écrivains et Artistes Noirs

(**8-9-10**, 1956, p. 393)

CHRISTINA Ama Ata Aidoo,

Sebonwoma

(**49**, 1964, p. 199-200)

CISSÉ, Alphousseyni

Dédicace à Léopold Sédar Senghor

(**126**, 1983, p. 112-113)

CISSÉ, Blondin

Islam, identité et constructions anthropologiques au XIXᵉ siècle : De quelques figures du musulman

(**179-180**, 2009, p. 233-252)

— La problématique de la renaissance africaine dans le *Consciencisme* de Nkrumah : Pour une relecture du socialisme africain

(**185-186**, 2012, p. 61-78)

CISSÉ, Daniel

Pour un réaménagement du système monétaire des institutions de crédit des pays africains

(**84**, 1972, p. 44-72)

CISSÉ, Dia Amadou
La mort du Damel
(**1**, 1947, p. 62-77)

CISSÉ, Mme et al.
Débat [I. Impacts / 1. Le Congrès de 1956 et son impact sur la question de l'identité, de la diversité et des solidarités culturelles]
(**175-176-177**, 2007-2008, p. 50-61)

CISSÉ, Sambou
[Coupures de presse, *Le Témoin*, hebdomadaire d'informations générales n° 448, du mardi 2 au lundi 8 mars 1999 : 64 millions d'excisées dans 26 pays d'Afrique]
(**160**, 1999, p. 140-143)

CISSOKO, Sekene Mody
L'humanisme sur les bords du Niger au xvie siècle
(**49**, 1964, p. 81-88)
— Le siècle de Kankou Moussa : Le xive siècle (neuvième leçon)
(**52**, 1964, p. 94-103)
— Civilisation Wolofo-Sérère
(**62**, 1967, p. 121-145)
— L'intelligentsia de Tombouctou aux xve et xvie siècles
(**72**, 1969, p. 48-72)
— Formations sociales et État en Afrique précoloniale : Approche historique
(**127-128**, 1983, p. 50-71)
— Hommage au professeur Ibrahima Baba Kaké
(**153**, 1996, p. 252-254)

CLAIR, Andrée
Pour que la vie soit claire [Poèmes attribués à Canie Anoma.]
(**18**, 1958, p. 195-198)
— Tadla (Maroc) [Poèmes attribués à Canie Anoma.]
(**18-19**, 1958, p. 197-198)
— *Les nègres* de Jean Genêt
(**30**, 1960, p. 118-119)
— *Come Back Africa* (reviens Afrique) film de Lionel Rogosin
(**30**, 1960, p. 123-124)

— *Un raisin au Soleil* : 3 actes de Lorraine Hansberry par Emmanuel Roblès
(**32-33**, 1960, p. 214-215)
— *Femmes d'Afrique noire* (Sorbonne - 6ᵉ section : Sciences économiques et sociales - mouton et Co-éd.) par Denise Paulme
(**34-35**, 1960-1961, p. 227-228)
— *Un piège sans fin* par Olympe Bhêly-Quénum
(**34-35**, 1960-1961, p. 230-232)
— *Les contes noirs de l'ouest africain* par Roland Colin, Léopold Sédar Senghor
(**36**, 1961, p. 162-163)

CLARK, John Pepper
I Woke to the Sight
(**52**, 1964, p. 170)
— Girl Bathing
(**52**, 1964, p. 171)
— Thèmes de la poésie africaine d'expression anglaise
(**54**, 1965, p. 96-115)
— Abiku
(**57**, 1966, p. 280)
— Olumo Rock
(**57**, 1966, p. 281)
— Night Rain
(**57**, 1966, p. 282-283)
— Streamside Exchange
(**57**, 1966, p. 283)
— Horoscope
(**57**, 1966, p. 283-284)
— Ivbie
(**57**, 1966, p. 284-291)
— Note sur la poésie nigérienne
(**58**, 1966, p. 56-66)
— On the passing of Chinua Achebe 1930-2013
(**187-188**, 2013, p. 343-345)

CLARKE, John Henrik
La célébration d'une veillée funèbre dans la tribu ga du Ghana
(**23**, 1958, p. 107-112)

— *Laughing on the Outside : The Intelligent White Reader's Guide to Negro Tales and Humor* par Philip Sterling, Saunders Redding
(**61**, 1967, p. 243-244)

— Africa: *History of a Continent* par Basil Davidson; *African Kingdoms* par Basil Davidson; *The Growth of African Civilization : A History of West Africa. 1000-1800* par Basil Davidson, F. K. Buah, J. F. A. Ajayi; *A Thousand Years of West African History; A Handbook for Teachers and Student* par J. F. Ade-Ajayi, Ian Espire; *African Glory, The Story of Vanished Negro Civilizations* par J.C. De Graft-Johnson; *Africa in the Nineteenth and Twentieth Centuries* par Joseph C. Anene, Godfrey Brown; *A Political History of Tropical Africa* par Robert I. Rotberg
(**62**, 1967, p. 205-210)

— Two Roads to Freedom: The Africans' and the Afro-Americans' Long Fight
(**66**, 1968, p. 157-164)

— Race as an Evolving Issue in Western Social Thought
(**75**, 1970, p. 155-162)

— The Impact of the African on the « New World » : A Reappraisal
(**79**, 1971, p. 3-16)

— Slave Revolts in the Caribbean Islands
(**84**, 1972, p. 117-130)

— Kwame Nkrumah : The Measure of The Man
(**85**, 1973, p. 140-147)

— Toussaint-Louverture and the Haitian Revolution
(**89**, 1974, p. 179-187)

— *The African Origin of Civilization: Myths or reality* par Cheikh Anta Diop, Mercer Cook
(**90**, 1974, p. 280-283)

— *Introduction to African history* par John G. Jackson
(**92**, 1974, p. 208-210)

— *The Destruction of Black Civilization: Great Issues of a Race from 4500 B.C. to 2000 A.D.* par Chance Williams
(**92**, 1974, p. 210-213)

— *Africa: Mother of Western Civilization* par Yosef Benjochannon
(**92**, 1974, p. 213-214)

CLARKE, Sebastian

Black Magic Woman: Sonia Sanchez and Her Work

(**78**, 1971, p. 253-261)

CLAUDE, Daniel

Great African Thinkers: Vol. I. — Cheikh Anta Diop (numéro spécial du *Journal of African Civilization*)

(**142**, 1987, p. 186-188)

CLAVERIE, Chantal

Aimé Césaire et la question du métissage

(**158**, 1998, p. 86-98)

CLAXTON, Mervin

Culture, Food and Nutrition

(**158**, 1998, p. 99-115)

Tradition, Modernity and Cultural Identity in Africa: In Search of Africa

(**159**, 1999, p. 135-149)

— Water, Culture and Agricultural Development

(**161-162**, 2000, p. 48-74)

— Strengthening Education Through Culture: A Case for the Integration of Cultural Traditions into Modern African Education

(**172**, 2005, p. 7-21)

— African Culture: A Source of Solutions for Africa's Problems?

(**175-176-177**, 2007-2008, p. 589-615)

CLAXTON, M. et T. Monemembo

Just Like a Film

(**170**, 2004, p. 13-15)

CLAXTON, Mervyn, M. LASCANY, M. PELÉ, Mwayila TSHIYEMBE, Thierry SINDA, Monique ILBOUDO, Valérie KANZA, Roland COLIN, Constantin KATSAKIORIS, Marcelino DOS SANTOS, Denise MENDEZ

Débat [2. Le Congrès de 1956 et son impact sur l'évolution politique : Décolonisation et démocratie]

(**175-176-177**, 2007-2008, p. 102-113)

— L'esclavage, la colonisation, l'exclusion des sans-papiers : Une histoire de domination en chaîne. Comment en sortir ?
(**178**, 2008, p. 190-198)
— La Culture africaine et la violence de l'histoire
(**179-180**, 2009, p. 29-34)
— Birago Diop, écrivain de parole, diseur d'écriture : Un passeur impénitent et délectable
(**179-180**, 2009, p. 144-150)
— Parler, écrire à la rencontre de l'Autre : Les leçons de l'histoire
(**179-180**, 2009, p. 227-232)
— Les paradoxes identitaires de la Négritude dans les temps fondateurs de Présence Africaine : Une problématique au long cours
(**181-182**, 2010, p. 73-79)
— Les « animations participatives » en Afrique : Naissance et fortune d'une expérience politique endogène
(**184**, 2011, p. 121-129)
— La pensée et la pratique sociale et politique d'Amilcar Cabral sur les chemins de l'histoire
(**185-186**, 2012, p. 95-105)
— Assane Seck [1919-2012] : Avec Assane Seck, fils de la Casamance, patriote sénégalais, sur les chemins de la liberté
(**190**, 2014, p. 343-344)
— Denyse de Saivre [1924-2014] : Message pour Denyse, femme d'intelligence et de cœur
(**190**, 2014, p. 345-346)
— Au Tchad, mirages et déboires d'une révolution démocratique espérée : 1968-1972
(**192**, 2015, p. 33-53)

COLIN, Roland et al.
Débat [I. Impacts / 2. Le Congrès de 1956 et son impact sur l'évolution politique : Décolonisation et démocratie]
(**175-176-177**, 2007-2008, p. 102-113)
— Débat [II. Nouveaux enjeux / 4. Économie politique, mondialisation et nouvelle gouvernance]
(**175-176-177**, 2007-2008, p. 392-413)

COLLIER (intervention de M. Collier)

Interventions des délégués africains à la XVIe session [L'Angola et l'ONU] : Sierra Leone (intervention de M. Collier)

(**42**, 1962, p. 164-167)

COLLIGNON, René

Les conditions de développement d'une psychiatrie sociale au Sénégal

(**129**, 1984, p. 3-19)

COLLOQUE INTERNATIONAL ALIOUNE DIOP

Rapport final

(**181-182**, 2010, pp. 443-454)

COLLOQUE SUR « CIVILISATION NOIRE ET PROTESTAN-TISME »

Colloque sur « Civilisation noire et protestantisme » Lomé : 4-10 novembre 1984

(**132**, 1984, p. 160-165)

— Colloquium on « Black Civilization and Protestantism » Lomé: November 4-10, 1984.

(**132**, 1984, p. 166-171)

COLLOQUE SUR « LE CENTENAIRE DE LA CONFÉRENCE DE BERLIN : 1884-1885 »

Colloque sur « Le Centenaire de la Conférence de Berlin : 1884-1885 » : Brazzaville : 30 mars – 5 avril 1985. Rapport final

(**133-134**, 1985, p. 268-279)

— Colloquium on « The Centenary of The Berlin Conference: 1884-1885 » : Brazzaville : March 30 – April 5, 1985. Final report

(**133-134**, 1985, p. 280-290)

COLVIN, Lucie G.

International Relations in Precolonial Senegambia

(**93**, 1975, p. 215-230)

COMHAIRE-SYLVAIN, S.

La chanson haïtienne

(**12**, 1951, p. 61-87)

COMMISSION DE LA CONFÉRENCE DE REGROUPEMENT DES PARTIS AFRICAINS

La conférence de regroupement des partis africains
(**17**, 1957, p. 159-162)

COMMISSION PÉDAGOGIQUE DE LA SAC

Pédagogie et développement culturel africain
(**65**, 1968, p. 3-12)

COMMUNAUTÉ ÉVANGÉLIQUE D'ACTION (CEAA)

Dimensions spirituelles des peuples noirs comme communauté de civilisation
(**117-118**, 1981, p. 154-164)

COMITÉ D'ACTION CONTRE LA POURSUITE DE LA GUERRE EN AFRIQUE DU NORD

Communiqués
(**5**, 1955, p. 125-128)

COMITÉ D'INITIATIVE POUR LA CRÉATION D'UN COMITÉ INTERNATIONAL CULTUREL KWAME NKRUMAH

Comité d'initiative pour la création d'un Comité international culturel Kwame Nkrumah
(**85**, 1973, p. 183-186)

COMITÉ DE DÉFENSE DES LIBERTÉS DÉMOCRATIQUES

Le comité de défense des libertés démocratiques
(**20**, 1958, p. 137)

COMITÉ DE SOUTIEN DE L'ANGOLA

Motion
(**39**, 1961, p. 258)

COMITÉ LUMINA

Messages au 2e Congrès des Écrivains et Artistes Noirs
(**24-25**, 1959, p. 339)

COMITÉ INTERNATIONAL DE LUTTE CONTRE L'ESCLAVAGE

Professor Cheikh Saad Bouh Kamara : Anti-Slavery Award 1998 : Prix 1998 de la lutte contre l'esclavage
(**159**, 1999, p. 197-200)

— In These Times
(**123**, 1982, p. 127-128)

CONDÉ, Maryse
Review of reviews
(**76**, 1970, p. 232-234)
— Review of reviews
(**77**, 1971, p. 260-262)
— La Question raciale et la Pensée moderne
(**78**, 1971, p. 240-245)
— *Sociologie des relations raciales* par Michaël Banton
(**78**, 1971, p. 269-270)
— Review of reviews
(**78**, 1971, p. 276-278)
— *Géopolitique de la faim* par Josué de Castro
(**79**, 1971, p. 153)
— *The example of Shakespeare* par J.P. Clark
(**79**, 1971, p. 157-158)
— Review of reviews
(**79**, 1971, p. 159-160)
— *Les frères de Soledad* par George Jackson, Jean Genêt
(**80**, 1971, p. 163)
— *The Great Ponds,* African Writers Series 1970 par Elechi Amadi
(**80**, 1971, p. 164-165)
— Review of reviews
(**80**, 1971, p. 180-183)
— Autour d'une Littérature antillaise
(**81**, 1972, p. 170-176)
— *Femmes africaines en devenir — les femmes Zarma du Niger* par Fatoumata Agnès Diarra
(**81**, 1972, p. 195)
— *Fanon, « les justes »* par Pierre Bouvier
(**81**, 1972, p. 196-197)
— Review of reviews
(**81**, 1972, p. 199-201)
— Three Female Writers in Modern Africa : Flora Nwapa, Ama Ata Aidoo and Grace Ogot
(**82**, 1972, p. 132-143)

— Text and Context: Methodological Explorations in the Field of African Literature

(**105-106**, 1978, p. 294-295)

— *Aimé Césaire : Un homme à la recherche d'une patrie* par M. Ngal

(**115**, 1980, p. 242-243)

— *Bonjour et adieu à la négritude* (Collection « Chemins d'identité ») par René Depestre

(**116**, 1980, p. 226-228)

— Trois femmes à Manhattan

(**121-122**, 198, p. 307-315)

— *A Knot in the Thread: The Life and Work of Jacques Roumain* par Carolyn Fowler-Howard; *Caraïbales* par Jacques André; *Harlem, Haïti and Havana: A Comparative Critical Study of Langston Hughes, Jacques Roumain and Nicolas Guillen* par Martha Cobb

(**123**, 1982, p. 218-222)

— *David Boilat (1814-1901) le précurseur* par Yvon Bouquillon, Robert Cornevin ; *La Vie et L'Œuvre de Louis Hunkanrin* par A. I. Asiwaju, G. L. Hazoume, J. Suret-Canale, M. Foke-G. da Silva

(**123**, 1982, p. 222-224)

— Haïti dans l'imaginaire des Guadeloupéens

(**169**, 2004, p. 129-136)

— Les Indes : Souvenirs de ma première lecture

(**184**, 2011, p. 27-30)

CONDÉ, Maryse, Michel LIGNY, Ali A. MAZRUI, Iwiyè KALA-LOBÉ et Ibrahima B. KAKÉ

Palabre : « Swinging London » — Flagrant délit — To Whomsoever It May Concern — Vitalité du "pidgin" — « J'embrasse mon rival, c'est pour mieux l'étouffer »

(**68**, 1968, p. 197-209)

CONFÉRENCE D'ADDIS-ABEBA

Résolutions de la Conférence d'Addis-Abeba

(**146**, 1988, p. 80-93)

— Resolutions of the Addis Ababa Conference

(**146**, 1988, p. 94-106)

CONSEIL DES ÉTUDIANTS DE LA FACULTÉ D'ARCHITEC-TURE DE NAPLES

Messages au 2ᵉ Congrès des Écrivains et Artistes Noirs
(**24-25**, 1959, p. 362)

CONTEH, J. Sorie

Culture and National Development
(**107**, 1978, p. 202-206)

— Names in Mende Oral Tradition
(**109**, 1979, p. 136-143)

— Libation
(**111**, 1979, p. 68-69)

— The Moon Will Shine
(**143**, 1987, p. 155)

CONTEH-MORGAN, John

Le Médecin de Campagne de Balzac et l'idéologie colonialiste
(**97**, 1976, p. 138-147)

— A New Poetic Voice from Senegal : A Preliminary Reading of Amadou Lamine Sall's *Comme Un Iceberg En Flammes*
(**147**, 1988, p. 29-36)

COOK, Mercer

Les relations raciales aux États-Unis vues par les voyageurs français depuis la deuxième guerre mondiale
(**14-15**, 1957, p. 119-128)

— *Down Second Avenue* par Ezekiel Mphahlele
(**26**, 1959, pp. 128-129)

COOK, Mercer et al.

Débats : 20 septembre, à 21 h [Le 1ᵉʳ Congrès International des Écrivains et Artistes Noirs]
(**8-9-10**, 1956, p. 206-226)

COOPER

Interventions des délégués africains à la XVIᵉ session [L'Angola et l'ONU] : République du Libéria (intervention de M. Cooper)
(**42**, 1962, p. 132-135)

COQUERY-VIDROVITCH, Catherine
Afrique noire : À l'origine de l'historiographie africaine de langue française
(**173**, 2006, p. 77-90)
— Le rôle de Présence Africaine dans la refondation de l'histoire africaine postcoloniale
(**181-182**, 2010, p. 81-85)

CORBIN, Henri
Le Baron-Samedi (féerie dramatique)
(**43**, 1962, p. 385-401)
— Humidité lente
(**57**, 1966, p. 202)
— Cavalier du vent...
(**57**, 1966, p. 203)
— Voleur de nuages
(**57**, 1966, p. 203)
— Et dans l'anneau...
(**57**, 1966, p. 204)
— À feu couvert
(**110**, 1979, p. 122-128)
— Le sud rebelle (fragment : Chant quatorzième II la marche des insurgés)
(**121-122**, 1982, p. 203-207)
— Tombeau de Frantz Fanon
(**123**, 1982, p. 133-135)
— Rivage d'oubli
(**143**, 1987, p. 150-152)

CORIN, Claude-Marie
Poètes malgaches de langue française
(**7**, 1956, p. 26-50)

CORINUS, Véronique
Le conte dans l'œuvre d'Aimé Césaire : Le traitement de l'hypotexte lumineux
(**189**, 2014, p. 153-163)

CORNELL, Adrienne
Névrose
(**37**, 1961, p. 119-124)

CORNEVIN, Robert
Les poèmes épiques africains et la notion d'épopée vivante
(**60**, 1966, p. 140-145)
— Hommage à Boubou Hama
(**123**, 1982, p. 278-280)

CORNEVIN, Robert et al.
Pré-colloque sur « Civilisation noire et Éducation »
(**87**, 1973, p. 5-142)

CORTEZ, Jayne
Taking the Blues Back Home
(**181-182**, 2010, p. 273-275)

CORTEZ, Jayne et Francine FONDJA
Taking the Blues Back Home / Ramener le Blues au Pays
(**156**, 1997, p. 107-110)
— I Have Been Searching (Rwanda Conflict) / J'ai cherché (Conflit rwandais)
(**156**, 1997, p. 111-114)
— Endangered Species List Blues / Le Blues des espèces menacées
(**156**, 1997, p. 115-116)

CORZANI, Jack
Guadeloupe et Martinique : La difficile voie de la Négritude et de l'Antillanité
(**76**, 1970, p. 16-42)

COSELSCHI, Eugenio
Messages au 2ᵉ Congrès des Écrivains et Artistes Noirs
(**24-25**, 1959, p. 342)

COSMAO, Vincent
Le péché du monde
(**104**, 1977, p. 188-198)

COSTE, Jean
The Ochre People by Noni Jabavu
(**60**, 1966, p. 205-207)

CRESPI, Henri
Ce que le théâtre peut apprendre
(**7**, 1949, p. 327-328)

CRISPIN, Philip
Aimé Césaire's Caribbean Crucible : *La Tragédie du Roi Christophe*
(**189**, 2014, p. 353-366)

CROCKER, Wr.
Faut-il accélérer ou freiner l'Industrialisation de l'Afrique ?
(**8-9**, 1950, p. 409-424)

CROWDER, Michael
The Contemporary Nigerian Artist : His Patrons, His Audience and His Critics
(**105-106**, 1978, p. 130-145)

CROWLEY, Daniel J.
L'héritage africain dans les Bahamas
(**23**, 1958, p. 41-58)

CRUSE, Harold Wright
An Afro-American's Cultural Views
(**17**, 1957, p. 31-45)
— Rébellion ou Révolution
(**51**, 1964, p. 42-61)

CUESTAS, Katherine L.
Poem
(**57**, 1966, p. 379)
— Mea Culpa
(**57**, 1966, p. 379)
— I Seek
(**57**, 1966, p. 380-381)

CUPIDON, Antoine
Le Zoucougnan de grand-mère
(**121-122**, 1982, p. 336-341)

CURTIUS, Anny Dominique
Tropiques : Le dialogue créole écopoétique d'Aimé et Suzanne Césaire
(**189**, 2014, p. 141-151)

DADIÉ, Bernard B.

Puissance !
(**1**, 1947, p. 60-61)

— L'Aveu
(**1**, 1947, p. 78-80)

— Mémoires d'une rue
(**4**, 1948, p. 599-602)

— L'ablation
(**4**, 1948, p. 603-606)

— Couronne à l'Afrique
(**5**, 1948, p. 788)

— La haine de choses (extrait d'une lettre)
(**5**, 1948, p. 810-812)

— Vive qui ?
(**5**, 1948, p. 813-817)

— Chanter l'Afrique
(**6**, 1949, p. 126-127)

— « La Route »
(**14**, 1953, p. 207-212)

— Le fond importe plus
(**6**, 1956, p. 116-118)

— Misère de l'Enseignement en A.O.F.
(**11**, 1956, p. 57-70)

— *A.O.F. 1957, Côte-d'Ivoire* par René Boissui
(**12**, 1957, p. 164)

— *Le mur gris de toutes les couleurs. Moudaïna* (Collection Marjorlaine)
par Andrée Clair
(**12**, 1957, p. 164-165)

— Le sort du travailleur noir de Côte-d'Ivoire
(**13**, 1952, p. 242-250)

— Le rôle de la légende dans la culture populaire des Noirs d'Afrique
(**14-15**, 1957, p. 165-174)

— Reconnaissance et ingratitude : La vie
(**20**, 1958, p. 52-53)

— La légende « Au pays de Kaydara »
(**20**, 1958, p. 53-56)

DAILLY, Christophe

Jeunesse et culture nationale
(**88**, 1973, p. 189-196)

— *Le sang des masques* par Seydou Badian
(**101-102**, 1977, p. 293-295)

— *Les danseuses d'Impe-eya* par Simone Kaya
(**103**, 1977, p. 170-171)

— *Second class Citizen (1975), The bride Price (1976)* par Buchi Emecheta
(**105-106**, 1978, p. 288-289)

— Earlier African Writers and the Assertion of Black Values
(**107**, 1978, p. 187-201)

— Léon Damas et la Negro-Renaissance
(**112**, 1979, p. 161-180)

— The Novelist as a Cultural Policy-Maker
(**125**, 1983, p. 202-213)

— The Coming of Age of The African Novel
(**130**, 1984, p. 118-131)

— Apartheid et conscience noire en Afrique du Sud
(**140**, 1986, p. 3-9)

DAKEYO, Paul

Pour et à Williams Sassine
(**155**, 1997, p. 43-44)

D'ALMEIDA, Fernando

L'imparfait de l'écriture (Fragments) : Style premier
(**119**, 1981, p. 121-122)

— L'imparfait de l'écriture (Fragments) : Style cinquième
(**119**, 1981, p. 122)

D'ALMEIDA, Irene Assiba

The Language of African Fiction: Reflections on Ngugi's Advocacy for an Afro-African Literature
(**120**, 1981, p. 82-92)

— Les élites noires face au phénomène de la mondialisation : Déplacements des discours féministes africains
(**167-168**, 2003, p. 57-70)

— Structures de la littérature afro-latino-américaine
(**187-188**, 2013, p. 71-82)
— Guadeloupe 38 : Un entretien avec M. Félix Éboué, gouverneur
des colonies
(**187-188**, 2013, p. 83-85)
— Discours de Guyane 1947
(**187-188**, 2013, p. 87-94)

DAMAYE, Dangde Laobele
Afrique : L'indépendance en question
(**115**, 1980, p. 3-28)

DAMBURY, Gerty
[Peuple d'angoisses qui roulent au fond des cœurs]
(**121-122**, 1982, p. 208)

DAMZ
Débats : 19 Septembre, à 21 h [Le 1er Congrès International des
Écrivains et Artistes Noirs]
(**8-9-10**, 1956, p. 66-83)

DANDILO, Kwame
Bedankt
(**57**, 1966, p. 543)
— Niets meer
(**57**, 1966, p. 544)

DANIELOU, R. P.
Messages au 1er Congrès des Écrivains et Artistes Noirs
(**8-9-10**, 1956, p. 395)

DANIELS, Keith
Letter to James Baldwin
(**62**, 1967, p. 3-12)

DANINOS, Guy
Introduction à l'étude du roman négro-africain de langue française
par J.-P. Makouta-M'Boukou
(**123**, 1982, p. 229-233)
— *Concert pour un vieux masque* par Francis Bebey
(**124**, 1982, p. 248-251)
— *Les méduses ou les orties de mer* par Tchicaya U Tam'Si
(**125**, 1983, p. 255-260)

— Literature and Development: How the Study of African (English) Literature in Schools and Universities Can Help Social Development in African Countries
(**115**, 1980, p. 61-96)

DAVANTURE, Andrée et al.
Les films africains : un patrimoine en danger
(**170**, 2004, p. 121-126)

DAVERTIGE
Lentement
(**57**, 1966, p. 214)
— Condamné
(**57**, 1966, p. 215)
— Princesse de pierre
(**57**, 1966, p. 216)

DAVID, Philippe
Menschen in Afrika (Les hommes en Afrique) par Rolf Italiaander
(**22**, 1958, p. 121-123)
— *Tiere in Afrika (Les animaux en Afrique)* par Ludwig Heck
(**22**, 1958, p. 124-125)
— *Der ruhelose Kontinent (Continent sans repos)* par Rolf Italiaander
(**23**, 1958, p. 147-151)
— Fraternité d'hivernage. (Le Contrat de navétanat)
(**31**, 1960, p. 45-57)
— *Die neuen Männer Afrikas* par Rolf Italiaander
(**37**, 1961, p. 227-230)
— *Histoire du Niger* par E. Séré de Rivières
(**58**, 1966, p. 237-241)
— *Niger, pays à découvrir* par Andrée Clair
(**58**, 1966, p. 241-242)

DAVIDSON, Basil
Le Congo Belge au carrefour de son destin
(**1-2**, 1955, p. 94-108)
— Angola. Économie du Colonialisme
(**3**, 1955, p. 5-19)
— African Education in British central and southern Africa
(**6**, 1956, p. 106-112)

— *African socialism* par Fenner Brockway
(**50**, 1964, p. 259-260)

DAVIS, Charles N. et al.
Palabre : Addis-Abeba. L'hymne de l'Afrique unifiée. Le Burundi
à la recherche d'une stabilité. En Alabama et ailleurs.
(**47**, 1963, p. 230-245)

— *Water Song: Poems* (Volume Five, Callaloo Poetry Series) par Michael
S. Weaver
(**139**, 1986, p. 206-209)

DAVIS, Christina
Interview with Toni Morrison
(**145**, 1988, p. 141-150)

— *Beloved:* A Question of Identity
(**145**, 1988, p. 151-156)

DAVIS, John A.
The Participation of the Negro in the Democratic Process in the
United States
(**14-15**, 1957, p. 129-147)

— Message de l'AMSAC
(**27-28**, 1959, p. 359-364)

DAVIS, John A. et al.
Débats : 20 septembre, à 21 h [Le 1ᵉʳ Congrès International des
Écrivains et Artistes Noirs]
(**8-9-10**, 1956, p. 206-226)

DAVIS, Robert L.
They No Longer Dance
(**101-102**, 1977, p. 169)

DAVY, M.-M.
Pour une morale de l'ambiguïté par Simone de Beauvoir
(**2**, 1948, p. 336-338)

— *Baudelaire* par J.-P. Sartre, Michel Leiris
(**2**, 1948, p. 338-340)

— *Situations I* par Jean-Paul Sartre
(**3**, 1948, p. 513-514)

— Amilcar Cabral : Profil d'un révolutionnaire africain
(**185-186**, 2012, p. 81-94)
— Le nationalisme angolais
(**185-186**, 2012, p. 233-249)

DE ANDRADE, Mario et al.
Palabres : Les négriers de la matière grise. Le pardon. Education and national development in Liberia 1800-1900. Réflexions autour du Congrès culturel de la Havane.
(**65**, 1968, p. 156-165)

DE ASSUMPÇAO, Carlos
Protesto
(**57**, 1966, p. 507-510)

DE BEAUVOIR, Simone et J. H.
Les mandarins
(**3**, 1955, p. 85)

DE BENOIST, Joseph Roger
L'Église catholique et la question de la construction de l'État-nation en Afrique Noire francophone
(**127-128**, 1983, p. 197-214)
— Paulin Soumanou Vieyra.
(**147**, 1988, p. 123-126)

DE BOSSCHÈRE, Guy
Kocoumbo, l'étudiant noir par Aké Loba
(**30**, 1960, p. 113-114)
— *Fishbelly* (Collection « les lettres nouvelles ») par Richard Wright
(**31**, 1960, p. 125-127)
— *La crise congolaise* par Jules Chômé
(**34-35**, 1960-1961, p. 229-230)
— *Nocturnes* par Léopold-Sédar Senghor
(**37**, 1961, p. 234-235)
— Le Néo-Colonialisme
(**38**, 1961, p. 61-71)
— *Cuba cubain* par Claude Faux et Pic
(**39**, 1961, p. 233-234)
— *Genève-Afrique — Acta africana*, vol. 1, n° 1
(**44**, 1962, p. 244)

DE BOSSCHÈRE, Guy, Augustus COMPTON, Amadou Aly DIENG, Alioune DIOP, Abiola IRELE, André LAUDE et Dick THEMBANI

Palabre : Assemblée générale des Nations-Unies. Afrique du Sud et Commonwealth. Le Congo sans Lumumba. Les élections générales au Nyassaland. Angola, An I de la Révolution. Maghreb : Feu rouge ? Feu vert ?
(**36**, 1961, p. 137-159)

DE BOSSCHÈRE, Guy, René DE SCHUTTER, Georges FISCHER, Paulin JOACHIM, C. AYODELE-JOHNSON et Léonard SAIN-VILLE

Palabre : Afrique 1960. Congo indépendant. Troubles au Congo. Tunis. Conakry. Addis-Abeba. Togo. Sierra Leone.
(**31**, 1960, p. 96-124)

DE BOSSCHÈRE, Guy, Mbella Sonne DIPOKO, Paulin JOA-CHIM, Iwiyé KALA-LOBÉ et Gabrielle ROLIN

Palabre : Images d'Angola. Afrique et information. Fin des guillemets. On se bat en Guinée (dite portugaise). Nous, les Noirs. Hypocrisie en Afrique Centrale. La mort de Mouloud Feraoum.
(**40**, 1962, p. 160-173)

DE BOSSCHÈRE, Guy, Elolongué EPANYA, Edouard GLISSANT, Paulin JOACHIM, Christian AYODELE-JOHNSON et Gérald TCHICAYA

Palabre : Le Congo et l'ONU. Première conférence des étudiants à Londres. L'indépendance de la Mauritanie. Conférence de Brazzaville. Une soirée de poésie africaine à Munich. Au Congrès méditerranéen de la culture. La XIe session de l'UNESCO.
(**34-35**, 1960-1961, p. 211-226)

DE BOSSCHÈRE, Guy et al.

La philosophie bantoue par R. P. Placide Tempels
(**32-33**, 1960, p. 194-195)

— *Unité culturelle de l'Afrique noire. — Les fondements culturels, techniques et industriels d'un futur noir* par Cheikh Anta Diop.
(**32-33**, 1960, p. 195-196)

— *De Saint-Domingue à Haïti. — Silhouettes de nègres et de négrophiles* par Jean Price-Mars
(**32-33**, 1960, p. 196-197)

— *Nationalisme et problèmes malgaches* par Jacques Rabemananjara
(**32-33**, 1960, p. 197-198)

— *Théorie économique et pays sous-développés* par Gunnar Myrdal
(**32-33**, 1960, p. 198)

— *Les masses africaines et l'actuelle condition humaine* par Abdoulaye Ly
(**32-33**, 1960, p. 199)

DE CAMPOS, Alcides
Esclaves noirs et dieux africains : « *La maison d'eau* » par Antonio Olinto
(**89**, 1974, p. 269-271)

DE CASTRO, Josué
Le Brésil parent du monde afro-asiatique dans l'unité et le neutralisme
(**48**, 1963, p. 187-192)

DE CASTRO, Luiz Paiva
LUMUMBA nasce no Congo
(**57**, 1966, p. 511-512)
— Hiroshima, Meu Amor
(**57**, 1966, p. 512-513)

DE CERTAINES, J.D.
Pensée scientifique et politiques africaines
(**83**, 1972, p. 51-67)

DE CONINCK, A.
Après Bandoeng
(**4**, 1955, p. 82-85)

DE COTEAU, Delano Abdul Malik
Last Words for Maurice Bishop and Others
(**129**, 1984, p. 94-95)
— Proclamation (August 1984)
(**143**, 1987, p. 156-158)

DE DAMPIERRE, Éric, Jacqueline DELANGE, Michel LEIRIS, Denise PAULME, Dandre SCHAEFFNER, Joseph TUBIANA et Claude TARDITS
Messages au 2ᵉ Congrès des Écrivains et Artistes Noirs
(**24-25**, 1959, p. 355)

DE DIEU, François
Trois témoins de la décolonisation
(**37**, 1961, p. 208)
— *L'Afrique seule* (« Le Seuil ») par Charles-Henri Favrod
(**37**, 1961, p. 208-210)
— *Quel sera le destin de l'Afrique ?* par Eve Dessarre
(**37**, 1961, p. 210-211)

DE LEEUW, Mineke Schipper
Noirs et Blancs dans l'œuvre d'Aimé Césaire
(**72**, 1969, p. 124-147)

DE LEMOS, Virgilio
Journal de prison : Expériences d'un prisonnier politique au Mozambique
(**54**, 1965, p. 203-220)
— *« Famintos »*
(**54**, 1965, p. 272-273)
— *« Cima » (poèmes)* par Luis Romano
(**54**, 1965, p. 273-274)
— *Le panafricanisme à l'épreuve de l'indépendance* par Colin Legum, Jacqueline Hardy
(**55**, 1965, p. 209-211)
— *Mozambique. « Nos matamos o cao-tinhoso ». (Nous avons tué le chien galeux)* par Luis Bernardo Honwana
(**55**, 1965, p. 211-213)
— Angola : Culture et révolution, *Cahier* n° 1 par Centre d'Études Angolaises, à Alger
(**55**, 1965, p. 213-216)
— A tortura da estàtua
(**57**, 1966, p. 484-485)
— Angustia
(**57**, 1966, p. 486)
— Teus blocos de gêlo, Europa !
(**57**, 1966, p. 486-488)
— Terceiro poema do guerreiro shangane que ha em mim
(**57**, 1966, p. 488)
— Segundo poema do guerreiro shangane que ha em mim
(57, 1966, p. 489)
— *« Luanda », nouvelles « eros-belo horizonte »* par Luandino Vieira
(58, 1966, p. 235-237)
— Evolution politique de l'enseignement au Mozambique
(64, 1967, p. 113-126)

DE LORME, Jean
Messages au 1er Congrès des Écrivains et Artistes Noirs
(14-15, 1957, p. 320-321)

DE QUEIROZ, Pereira et Maria ISAURA
Autour du messianisme
(**20**, 1958, p. 72-76)

DE SABLONIERE, Margrit
Messages au 1ᵉʳ Congrès des Écrivains et Artistes Noirs
(**14-15**, 1957, p. 324-328)

DE SAIVRE, Denyse
Témoignage
(**126**, 1983, p. 187)
— Humour et communication : L'exemple de Williams Sassine
(**148**, 1988, p. 68-79)
— Léopold Sédar Senghor : Humaniste classique et humaniste d'avant-garde
(**154**, 1996, p. 72-76)

DE SCHUTTER, René et al.
Palabre : Afrique 1960. Congo indépendant. Troubles au Congo. Tunis. Conakry. Addis-Abeba. Togo. Sierra Leone.
(**31**, 1960, p. 96-124)

DE SOUSA, Noemia
Poema da infancia Distante
(**57**, 1966, p. 465-467)
— Se me quiseres conhecer
(**57**, 1966, p. 467-468)
— Sangue negro
(**57**, 1966, p. 468-469)
— Nas matas...
(**57**, 1966, p. 470-471)

DE'SOUZA-GEORGE, Raymond E.
The Alphabet Advice
(**116**, 1980, p. 101-102)
— Compromise
(**116**, 1980, p. 103)
— The Harvest of Greed
(**116**, 1980, p. 104)

DEBERRY, Clifton
Camarade Malcolm X
(**62**, 1967, p. 36-42)

DECAUDIN, Michel
Guillaume Apollinaire devant l'art nègre
(**2**, 1948, p. 317-324)

DECAUNES, Luc
Chaka, une épopée bantoue par Tomas Mofolo
(**5**, 1948, p. 883-886)

DECRAENE, Philippe
In Memoriam : Camara Laye (1928-1980).
(**114**, 1980, p. 229-230)
— Qui perdra sa vie
(**126**, 1983, p. 168)
— *Négrologie, pourquoi l'Afrique meurt* par Stephen Smith
(**169**, 2004, p. 247-251)

DEGRANGE, Arlette Chemain
Le Poète et son temps : Jean-Baptiste Tati Loutard
(**156**, 1997, p. 187-204)

DEGRAS, Priska
Itinéraires et contacts de cultures (volume 2) : « L'enseignement des littératures francophones »
(**125**, 1983, p. 276-277)
— *Les lendemains qui chantent* par Maxime N'Debeka
(**126**, 1983, p. 143-145)
— Innombrables
(**142**, 1987, p. 90-92)
— *Mahagony* par Édouard Glissant
(**146**, 1988, p. 265-268)
— Fragments pour Édouard Glissant
(**184**, 2011, p. 53-60)

DEI-ANANG, M. F.
Messages au 1er Congrès des Écrivains et Artistes Noirs
(**14-15**, 1957, p. 324)
— La culture africaine comme base d'une manière d'écriture originale
(**27-28**, 1959, p. 5-10)

DÉJEUX, Jean

L'Homme dominé par Albert Memmi

(**70**, 1969, p. 221-223)

DELAHAYE, Patrick

Alpha Blondy : Reggae et société en Afrique Noire par Yacouba Konaté

(**145**, 1988, p. 218-219)

DELANGE, Jacqueline

La discussion parlementaire sur le code du travail en Afrique Noire

(**13**, 1952, p. 377-400)

DELANGE, Jacqueline, Michel LEIRIS, Alfred MÉTRAUX, Denise PAULME, Joseph TUBIANA, André SCHAEFFENER et Gilbert ROUGET

Messages au 1er Congrès des Écrivains et Artistes Noirs

(**8-9-10**, 1956, p. 387)

DELANGE, Jacqueline et al.

Messages au 2e Congrès des Écrivains et Artistes Noirs

(**24-25**, 1959, p. 355)

DELAS, Daniel

Note sur la poétique du mot d'après quelques poèmes de *Moi, laminaire...*

(**151-152**, 1995, p. 74-81)

DELAUNAY, Charles

Préjugés

(**7**, 1949, p. 309-310)

— Discours de clôture [Séminaire sur « le rôle du cinéaste africain dans l'éveil d'une conscience de civilisation noire »]

(**90**, 1974, p. 199)

DELISLE, Gabriel

Les pays que dieu oublia

(**18-19**, 1958, p. 199-200)

DELORD-OGDEN, Véronique et P. JOACHIM

The seeds of an aborted dispute

(**165-166**, 2002, p. 213-217)

— Face à la nuit
(**12**, 1951, p. 153-158)
— Réponse à Aimé Césaire (introduction à un art poétique haïtien)
(**4**, 1955, p. 42-62)
— *Un grand roman haïtien. « Compère général soleil »* par Jacques Alexis
(**4**, 1955, p. 91-92)
— Mon cinéma d'enfant noir
(**5**, 1955, p. 90-93)
— *Juyungo.* Collection « la croix du Sud » par Adalberto Ortiz, Michel Reboux
(**5**, 1955, p. 118-119)
— *Elégies antillaises.* Collection « autour du monde » par Nicolas Guillen, Claude Couffon, Pierre Seghers
(**5**, 1955, p. 119-121)
— Deux poètes d'aujourd'hui
(**6**, 1956, p. 165-167)
— *Rites Millénaires* par Jacques Rabemananjara
(**6**, 1956, p. 167-168)
— Port de mer
(**11**, 1956, p. 108)
— Une rose des vents noirs
(**11**, 1956, p. 110-115)
— Au soleil des innocents
(**14-15**, 1957, p. 343-357)
— Une expérience inoubliable : Le festival de Moscou
(**16**, 1957, p. 151)
— *Les arbres musiciens* par Jacques Stéphen Alexis
(**16**, 1957, p. 188-189)
— Alabama
(**48**, 1963, p. 163)
— Nostalgie
(**48**, 1963, p. 164)
— Le mur du son
(**48**, 1963, p. 164)
— Ode à la mémoire du grand musicien chinois Nieh Er
(**48**, 1963, p. 165-166)

— Témoignage
(**126**, 1983, p. 169)
— Le petit matin d'Aimé Césaire
(**151-152**, 1995, p. 152-160)
— Pour Léopold Sédar Senghor
(**154**, 1996, p. 29-33)
— Un cerf-volant pour Gaston Miron
(**158**, 1998, p. 161-162)
— Prière du soir à saint Expédit
(**158**, 1998, p. 163)
— Réponse à Aimé Césaire
(**165-166**, 2002, p. 225-242)
— Que peut Toussaint Louverture pour les Haïtiens de 2004 ?
(**169**, 2004, p. 153-156)
— Que peuvent les intelligentsias noires de 2006 pour la bonne
mondialisation ?
(**174**, 2006, p. 36-44)
— Habiter les douleurs et les lumières du monde
(**184**, 2011, p. 31-32)

DEPESTRE, René et al.
L'apport du 1er Congrès international des écrivains et artistes noirs
à la pensée contemporaine
(**174**, 2006, p. 101-125)

DERESCH, J.
Messages au 2e Congrès des Écrivains et Artistes Noirs
(**24-25**, 1959, p. 378)

DERMENGHEM, Emile
Premières réponses à l'enquête sur le « Mythe du Nègre »
(**2**, 1948, p. 198-199)
— L'histoire du singe fidèle
(**2**, 1948, pp. 267-271)

D'ERNEVILLE, Annette Mbaye
À Paulin Soumanou Vieyra cinéaste-critique
(**170**, 2004, p. 41-42)

IIᵉ Congrès des Écrivains et Artistes Noirs
IIᵉ Congrès des Écrivains et Artistes Noirs
(**24-25**, 1959, p. 9-12)
— Projet de plan : Unité et responsabilités de la culture négro-africaine
(**24-25**, 1959, p. 13)
— Travaux préparatoires des commissions
(**24-25**, 1959, p. 13-22)
— Résolution générale
(**24-25**, 1959, p. 385)
— Résolution : Littérature — Sciences politiques — Linguistique — Histoire — Philosophie — Sociologie — Théologie — Techniques et Médecine — Arts
(**24-25**, 1959, p. 387-418)

DI MONTEREALE, Prince Alliata
Discours [2ᵉ Congrès des Écrivains et Artistes Noirs]
(**24-25**, 1959, p. 31-33)

DIA, Amadou Cissé
Le Damel Teigne Lat Dior
(**140**, 1986, p. 131-134)

DIA, Hamidou
De la littérature négro-africaine aux littératures nationales : Entre l'unité et la balkanisation
(**154**, 1996, p. 219-242)
— *Les Remparts de la mémoire*
(**158**, 1998, p. 164-165)
— *Riwan ou le chemin de sable* par Ken Bugul
(**159**, 1999, p. 231-232)

DIA, Hamidou et al.
Entretien avec Jacques Rabemananjara
(**154**, 1996, p. 35-42)
— Senghor : Un poète en politique
(**154**, 1996, p. 61-71)

DIA, Mamadou
Proposition pour l'Afrique Noire
(**13**, 1957, p. 41-57)

DIAGNE, Pathé
Linguistique et culture en Afrique
(**46**, 1963, p. 52-63)
— Actes du second colloque international de linguistique négro-africaine
(**50**, 1964, p. 271-273)
— Wolof et serer : Études de phonétique et de grammaire descriptives
(**51**, 1964, p. 188-190)
— *Le parler gbaka* par J.M.C. Thomas
(**51**, 1964, p. 190-192)
— L'Afro-Franglais
(**52**, 1964, p. 150-156)
— Royaumes sérères : Les institutions traditionnelles du Sine Saloum
(**54**, 1965, p. 142-172)
— La Vᵉ conférence de linguistique ouest-africaine
(**55**, 1965, p. 154-158)
— Chronique linguistique
(**59**, 1966, p. 156-159)
— *L'économie de l'Ouest Africain* par Osende Afana
(**60**, 1966, p. 194-199)
— Chronique linguistique
(**61**, 1967, p. 149-161)
— *De Lumumba aux colonels* par Anicet Kashamura
(**61**, 1967, p. 238-239)
— Chronique linguistique
(**63**, 1967, p. 223-226)
— *La galaxie Gutenberg, ou les civilisations de l'âge oral à l'imprimerie* par M. Mc Luhan
(**67**, 1968, p. 182-185)
— *Développement du capitalisme en Côte-d'Ivoire* par Samir Amin
(**68**, 1968, p. 218-222)
— *Islam and Imperialism in Senegal Sine Saloum 1847-1914* par Martin A. Klein
(**68**, 1968, p. 222-223)
— *History of the Southern Luo, volume 1* par B.A. Ogot
(69, 1969, p. 219)
— *The Mossi of the Upper Volta* par E.P. Skinner
(**69**, 1969, p. 220-221)

— Enjeux
(**175-176-177**, 2007-2008, p. 459-468)

DIAGNE, Pathé, M. S. Eno BELINGA, Michel LIGNY, Iwiyé KALA-LOBÉ et Ibrahima KAKÉ

Palabre : Caractère humain de la Francophonie — La Francophonie — La Francophonie au Sénégal — Quelques aspects de la Francophonie — Verwœrd est-il bien mort ? — Réflexions sur la huitième coupe du monde de football
(**60**, 1966, p. 183-193)

DIAGNE, Pathé et al.

Table ronde sur "l'éducation en Afrique"
(**64**, 1967, p. 59-96)

— Table ronde sur la médecine en Afrique Noire
(**69**, 1969, p. 29-141)

— Pré-colloque sur « Civilisation noire et Éducation »
(**87**, 1973, p. 5-142)

DIAGNE, Ramatoulaye

Sport et conception de l'Homme. L'approche dualiste
(**183**, 2011, p. 125-131)

DIAGNE, Rokhaya Oumar et Souleymane Bachir DIAGNE

Annette Mbaye d'Erneville, femme de communication
(**153**, 1996, p. 93-101)

DIAGNE, Souleymane Bachir

Sunt lacrimæ rerum
(**157**, 1998, p. 26-27)

— Liminaire
(**185-186**, 2012, p. 9-11)

DIAGNE, Souleymane Bachir et R. O. DIAGNE

Annette Mbaye d'Erneville, femme de communication
(**153**, 1996, pp. 93-102)

DIAGNE, Souleymane Bachir et A. POUYE

Approches
(**179-180**, 2009, p. 132-136)

— « *La table ronde* » n° 231
(**63**, 1967, p. 266-267)
— Langston Hughes conquérant de l'espoir
(**64**, 1967, p. 38-46)
— Prisonnier du regard
(**65**, 1968, p. 144-155)
— De Martin Luther King à Robert Kennedy
(**66**, 1968, p. 153-156)
— *Où allons-nous ?* par Martin Luther King
(**66**, 1968, p. 222-224)
— Valeurs de la négritude et convergence
(**68**, 1968, p. 149-152)
— *Panthère noire*, collection « combats » par Eldridge Cleaver, Thomas Cumprecht, Robert Scherr
(**74**, 1970, p. 229-231)
— *Les Isefra de Si Mohand-Ou-Mhand,* collection « domaine maghrébin » par Mouloud Mammeri
(**74**, 1970, p. 231-233)

DIAKHATÉ, Lamine et al.
Palabre : Danse et musique au Sénégal. Sociologie de la nouvelle Afrique. Les indigénistes et la culture. Paul VI et l'église au Congo. Conditions à un haut commandement africain. Classiques africains. Quand les Dieux parlent à *France-Soir*.
(**54**, 1965, p. 240-264)
— Palabre : La guerre Israélo-Arabe — La Chine populaire et le « club » atomique — La Francophonie : Mythe ou réalité ? — The Lessons of the Crisis — Esprit de Glassboro
(**63**, 1967, p. 236-248)
— Table ronde sur les langues africaines
(**67**, 1968, p. 50-123)
— Table ronde : « Elite et Peuple dans l'Afrique d'aujourd'hui »
(**73**, 1970, p. 39-108)
— Melvin Edwards : Parcours d'un sculpteur et poétique de la relation
(**191**, 2015, p. 77-95)

— *L'Afrique de l'Ouest bloquée* par Samir Amin
(**79**, 1971, p. 155-156)
— *Le tiers monde dans l'impasse,* collections idées par Paul Bairoch
(**81**, 1972, p. 184-185)
— *Mutations sociales en Guinée* par Claude Rivière
(**82**, 1972, p. 144-145)
— *Aspects de la civilisation africaine* par Amadou Hampaté Bâ
(**85**, 1973, p. 239-240)

DIALLO, Yahya
Les Africains à Düsseldorf
(**110**, 1979, p. 175-178)
— IXe Congrès Mondial de Sociologie
(**111**, 1979, p. 116-120)
— Une perte cruelle
(**126**, 1983, p. 170-171)

DIALLO, Yaya et al.
Pré-colloque sur « Civilisation noire et Éducation »
(**87**, 1973, p. 5-142)

DIALOGUE ŒCUMÉNIQUE DE THÉOLOGIENS DU TIERS MONDE
— Manifeste du Dialogue œcuménique de Théologiens du Tiers Monde
(**101-102**, 1977, p. 322-337)
— Statement of the Ecumenical Dialogue of Third World Theologians: Dar es Salaam, Tanzania August 5-12, 1976.
(**101-102**, 1977, p. 338-350)

DIANÉ, Alioune-B.
L'incipit du *Cahier d'un retour au pays natal* : Aimé Césaire porteur de paroles
(**189**, 2014, p. 39-45)

DIATTA, Thérèse et al.
Débat [I. Impacts / 1. Le Congrès de 1956 et son impact sur la question de l'identité, de la diversité et des solidarités culturelles]
(**175-176-177**, 2007-2008, p. 50-61)

DIENG, Amady Aly

Les damnés de la terre et les problèmes d'Afrique Noire
(**62**, 1967, p. 15-30)

— *Trois expériences africaines de développement : Le Mali, la Guinée et le Ghana* par Samir Amin
(**62**, 1967, p. 196-199)

— The New Elite of Tropical Africa
(**62**, 1967, p. 200)

— *Technology, Tradition and the State in Africa* par Jack Goody
(**91**, 1974, p. 156-158)

— *La découverte du tiers monde* par Ignacy Sachs
(**91**, 1974, p. 158-162)

— *Serfs, peasants, and socialists, a former serf village in the Republic of Guinea* par William Derman, Louise Derman
(**92**, 1974, p. 205-207)

— *Pour l'unité ouest africaine, micro-États et intégration économique* par Pathé Diagne
(**92**, 1974, p. 207-208)

— L'accumulation du capital et la répartition des revenus au Sénégal
(**93**, 1975, p. 25-57)

— *Islam and imperialism in Senegal Sine Saloum 1847-1914* par Martin A. Klein
(**97**, 1976, p. 175-178)

— *Les fondements de l'économie de traite au Sénégal : La surexploitation d'une colonie de 1880 à 1960* par Bernard Founou-Tchigoua
(**120**, 1981, p. 106-109)

— L'Afrique noire après la chute du Mur de Berlin
(**153**, 1996, p. 189-193)

— L'abolition de l'esclavage dans les colonies françaises : D'une commémoration à l'autre
(**157**, 1998, p. 28-30)

— La mondialisation et l'Afrique noire
(**167-168**, 2003, p. 105-108)

— Haïti. De la perle des Antilles à l'île misérable
(**169**, 2004, p. 67-72)

— Le 1er Congrès des Écrivains et Artistes Noirs et les étudiants africains
(175-176-177, 2007-2008, p. 118-124)
— Hommage à Aimé Césaire le rebelle
(178, 2008, p. 89-91)
— Le parti unique et les pays d'Afrique noire
(185-186, 2012, p. 195-207)

DIENG, Amady Aly et al.
Palabres : Congo belge. Kenya. Mali. Antilles. Tunis. Le XIe Congrès de la FEANF.
(30, 1960, p. 96-107)
— Palabre : Assemblée générale des Nations-Unies. Afrique du Sud et Commonwealth. Le Congo sans Lumumba. Les élections générales au Nyassaland. Angola, An I de la Révolution. Maghreb : Feu rouge ? Feu vert ?
(36, 1961, p. 137-159)
— Table ronde sur "l'éducation en Afrique"
(64, 1967, p. 59-96)
— Débat [I. Impacts / 3. Le Congrès de 1956 et son impact sur les politiques culturelles de l'éducation]
(175-176-177, 2007-2008, p. 210-224)
— Débat [II. Nouveaux enjeux / 5. Dynamiques des cultures et des religions]
(175-176-177, 2007-2008, p. 445-457)

DIENG, Cheikh
Agape
(157, 1998, p. 199)
— Chant de guerre
(157, 1998, p. 200-201)
— À une athlète inconnue
(157, 1998, p. 202)
— Civilisation
(157, 1998, p. 203)

DIENG, Ngor et al.
Amady Aly Dieng [1932-2015]
(190, 2014, p. 347-354)

DIETERLEN, G.

Messages au 1ᵉʳ Congrès des Écrivains et Artistes Noirs
(**14-15**, 1957, p. 328-331)

DIEUMB, M. Gueye

Les incidents de Montpellier
(**6**, 1956, p. 173-176)

DIOME, Fatou

L'eau multiple
(**161-162**, 2000, p. 201-206)

DIONE, Saër

The African Educational Pattern: Present Needs and Future
Opportunities
(**109**, 1979, p. 50-64)

— *La voie des masques : Édition revue, augmentée et rallongée de trois
excursions* par Claude Levi-Strauss
(**111**, 1979, p. 131-134)

— Le contour sémantique du verbe en anglais, en français et en wolof
(**114**, 1980, p. 160-175)

DION-GUÉRIN, Jeannine

Toutes ces nuits
(**154**, 1996, p. 205)

DIOP WANE, Marie-Aïda

War in African Literature Today n° 26. James Currey/HEBN
Publishers, 2008
(**178**, 2008, p. 204)

— *Casa de Las Américas* n° 253/Octobrc-Décembre 2008
(**178**, 2008, p. 204-205)

— Randy Weston's memories of Doudou Ndiaye Rose and Cheikh
Anta Diop
(**191**, 2015, p. 269-271)

DIOP, A. Moustapha

La diaspora manjak en France : Historique et organisation des
caisses de villages
(**133-134**, 1985, p. 203-213)

DIOP, Abdoulaye
— Sociologie africaine et méthodes de recherche [Rectificatif nom d'auteur dans le n° XLIX : Attribué à Cheikh Anta Diop] (**48**, 1963, p. 180-186)

DIOP, Abdoulaye Sokhna
Aperçu sur les cultures préhistoriques en Afrique (**91**, 1974, p. 106-115)

DIOP, Alioune (A. D.)
Niam n'goura : Ou les raisons d'être de *Présence Africaine* (**1**, 1947, p. 7-14)
— Niam N'goura or présence africaine's RAISON D'ÊTRE (**1**, 1947, p. 185-192)
— Malentendus (**6**, 1949, p. 3-8)
— « Orphée noir » par J.-P. Sartre (**6**, 1949, p. 154-155)
— Chemins du monde. « Fin de l'ère coloniale ? » (**6**, 1949, p. 175-178)
— L'artiste n'est pas seul au monde (**10-11**, 1951, p. 5-8)
— Varia (**10-11**, 1951, p. 215-218)
— Innocence et responsabilité (**12**, 1951, p. 7-12)
— Plainte du Noir (**12**, 1951, p. 251-256)
— De l'expansion du travail (**13**, 1952, p. 5-17)
— *Afrique occidentale française* par Richard Molard (**13**, 1952, p. 412-416)
— On ne fabrique pas un peuple (**14**, 1953, p. 7-14)
— Revue *ODU*: Western Litterature Committee, Ibadan (**3**, 1955, p. 96)
— Colonialisme et nationalisme culturels (**4**, 1955, p. 5-15)

— *Revue « comprendre »* n° 14
(**4**, 1955, p. 93-94)
— L'occident chrétien et nous
(**6**, 1956, p. 143-147)
— Refuges de l'amour-propre « impérial »
(**7**, 1956, p. 133-137)
— Séance d'ouverture [Le 1er Congrès International des Écrivains et Artistes Noirs]
(**8-9-10**, 1956, p. 7-8)
— Discours d'ouverture [Le 1er Congrès International des Écrivains et Artistes Noirs]
(**8-9-10**, 1956, p. 9-18)
— Discours [Le 1er Congrès International des Écrivains et Artistes Noirs]
(**8-9-10**, 1956, p. 19)
— *Ame chinoise et christianisme* par R. P. Houang
(**13**, 1957, p. 151-152)
— *Climbié* par Bernard Dadié ; *Afrique nous t'ignorons* par Benjamin Matip
(**13**, 1957, p. 152-153)
— *Portrait du colonisateur et du colonisé* par A. Memmi
(**20**, 1958, p. 125-127)
— Discours d'ouverture [2e Congrès International des Écrivains et Artistes Noirs]
(**24-25**, 1959, p. 40-48)
— Impressions de voyage
(**29**, 1960, p. 3-7)
— Solidarité du culturel et du politique
(**41**, 1962, p. 117-122)
— *L'oraison, problème politique* par R.P. Daniélou
(**62**, 1967, p. 195-196)
— The Speech of Professor Alioune Diop (Chairman of 1967 Session) [Second Session of the International Congress of Africanists]
(**67**, 1968, p. 201-208)
— Pour une politique de la civilisation noire
(**85**, 1973, p. 231-235)

DIOP, Alioune, Léopold Sédar SENGHOR et Assane SECK
Congrès International des Africanistes
(**66**, 1968, p. 225-259)

DIOP, Alioune, Thyster TCHIKAYA, Alphonse M'BWAKI, Théophile OBENGA, Harris MEMEL-FOTE, Christophe WONDJI, J.C. BAHOKEN, Ibrahima B. KAKÉ, Cheikh Anta DIOP et R.P. Engelbert MVENG
Table ronde sur l'Enseignement de l'Histoire en Afrique Noire
(**81**, 1972, p. 49-132)

DIOP, Alioune et al.
Dialogue [Le 1er Congrès International des Écrivains et Artistes Noirs]
(**8-9-10**, 1956, p. 366-378)
— Palabres : Congo belge. Kenya. Mali. Antilles. Tunis. Le XIe Congrès de la FEANF
(**30**, 1960, p. 96-107)
— Palabre : Assemblée générale des Nations-Unies. Afrique du Sud et Commonwealth. Le Congo sans Lumumba. Les élections générales au Nyassaland. Angola, An I de la Révolution. Maghreb : Feu rouge ? Feu vert ?
(**36**, 1961, p. 137-159)
— Table ronde : « Elite et Peuple dans l'Afrique d'aujourd'hui »
(**73**, 1970, p. 39-108)

DIOP, Babacar
L'Antiquité africaine dans l'œuvre de Cheikh Anta Diop
(**149-150**, 1989, p. 143-149)

DIOP, Birago
L'Os
(**1**, 1947, p. 81-88)
— Le Prétexte
(**6**, 1949, p. 94-99)
— La Cuiller sale
(**6**, 1949, p. 100-107)
— Accords
(**12**, 1951, p. 185-186)

184

— Dialogue [Le 1ᵉʳ Congrès International des Écrivains et Artistes Noirs]
  (**8-9-10**, 1956, p. 366-378)
— Table ronde sur l'Enseignement de l'Histoire en Afrique Noire
  (**81**, 1972, p. 49-132)

DIOP, Cheikh M'Backé

La Renaissance africaine : Enjeux et perspectives culturelles, scientifiques et techniques dans l'œuvre de Cheikh Anta Diop
(**175-176-177**, 2007-2008, p. 469-497)

DIOP, Cheikh M'Backé et al.

Les médias et l'égyptologie
(**155**, 1997, p. 198-205)

DIOP, Christiane Yandé

Discours de Madame Christiane Yandé Diop : Secrétaire générale de la SAC. et du FESTAC.
(**117-118**, 1981, p. 13-15)
— Speech by Madame Christiane Yandé Diop : Secretary-General of the Society of African Culture and FESTAC.
  (**117-118**, 1981, p. 16-18)
— Lecture du palmarès du Grand Prix Fespaco 87 (Festival panafricain du cinéma à Ouagadougou)
  (**143**, 1987, p. 195-197)
— Discours de Yandé Christiane Diop
  (**174**, 2006, p. 45-48)
— Allocution
  (**181-182**, 2010, p. 35-37)
— Une pensée pour Édouard Glissant
  (**184**, 2011, p. 61)

DIOP, Christiane Yandé et al.

Pré-colloque sur « Civilisation noire et Éducation »
(**87**, 1973, p. 5-142)
— Discours de Madame Christiane Yandé Diop : Secrétaire générale de la S.A.C.
  (**127-128**, 1983, p. 12-13)
— Entretien avec Jacques Rabemananjara
  (**154**, 1996, p. 35-42)

— Contribution au débat sur la poésie nationale
(**6**, 1956, p. 113-115)

— La vie d'un village Kaparle : La terre et le sang par Mouloud Feraoun
(**6**, 1956, p. 164)

— *Une vie de boy, et Le vieux nègre et la médaille* par Ferdinand Oyono ; *Le pauvre Christ de Bomba* par Mongo Beti
(**11**, 1956, p. 125-127)

— *Climbié* par Bernard Dadié. *Afrique nous t'ignorons* par Benjamin Massip
(**13**, 1957, p. 152-153)

— *Mission terminée,* roman par Mongo Beti
(**16**, 1957, p. 186-187)

— Autour de la réforme de l'enseignement en Guinée
(**29**, 1960, p. 105-108)

— En mémoire du poète trop tôt disparu : A ma mère
(**32-33**, 1960, p. 139)

— À ma mère
(**57**, 1966, p. 106)

— Les Vautours
(**57**, 1966, p. 106-107)

— L'Agonie des Chaînes
(**57**, 1966, p. 107)

— Aux Mystificateurs
(**57**, 1966, p. 107-108)

— Écoutez camarades
(**57**, 1966, p. 108-109)

— Contribution au débat sur la poésie nationale
(**165-166**, 2002, p. 247-249)

DIOP, David (Interview recueilli par M. Bertin Borna)
Le congrès de Cotonou
(**20**, 1958, p. 117-119)

DIOP, David et al.
Témoignages des Africains sur Bandoeng
(**3**, 1955, p. 38-44)

DIOP, Moubamadoul Nouktar

Le canari d'or

(**45**, 1963, p. 164-174)

DIOP, Mountaga et al.

Corpulence et attitude, perception de compétences, du comportement d'élèves sénégalais à l'égard du cours d'éducation physique et du sport en dehors de l'école

(**183**, 2011, p. 25-35)

DIOP, Ousman Iocé et Kane

Interventions des délégués africains à la XVIᵉ session [L'Angola et l'ONU] : Sénégal (intervention de M. Ousman Iocé Diop et M. Kane)

(**42**, 1962, p. 160-163)

DIOP, Papa Malick

Hypotypose (Extrait)

(**83**, 1972, p. 69-70)

DIOP, Pape Diop

Chez eux

(**137-138**, 1986, p. 160)

— Femme noire In Memorian

(**137-138**, 1986, p. 161-162)

DIOP, Thomas

Bamako 1957

(**16**, 1957, p. 162-170)

— *White man, listen* par Richard Wright

(**20**, 1958, p. 128-129)

— Forme traditionnelle de gouvernement en Afrique Noire

(**23**, 1958, p. 16-21)

DIOP-VERTU, Suzanne

Propos sur l'infanticide au Sénégal

(**141**, 1987, p. 37-40)

DIOP-WANE, Marie-Aïda (propos recueillis par)

Problèmes d'accès à l'eau potable et de salubrité

(**161-162**, 2000, p. 198-200)

DIOUF, Ismaïla

Colloque sur « Circulation du livre africain en Afrique et dans le monde : Problèmes et perspectives » (Dakar : 14-16 décembre 1987)

(**145**, 1988, p. 233-237)

DIOUF, M. Abdou

Allocution

(**181-182**, 2010, p. 27-30)

DIPOKO, Mbella Sonne

The Kenyatta Election : Kenya 1960-1961 par George Bennet, Carl Rosberg

(**39**, 1961, p. 230-231)

— *Belgian administration in the Congo* par Georges Brausch

(**39**, 1961, p. 246)

— "I speak of freedom" par Kwame Nkrumah

(**40**, 1962, p. 178-180)

— *African political parties* par Thomas Hodgkin

(**40**, 1962, p. 182-183)

— Pris au piège

(**41**, 1962, p. 106-116)

— *The White Man's Future in Black Africa* par T.P. Melady

(**45**, 1963, p. 242-244)

— *Seven African Writers* par Gerald Moore

(**45**, 1963, p. 244-245)

— *The Arab Role in Africa* par Jacques Baulin

(**45**, 1963, p. 245-248)

— Marching through marshes

(**48**, 1963, p. 170)

— Childhood

(**51**, 1964, p. 103)

— Perfume of time

(**51**, 1964, p. 103)

— *Nigerian images* par William Fagg, Herbert List

(**52**, 1964, p. 250-253)

— *Wind versus polygamy* par Obi B. Egbuna

(**53**, 1965, p. 276-278)

— Another Child
(**77**, 1971, p. 159-160)
— To My Mother: A Message from Exile
(**77**, 1971, p. 160)
— Persecution
(**77**, 1971, p. 161)
— A Lament of Nature
(**77**, 1971, p. 162)
— A Poem of Tangier
(**77**, 1971, p. 162-163)
— A Parting of the Ways
(77, 1971, p. 163-164)
— Inheritors of The Mungo
(**78**, 1971, p. 186-199)

DIPOKO, Mbella Sonne et al.

— Palabre : Les élections au Ruanda Burundi. Irrédentisme Somalie. Le Congo au conseil de sécurité. L. S. Senghor à la Sorbonne. Tanganyika indépendant. L'imbroglio katangais. AJ. Lutuli, Prix Nobel de la Paix.
(**39**, 1961, p. 202-229)
— Palabre : Images d'Angola. Afrique et information. Fin des guillemets. On se bat en Guinée (dite portugaise). Nous, les Noirs. Hypocrisie en Afrique Centrale. La mort de Mouloud Feraoum.
(**40**, 1962, p. 160-173)
— Palabre : Le Nigeria vers le morcellement. La conférence constitutionnelle sur le Kenya. Dures réalités. Le fossé. Élections en Uganda.
(**41**, 1962, p. 164-175)
— Palabre : Conséquences de la grève générale nigérienne. Le culte de la doctrine. Lumumba, deux fois assassiné. Le « dollar africaniste et scientifique ». Les répétitions du *Roi Christophe*.
(**51**, 1964, p. 170-177)
— Palabre : Les « Congologues » – Gouvernement armé – Lettre ouverte ou Premier Festival Mondial des Arts Nègres – Note sur Shango, dieu Yoruba – La psychologie des élites africaines face au monde moderne – Erpétologie
(**58**, 1966, p. 215-234)

DJIBRIL, Diaw

Quo Vadis, Africa ?

(**6**, 1949, p. 142-143)

DO NASCIMENTO, Abdias et al.

Palabre : Les « Congologues » – Gouvernement armé – Lettre ouverte au Premier Festival Mondial des Arts Nègres – Note sur Shango, dieu Yoruba – La psychologie des élites africaines face au monde moderne – Erpétologie

(**58**, 1966, p. 215-234)

D'OBOCK, Chanson Dankali

Côte des Somalis - Réunion - Inde par M. de Champs, R. de Cary, A. Menard

(**38**, 1961, p. 240-243)

DODAT, François

Situation de Langston Hughes

(**64**, 1967, p. 47-50)

DODAT, François et L. HUGHES

Terre du Sud

(**5**, 1955, p. 94)

DODSON, Howard

The Emergence of African American Culture

(**175-176-177**, 2007-2008, p. 33-41)

DODSON, Howard et al.

Débat [I. Impacts / 1. Le Congrès de 1956 et son impact sur la question de l'identité, de la diversité et des solidarités culturelles]

(**175-176-177**, 2007-2008, p. 50-61)

DOGBEH, R.

Intelligence et éducation

(**37**, 1961, p. 136-143)

DOGHEH-DAVID, R., J.-C. BAHOKEN, L. BALTHAZAR, Iwiyé KALA-LOBÉ, Abdias DO NASCIMENTO et Mbella Sonné DIPOKO

Palabre : Les « Congologues » – Gouvernement armé – Lettre ouverte au Premier Festival Mondial des Arts Nègres – Note sur

— La Mer
(**57**, 1966, p. 46)
— Le "New Jazz" : Une interprétation
(**68**, 1968, p. 141-148)
Jazz et vin de palme
(**73**, 1970, p. 136-142)
— *Sang d'Afrique* par Guy des Cars
(**76**, 1970, p. 214-215)
— *Je suis mal dans ta peau* par Gilbert Cesbron
(**76**, 1970, p. 215-217)
— *Petits blancs, vous serez tous mangés* par Jean Chatenet
(**76**, 1970, p. 218-219)
— Des ancêtres fondateurs aux présidents modernes : Continuité historique ? : À propos du livre de Basil Davidson : *Les Africains : Introduction à l'histoire d'une culture*
(**83**, 1972, p. 123-129)
— Les Paysans
(**88**, 1973, p. 166-177)
— La faim : Nouvelle arme du capitalisme international ?
(**108**, 1978, p. 138-148)

DONGMO, Jean-Louis
Prostitution
(**57**, 1966, p. 18)
— Pacification
(**57**, 1966, p. 19)
— Départ en France
(**57**, 1966, p. 20)
— Le tambour parlant
(**60**, 1966, p. 120-121)

DORATO, Mario
Discours d'accueil à l'Istituto Italiano per l'Africa
(**24-25**, 1959, p. 25)

DORCELY, Roland
Aperçu
(**12**, 1951, p. 150)

198

DORET, Michel R.

Essai sur les contes et récits traditionnels d'Afrique noire ou l'arbre à palabres par Jacques Chevrier
(**140**, 1986, p. 160-161)

DORSINVILLE, Max

La révolte de Césaire : (Hommage rendu en 1962 à l'Université de Sherbrooke, au Québec, à l'âge de dix-neuf ans, repris aujourd'hui comme acte de fidélité à l'exemple de l'aîné pour ses quatre-vingts ans)
(**151-152**, 1995, p. 177-179)

DORSINVILLE, Roger

Un long poème épique, intitulé « Le grand devoir », de forme lyrique.
(**44**, 1962, p. 166-172)

DOS SANTOS, Marcelino

Déclaration de principe de la Conférence des Organisations nationalistes des colonies portugaises (C.O.N.C.P.) adressée au Comité spécial de l'ONU pour les territoires administrés par le Portugal
(**42**, 1962, p. 214-217)

— Xangana, Filho Pobre...
(**57**, 1966, p. 461-462)

— Aqui Nascemos
(**57**, 1966, p. 462-464)

— Les mouvements de libération et les États africains
(**75**, 1970, p. 3-10)

— Liberation Movements and African States
(**75**, 1970, p. 11-18)

— La lutte continue
(**175-176-177**, 2007-2008, p. 76-78)

— Présence Africaine, Janela aberta para o Mundo : O caso das Colónias Portuguesas
(**181-182**, 2010, p. 149-156)

DOS SANTOS, Marcelino et al

L'apport du 1er Congrès international des écrivains et artistes noirs à la pensée contemporaine
(**174**, 2006, p. 101-125)

— Débat [I. Impacts / 2. Le Congrès de 1956 et son impact sur l'évolution politique : Décolonisation et démocratie]
(**175-176-177**, 2007-2008, p. 102-113)

— Débat [I. Impacts / 3. Le Congrès de 1956 et son impact sur les politiques culturelles de l'éducation]
(**175-176-177**, 2007-2008, p. 210-224)

— Débat [II. Nouveaux enjeux / 4. Économie politique, mondialisation et nouvelle gouvernance]
(**175-176-177**, 2007-2008, p. 392-413)

DOUAIRE-BANNY, Anne

« La fin du monde parbleu ! » et le « lait jiculi » : Des impératifs catégoriques
(**189**, 2014, p. 271-282)

DOUAIRE-BANNY, Anne et R. FONKOUA

« Parole due » : Présentation
(**189**, 2014, p. 9-10)

DOUCOURE, A.

Niongo Mari, chevalier Peulh
(**14**, 1953, p. 203-206)

DOUMBI-FAKOLY

Kemet Grand-Prêtre d'Amon
(**144**, 1987, p. 88-100)

— *Comprendre Haïti : Essai sur l'État, la nation, la culture* par Laënnec Hurbon
(**145**, 1988, p. 212-215)

— *Tu t'appelleras Tanga* par Calixthe Beyala
(**148**, 1988, p. 147-148)

DOVER, Cedric

Culture and Creativity
(**8-9-10**, 1956, p. 281-300)

— Dr. Charles S. Johnson
(**11**, 1956, p. 116-118)

DRAKE, Saint-Clair

Détruire le mythe chamitique, devoir des hommes cultivés
(**24-25**, 1959, p. 215-230)

DUFEIL, Marie-Michel

La cuvette congolaise : Les hommes et les structures par Théophile Obenga

(**98**, 1976, p. 242-245)

— *Le Zaïre : Civilisations traditionnelles et culture moderne* par Théophile Obenga

(**101-102**, 1977, p. 295-298)

DUFFY, James

La présence portugaise en Angola (1483-1960)

(**41**, 1962, p. 75-90)

DUMAINE, A.-L.

La signification réelle du second plan d'équipement et de modernisation des territoires d'Outre-Mer

(**1-2**, 1955, p. 66-93)

DUMONT, René

Quelques problèmes agricoles africains et malgaches (Madagascar, Côte d'Ivoire, Guinée)

(**31**, 1960, p. 34-44)

— Les conditions du développement agricole de l'Asie et de l'Afrique tropicales

(**44**, 1962, p. 60-80)

DUNAYEVSKAYA, Raya

« Socialismes africains et problèmes nègres » vus par une militante de « l'humanisme marxiste »

(**48**, 1963, p. 49-64)

DUNBAR, Rudolph

La musique africaine et son influence dans le monde

(**27-28**, 1959, p. 291-302)

DUPUY, Henri-Jacques

Louis Armstrong cinq mois à New-York par Hugues Panassie

(**2**, 1948, p. 346-347)

DURAND, Christine

L'Afrique étranglée par René Dumont, Marie-France Mottin

(**116**, 1980, p. 218-219)

ÉBOUÉ, Chicot

Les contraintes de la globalisation et le problème de la monnaie unique africaine
(**175-176-177**, 2007-2008, p. 383-387)

ÉBOUÉ, Chicot et al.

Débat [II. Nouveaux enjeux / 4. Économie politique, mondialisation et nouvelle gouvernance]
(**175-176-177**, 2007-2008, p. 392-413)

— Débat [III. Perspectives / 2. Nouveaux défis pour la culture africaine]
(**175-176-177**, 2007-2008, p. 649-656)

EBOUSSI-BOULAGA, Fabien

Le Bantou problématique
(**66**, 1968, p. 4-40)
L'identité négro-africaine
(**99-100**, 1976, p. 3-18)

— L'identité négro-africaine
(**165-166**, 2002, p. 65-76)

— Le Bantou problématique
(**165-166**, 2002, p. 127-153)

— Les transformations religieuses en Afrique
(**175-176-177**, 2007-2008, p. 415-421)

EBOUSSI-BOULAGA, Fabien et al.

Débat [II. Nouveaux enjeux / 5. Dynamiques des cultures et des religions]
(**175-176-177**, 2007-2008, p. 445-457)

ECHENIM, Kester

La structure narrative de *Soleils des Indépendances*
(**107**, 1978, p. 139-161)

— Aspects de l'écriture dans le roman africain
(**139**, 1986, p. 88-114)

ECHERUO, Michael

Nocturne
(**57**, 1966, p. 292)

— Outsider
(**57**, 1966, p. 292-293)

— Wedding
(**57**, 1966, p. 293)
— The Lagos Scene in the 19th Century
(**82**, 1972, p. 77-93)
— Anglo-African Nigerian Poetry, 1863-1865
(**153**, 1996, p. 167-188)

EDET, Edna M. et al.
Palabre : La marche sur Montgomery. Les langues africaines dans l'Afrique moderne. Harlem story. La musique au Nigeria.
(**55**, 1965, p. 189-203)

EDMONDSON, Locksley
From Slavery to Freedom: A History of Negro Americans (3rd. Edition) par John Hope Franklin
(**72**, 1969, p. 224-226)

EDWARDS, Solomon
Brothers
(**57**, 1966, p. 367)
— Dream
(**57**, 1966, p. 367)
— Shoplifter
(**57**, 1966, p. 368)

EDZIMA, Martin
Essai d'analyse sur la sorcellerie en Afrique Noire
(**172**, 2005, p. 51-56)

EGBLEWOGBE, E.Y.
Dust Wednesday
(**70**, 1969, p. 104)

EGBOH, Edmund O.
The Nigerian Trade-Union Movement and its Relations with World Trade-Union Internationals
(**75**, 1970, p. 76-88)
— Professional Trading among the Igbos of South-Eastern Nigeria
(**97**, 1976, p. 81-92)
— The Nigerian Gum Arabic Industry: A Study in Rural Economic Development Under the Colonial Régime (1897-1940)
(**108**, 1978, p. 92-105)

EGONU, Iheanachor

The Nature and Scope of Traditional Folk Literature

(**144**, 1987, p. 109-117)

EGUDU, Romanus

Okigbo Misrepresented: Edwin Thumboo on "Love Apart"

(**76**, 1970, p. 187-193)

EIDARUS, Scérif Mohamed

L'Islam et les confraternités religieuses

(**38**, 1961, p. 203-206)

EJAFFA

The Black Jacobins: Toussaint Louverture and the San Domingo Revolution (Second Edition) par C.L.R. James

(**73**, 1970, p. 218-219)

EJIZU, Christopher I.

Decolonizing the Nigerian Church: A Challenge to Theologians

(**137-138**, 1986, p. 211-226)

EKANEY, Nkwelle

Angola: Post-Mortem of a Conflict

(**98**, 1976, p. 211-233)

— Corruption and Politics in Chinua Achebe's *A Man of the People* : An Assessment

(**104**, 1977, p. 114-126)

EKO, Ebele

The Unbroken Cord

(**144**, 1987, p. 79-81)

EKODO-NKOULOU-ESSAMA, Fabien

La médecine par les plantes en Afrique Noire

(**27-28**, 1959, p. 252-262)

EKOLLO, Thomas

De l'importance de la culture pour l'assimilation du message chrétien en Afrique Noire

(**8-9-10**, 1956, p. 179-189)

ELLEASE, Southerland

Seconds

(**93**, 1975, p. 73)

ELLONG, Épée

L'espace urbain et l'Africain noir devant la mort

(**147**, 1988, p. 85-90)

ELOM-NTOUZO'O, E.

Médecine, pharmacopées traditionnelles et développement en Afrique

(**108**, 1978, p. 38-49)

ELUNGU, Elungu Pene

La philosophie, condition du développement en Afrique aujourd'hui

(**103**, 1977, p. 3-18)

ELUWA, G.I.C.

The National Congress of British West Africa: A Study in African Nationalism

(**77**, 1971, p. 131-149)

EMEJULU, James

Pour une sémiologie du roman africain

(**123**, 1982, p. 144-152)

— Le problème de la représentation sociale dans *The Interpreters* de Wole Soyinka

(**133-134**, 1985, p. 122-142)

EMEJULU, Phina I.

Shattered Dream

(**125**, 1983, p. 241)

— Life

(**125**, 1983, p. 242)

EMMANUEL, A.

Commerce extérieur et sous-développement par Guy de Lacharrière

(**52**, 1964, p. 241-246)

— Une plage lumineuse
(**6**, 1956, p. 123-124)
— Femme
(**6**, 1956, p. 124-125)
— Souviens-toi
(**57**, 1966, p. 24-26)
— Chants villageois
(**70**, 1969, p. 114-119)
— Jébalè
(**84**, 1972, p. 74-75)

EPANYA, Elolongué et al.
Palabre : Le Congo et l'ONU. Première conférence des étudiants
à Londres. L'indépendance de la Mauritanie. Conférence de
Brazzaville. Une soirée de poésie africaine à Munich. Au Congrès
méditerranéen de la culture. La XIᵉ session de l'UNESCO
(**34-35**, 1960-1961, p. 211-226)

EPELLE, S.
Greetings to All Africa's Lands: East, North, South, West
(**32-33**, 1960, p. 147-148)

EREKOSIMA, Tonye (Tamye) V.
Love's Labor Lost?
(**84**, 1972, p. 73)

EPIFANI, Giuseppe
Messages au 2ᵉ Congrès des Écrivains et Artistes Noirs.
(**24-25**, 1959, p. 341)

ERONINI, Faustina
African maid
(**36**, 1961, p. 87)
— My love
(**36**, 1961, p. 87)
— Lumumba
(**36**, 1961, p. 88)

ESEDEBE, P. O.
Origins and Meaning of Pan-Africanism
(**73**, 1970, p. 109-127)

ÉTUDIANTS CATHOLIQUES D'AFRIQUE NOIRE EN FRANCE

Déclaration des étudiants catholiques d'Afrique noire en France (Rencontre de Pau, 6 et 7 avril 1956)
(**7**, 1956, p. 157-158)

— Résolutions de la rencontre des étudiants catholiques africains en France à Rome (17-24 avril 1957)
(**13**, 1957, p. 157-159)

ÉTUDIANTS CATHOLIQUES MALGACHES DE FRANCE

Communiqués
(**12**, 1957, p. 174)

ÉTUDIANTS MARTINIQUAIS

Ve Congrès National des Étudiants Martiniquais
(**43**, 1962, p. 345-348)

ÉTUDIANTS TOGOLAIS

V^e congrès extraordinaire des étudiants togolais tenu à Paris le 14 avril 1957 6 bis, Cité Rougemont, Paris-9^e
(**13**, 1957, p. 160)

EWANDÉ, Félix

Causes du sous-développement africain en matière de cinéma
(**61**, 1967, p. 199-205)

EWOMBE-KOUNDO, Elisabeth

La femme africaine et le développement
(**141**, 1987, p. 41-51)

EYINGA, Abel

Souveraineté populaire et parti unique en Afrique Noire
(**72**, 1969, p. 39-47)

— *Le pouvoir des armes* par Amilcar Cabral ; *La Lutte armée en Afrique* par Gérard Chaliand
(**76**, 1970, p. 224-225)

EYINGA, Abel et al.

Table ronde : « Elite et Peuple dans l'Afrique d'aujourd'hui »
(**73**, 1970, p. 39-108)

— Richard Wright, poète
(**135**, 1985, p. 39-55)
— *Black soul, white artefact: Fanon's clinical psychology and social theory*
par Jock Mcculloch
(**136**, 1985, p. 184-186)
— *Mythology and Cosmology in the Narratives of Bernard Dadie and Birago Diop : A Structural Approach* par Marie S. Tollerson
(**136**, 1985, p. 186-187)

FABRE, Michel et al.
Pré-colloque sur « Civilisation noire et Éducation »
(**87**, 1973, p. 5-142)

FABUNMI, L. A.
A Look at the Current Power Politics in Nigeria Through the Soudan
(**14-15**, 1957, p. 73-83)

FAGG, William
De l'art des yoruba
(**10-11**, 1951, p. 103-135)

FAGG, William et Marthe ARNAUD
L'art nigérien avant Jésus-Christ
(**10-11**, 1951, p. 91-95)

FAITHFUL, Francesca Velayoudom
La femme antillaise
(**153**, 1996, p. 112-136)

FAL, Arame
La question linguistique : Le cas du Sénégal
(**179-180**, 2009, p. 197-204)

FALL, Abdou Salam et Omar Saip SY
Les économies domestiques ouest-africaines dans un contexte de mondialisation
(**167-168**, 2003, p. 7-26)

FALL, Kader
Problème de l'élite en Afrique Noire
(**14**, 1953, p. 33-39)

FALL, Kiné Kirama

Qui es-tu ?
(**92**, 1974, p. 176-177)

FALL, Mar

Le mouvement syndical sénégalais à la veille de l'indépendance :
Un lieu de formation des élites politiques
(**131**, 1984, p. 24-34)

— La question islamique au Sénégal : Le regain récent de l'islam ; la religion contre l'État ?
(**142**, 1987, p. 24-35)

FALL, Ravane

L'armée et la société en Afrique (essai de synthèse et d'investigation bibliographique) par Michel L. Martin
(**97**, 1976, p. 184-185)

FALL, Rokhaya

L'abolition de l'esclavage : Sens d'une commémoration
(**157**, 1998, p. 31-33)

FALL, Seynabou

Afrique pardonne-moi
(**101-102**, 1977, p. 158-159)

FALL, Yoro K.

Le grand jolof (XIIIᵉ -XVIᵉ siècle) par Jean Boulegue
(**148**, 1988, p. 142-144)

FALLOPE, J. et al.

La solidarité du monde noir et les conditions de son expression
(**117-118**, 1981, p. 57-105)

FANON, Frantz

Racisme et culture
(**8-9-10**, 1956, p. 122-131)

— Fondement réciproque de la culture nationale et des luttes de libération
(**24-25**, 1959, p. 82-89)

— Racisme et culture
(**165-166**, 2002, pp. 77-84)

— Fondement réciproque de la culture nationale et des luttes de libération
(**185-186**, 2012, p. 209-217)

FANON, Frantz et al.
Hommages à Frantz Fanon
(**40**, 1962, p. 118-141)

FANSO, Verkijika G.
Leadership and National Crisis in Africa: Gowon and the Nigerian Civil War
(**109**, 1979, p. 29-49)

— Traditional and Colonial African Boundaries: Concepts and Functions in Inter-Group Relations
(**137-138**, 1986, p. 58-75)

FANTOURÉ, Alioum
Le cercle des tropiques
(**77**, 1971, p. 165-176)

— Pour soutenir le droit au devenir culturel
(**178**, 2008, p. 200-202)

FAUBLÉE, J.
L'île de la Réunion
(**5**, 1948, p. 873)

FAUBLÉE, Marcelle et Jacques FAUBLÉE
The Egungun Cult among the Yorubas
(**18-19**, 1958, p. 37-42)

FAULKNER, Morgan
« L'histoire d'une histoire » ou la littérature et la vie dans *Mes hommes à moi* de Ken Bugul
(**190**, 2014, p. 141-153)

FAUROUS-PALACIO, Robert
Le jeune homme à la mitraillette
(**124**, 1982, p. 220-229)

FAWZI, Saad Ed Din
Problems of economic development in the Sudan
(**6**, 1956, p. 28-45)

FÉDÉRATION DES ÉTUDIANTS D'AFRIQUE NOIRE EN FRANCE (FEANF)

VIIᵉ congrès de la FEANF. Résolution de politique générale
(**11**, 1956, p. 155)
— Convention africaine : Résolution générale
(**11**, 1956, p. 156-157)
— Congrès extraordinaire de la Fédération des Étudiants d'Afrique Noire en France (FEANF) Paris (21-22-23 juin 1958)
(**18-19**, 1958, p. 250-255)
— Xᵉ congrès de la Fédération des étudiants africains en France (FEANF) : Motion de politique gênérale
(**22**, 1958, p. 142-143)

FÉDÉRATION FRANCE UNION GÉNÉRALE ÉTUDIANTS TUNISIE

Messages au 1ᵉʳ Congrès des Écrivains et Artistes Noirs
(**8-9-10**, 1956, p. 392-393)

FEKINI

Interventions des délégués africains à la XVIᵉ session [L'Angola et l'ONU] : Royaume de Libye (intervention de M. Fekini)
(**42**, 1962, p. 136-139)

FELE, Buanga

Massacres à Sao Tome
(**1-2**, 1955, p. 146-152)
— *The African Awakening* par Basil Davidson
(**1-2**, 1955, p. 161-164)
— *The Southern Bantu Languages* par C.M. Doke
(**1-2**, 1955, p. 167-168)
— Qu'est-ce que le « luso tropicalismo » ?
(**4**, 1955, p. 24-35)
— Cuadernos africanos y orientales
(**5**, 1955, p. 124)
— Crise de l'enseignement dans les colonies portugaises
(**7**, 1956, p. 85-95)
— Le manifeste de « conscience africaine »
(**11**, 1956, p. 146-147)

— *Naissance du Mozambique : Résistance et révoltes anticoloniales (1854-1918)* par René Pélissier
(**137-138**, 1986, p. 257-261)

— *Der karibische raum zwischen selbst- und fremdbestimmung. zur karibischen literatur, kultur und geselschaft, (Bayreuther Beitäge zur Literatuwissenschaft 6)* par Reimhard Sander
(**139**, 1986, p. 209-213)

— Myth, History and Literature in Africa
(**146**, 1988, p. 146-172)

— Literary Representations of Childhood and Youth in Anglophone, Francophone, Lusophone and Germanophone African Literature
(**155**, 1997, p. 100-122)

FEZE, Yves-Abel
Les Arbres en parlent encore par Calixthe Beyala
(**163-164**, 2001, p. 242-243)

FIELDS, Julia
I heard a Young Man Saying
(**57**, 1966, p. 382)

— Madness One Monday Evening
(**57**, 1966, p. 382-383)

FIKES Jr., Robert
Confirming Intellectual Capacity Black Scholars in Europe During the Renaissance and the Enlightenment
(**114**, 1980, p. 120-131)

FINCH, Charles S.
Interview with Cheikh Anta Diop
(**149-150**, 1989, p. 361-373)

FIOUPOU, Christiane
À mes premiers cheveux blancs
(**154**, 1996, p. 86)

— Interview of Wole Soyinka in Paris, February 1995
(**154**, 1996, p. 87-89)

— Interview de Wole Soyinka à Paris en février 1995
(**154**, 1996, p. 90-92)

par Charles Gallenkamp ; *Introduction à la langue et à la littérature Aztèques, Tome I : Grammaire* par Michel Launey
(**113**, 1980, p. 260-262)

— *Escales antillaises* par Lise Claris-Lafourcade
(**114**, 1980, p. 210-211)

FODEBA, Keïta

Étrange destin. Minuit
(**3**, 1948, p. 466-469)

— Chansons du Dioliba
(**4**, 1948, p. 595-598)

— La Moisson
(**6**, 1949, p. 79-82)

— Aube africaine
(**12**, 1951, p. 175-178)

— Noël de mon enfance
(**12**, 1951, p. 179-181)

— La danse africaine et la scène
(**14-15**, 1957, p. 202-209)

— Messages au 2ᵉ Congrès des Écrivains et Artistes Noirs
(**24-25**, 1959, p. 333)

FOFANA, I. et al.,

Esprit et situation de l'enseignement en Afrique Noire
(**11**, 1956, p. 71-83)

FONKOUA, Romuald-Blaise

L'Afrique en khâgne : Contribution à une étude des stratégies senghoriennes du discours dans le champ littéraire francophone
(**154**, 1996, p. 130-175)

— Mongo Beti (1933-2001)
(**163-164**, 2001, p. 41-43)

— Léopold Sédar Senghor (1906-2001)
(**163-164**, 2001, p. 61)

— *Rétablissement de l'esclavage dans les colonies.* Aux origines d'Haïti. Rupture et continuités de la politique coloniale française (1800-1830) (Maisonneuve et Larose, Paris, 2002) par Yves Benot et Marcel Dorigny,
(**169**, 2004, p. 255-256)

FONKOUÉ et al.
Débat [II. Nouveaux enjeux / 4. Économie politique, mondialisation et nouvelle gouvernance]
(**175-176-177**, 2007-2008, p. 392-413)

FONLON, Bernard
Culture africaine et langues de diffusion : À propos de la Conférence de Kampala
(**45**, 1963, p. 182-196)
— Alioune Diop : A Testimony
(**125**, 1983, p. 365-366)

FONLON, Bernard et Peter OGBONNAYA
Things Fall Apart (l'Édifice s'écroule) par Chinua Achebe
(**23**, 1958, p. 135-138)

FONSECA, Mario
Quando a vida nascer...
(**57**, 1966, p. 453-455)

FONTAINE, William T.
Segregation and Desegregation in the United States: A Philosophical Analysis
(**8-9-10**, 1956, p. 154-173)
— Vers une philosophie de la littérature noire américaine
(**24-25**, 1959, p. 153-165)

FORDE, Daryll
Messages au 2ᵉ Congrès des Écrivains et Artistes Noirs
(**24-25**, 1959, p. 352)

FORJE, John W.
Technological Change and the Development of Africa
(**143**, 1987, p. 122-140)

FORSYTHE, Dennis
Roll-call of the Negro Intellectual
(**77**, 1971, p. 240-249)

FORTIN, Marie-Eve
Enjeux du secret dans les cinémas africains
(**191**, 2015, p. 161-192)

— The Gold Coast Revolution
(**14**, 1953, p. 307-311)
— Ce nouveau livre qui parle d'eux
(**16**, 1954, p. 421-426)

FRASCONI, Antonio R. et Richard WRIGHT
Exchange of letters
(**5**, 1948, p. 780-784)

FRASER, Fitzroy
Cette longue paix définitive
(**54**, 1965, p. 75-95)
— Too Good to Be Black
(**77**, 1971, p. 177-190)

FRAZIER, E. Franklin
Human, All Too Human
(**6**, 1949, p. 47-60)
— Problèmes de l'étudiant noir aux États-Unis
(**14**, 1953, p. 275-283)
— Messages au 1er Congrès des Écrivains et Artistes Noirs
(**8-9-10**, 1956, p. 380)

FRAZIER, John
Postcards
(**159**, 1999, p. 107)
— Red Delicious
(**159**, 1999, p. 108)
— Later
(**159**, 1999, p. 109)
— Evanescence
(**159**, 1999, p. 110)

FRINDÉTHIÉ, K. Martial
Tracing a (theoretical) gesture: Reading Patrick Taylor and Ato
Sekyi-Otu reading Fanon
(**157**, 1998, p. 100-112)

FRONT DE L'UNITÉ POUR L'ANGOLA (FUA)
Connaissance du Front de l'Unité pour l'Angola (FUA)
(**45**, 1963, p. 127-135)

GABRIEL, Teshome H.
Xala : A Cinema of Wax and Gold
(**116**, 1980, p. 202-214)

GADJIGO, Samba
Le cinéma africain et la diaspora noire américaine
(**170**, 2004, p. 169-173)

GALLAGHER, Mary
Le défi de la décolonisation : Une poétique de la parole proférée
(**189**, 2014, p. 325-334)

GALLE, Étienne
Camara Laye par Sonia Lee
(**132**, 1984, p. 146-147)

GALLIMORE, Rangira Béatrice
Pour une lecture mythique du *Baobab fou* de Ken Bugul
(**161-162**, 2000, p. 240-252)

GARAUDY, Roger
L'apport de la culture africaine à la civilisation universelle
(**85**, 1973, p. 113-125)

GARCIA, Mariana Cristina
El negro y el indio en la sociedad ecuatoriana par Oswaldo Diaz
(**114**, 1980, p. 212-213)

GARDEN, Diane B.
The Sweeper
(**131**, 1984, p. 108-109)
— Le Balayeur
(**131**, 1984, p. 110-111)

GARIGUE, P. et S. Webster
L'étudiant africain en Angleterre
(**14**, 1953, p. 241-256)

GARRIER, Claude
De la difficulté d'abolir l'esclavage en Afrique
(**157**, 1998, p. 21-25)

GASANA, Ndoba
Littérature du Cap-Vert : Luis Romano et ses « Revenants » étude
synthétique du personnage « Regressado » dans le roman *Famintos*

GBAGUIDI, Edwige
Culture et gouvernance
(**175-176-177**, 2007-2008, p. 498-516)

GBESSAYA, Gilbert Gbénadé
« Lettre à un ami sur la politique et le bon usage du pouvoir »
(**153**, 1996, p. 216-217)

GBOTOKUMA, Zekeh S.
Negritude and Civilization are Not Paradoxical. Meditations on
the 90 000-Year-Old Bone Technology from Katanda, Zaire
(**156**, 1997, p. 117-135)

GEANITON, Roger
Poème
(**115**, 1980, p. 108-117)

GENESTE, Elsa
René Maran et la Résistance : Enquête sur une prétendue collaboration
(**187-188**, 2013, p. 139-152)

GERARD, Claude
Messages au 2ᵉ Congrès des Écrivains et Artistes Noirs
(**24-25**, 1959, p. 372)

GÉRARD-LIBOIS, Jules et al.
Palabres : Congo belge. Kenya. Mali. Antilles. Tunis. Le XIᵉ
Congrès de la FEANF
(**30**, 1960, p. 96-107)

GERBEAU, Hubert
Un mort-vivant : L'esclavage
(**61**, 1967, p. 180-198)

GERGONNE, Pierre-Henri, DIOP Christiane Yandé et DIOP Cheikh M'Backé
— Les médias et l'égyptologie
(**155**, 1997, p. 198-205)

GEURTS, Kathryn
Personal Politics in the Novels of Bessie Head
(**140**, 1986, p. 47-74)

GIRARDIN, Willy

Pour Williams Sassine
(**155**, 1997, p. 49)

— Table ronde sur l'édition du livre en Afrique
(**158**, 1998, p. 188-193)

GIRAUD, Michel

Le discours antillais par Édouard Glissant
(**121-122**, 1982, p. 435-438)

GLASMAN, Monique

La Côte-d'Ivoire dans l'attente de la manne pétrolière
(**119**, 1981, p. 143-151)

— Amadou Koné ou la recherche de la « Mogoya »
(**132**, 1984, p. 85-92)

GLINNE, Ernest

Le pourquoi de l'affaire katangaise
(**32-33**, 1960, p. 49-63)

GLISSANT, Édouard

Le Romancier Noir et son Peuple : Notes pour une conférence
(**16**, 1957, p. 26-31)

— Afrique
(**17**, 1957, p. 93-98)

— Matin
(**57**, 1966, p. 173)

— Promenoir de la Mort seule
(**57**, 1966, p. 173-174)

— Il dit...
(**57**, 1966, p. 175)

— Il dit...
(**57**, 1966, p. 175-176)

— Il dit...
(**57**, 1966, p. 176)

— L'Afrique, les Afriques
(**174**, 2006, p. 32-35)

— Problèmes de la jeunesse aux Antilles
(**184**, 2011, p. 11-26)

— *Khamsine* par William J. F. Syad. Préface de Léopold S. Senghor
(**32-33**, 1960, p. 205-206)

— *Leurres et lueurs* par Birago Diop
(**32-33**, 1960, p. 206-207)

— *Kiroa* par Moune de Rivel
(**32-33**, 1960, p. 207)

— *Le fabuleux empire du Mali* par Andrée Clair
(**32-33**, 1960, p. 207-208)

— David Diop est mort
(**32-33**, 1960, p. 216)

— Palabre : La république d'Afrique du Sud. Cuba 1961 et l'Afrique.
Kenya. Monrovia. Evian-Lugrin.
(**37**, 1961, p. 189-207)

GNAI, Aimée et al.
Palabre : Le Congo et l'ONU. Première conférence des étudiants
à Londres. L'indépendance de la Mauritanie. Conférence de
Brazzaville. Une soirée de poésie africaine à Munich. Au Congrès
méditerranéen de la culture. La XIᵉ session de l'UNESCO
(**34-35**, 1960-1961, p. 211-226)

— Table ronde sur « l'éducation en Afrique »
(**64**, 1967, p. 59-96)

— Pré-colloque sur « Civilisation noire et Éducation »
(**87**, 1973, p. 5-142)

GNALI, Mambou Aimée
La Femme Africaine, un cas : La Congolaise
(**68**, 1968, p. 15-31)

GNAMMANKOU, Dieudonné
1802-2002. Bicentenaire de la naissance d'Alexandre Dumas :
Dumas au Panthéon
(**167-168**, 2003, p. 167-172)

GNASSOUNOU, Victor
Haïti : Le défi d'un nouveau régime d'historicité
(**169**, 2004, p. 41-56)

GNASOUNOU PONOUKOUN, K. Basile
La vie d'un militant syndicaliste
(**13**, 1952, p. 355-358)

(**8-9-10**, 1956, p. 366-378)

GOUROU, Pierre

Conditions géographiques en Afrique tropicale
(**13**, 1952, p. 43-57)

GOUSSAULT, Yves

Participation paysanne au développement et aux structures nouvelles
(**44**, 1962, p. 183-189)

GRADY-WILLIS, Winston A.

Black power in the South : Urban Protest and Neighborhood
Activism in Atlanta, Georgia, 1966-1969
(**161-162**, 2000, p. 328-344)

GRAH (Mme)

Table ronde sur « Le Swahili comme langue de Culture, d'Enseignement et Grand Véhiculaire inter-africain »
(**78**, 1971, p. 49-117)

GRANCHAMP THIAM, Jacqueline

Bamako, long métrage franco-malien par Abderrahmane Sissako
(**172**, 2005, p. 205-206)

GRATIANT, Gilbert

D'une poésie martiniquaise dite nationale (Suite du débat autour
des conditions d'une poésie nationale chez les peuples noirs)
(**5**, 1955, p. 84-89)

— L'arc-en-ciel noir
(**7**, 1956, p. 98-101)

— *Contacts de civilisations en Martinique et en Guadeloupe* par Michel
Leiris
(**11**, 1956, p. 127-129)

— La place du créole dans l'expression antillaise
(**14-15**, 1957, p. 252-255)

— Ça n'est plus de jeu !
(**20**, 1958, p. 57-60)

— Fouillapain (poème créole)
(**43**, 1962, p. 402-404)

— Tourisme
(**88**, 1973, p. 163-165)

GROUPE DE RÉFLEXION ET D'ACTION SANITAIRE APPLIQUÉE À L'AFRIQUE (GRASA)

Pour une éducation sanitaire en Afrique
(**124**, 1982, p. 26-51)

GUBERINA, Petar

Structure de la Poésie Noire d'expression française
(**5**, 1955, p. 52-78)

— Messages au 1ᵉʳ Congrès des Écrivains et Artistes Noirs [extrait]
(**8-9-10**, 1956, p. 384-385)

— Messages au 1ᵉʳ Congrès des Écrivains et Artistes Noirs
(**14-15**, 1957, p. 307-316)

— Messages au 2ᵉ Congrès des Écrivains et Artistes Noirs
(**24-25**, 1959, p. 361)

— Projet de programme pour le développement de l'enseignement des langues en Afrique Occidentale
(**39**, 1961, p. 118-124)

GUBERINA, P. et P. RIVENC

Projet en vue du développement de l'éducation des adultes en Afrique
(**40**, 1962, p. 79-87)

GUEGANE, Jacques

Le pays disparu (Conte poétique)
(**78**, 1971, p. 168-171)

GUÉRIN, Daniel

Un futur pour les Antilles ?
(**6**, 1956, p. 20-27)

— Messages au 1ᵉʳ Congrès des Écrivains et Artistes Noirs
(**8-9-10**, 1956, p. 388-389)

— Controverse autour de l'héritage africain aux USA
(**18-19**, 1958, p. 166-172)

— « Authentique célébration du culte vaudou » au vieux-colombier
(**30**, 1960, p. 119-120)

— Au Ghana, « Syndicalisme et Socialisme » : Réponse à S.G. Ikoku
(**51**, 1964, p. 14-23)

— Malcolm X : Force et fragilité
(**62**, 1967, p. 31-35)

GUILLÉN, Nicolas
[Introduction : Poèmes inédits]
(**1-2**, 1955, p. 109)
— Mau-mau (traduit par Claude Couffon)
(**1-2**, 1955, p. 109-110)
— Mau-mau (traduit par Christopher Hancock)
(**1-2**, 1955, p. 111-112)
— Elégie à Jacques Roumain (traduit par Claude Couffon)
(**4**, 1955, p. 64-69)
— Le souvenir de Langston Hughes
(**64**, 1967, p. 34-37)

GUILLÉN, Nicolas et Aimé CÉSAIRE
Réponse à Depestre poète haïtien (éléments d'un art poétique)
(**1-2**, 1955, p. 113-116)

GUINDO, Marc et al.
Activité physique et diabète en Commune IV du District de Bamako
(**183**, 2011, p. 37-47)

GUISSÉ, Anta
La question raciale dans la lutte pour les droits de l'Homme : Un combat dépassé ?
(**175-176-177**, 2007-2008, p. 325-329)

GURRA, Ali Hussen
Messages au 2e Congrès des Écrivains et Artistes Noirs
(**24-25**, 1959, p. 335)

GURVITCH, Georges
Messages au 2e Congrès des Écrivains et Artistes Noirs
(**24-25**, 1959, p. 377-378)

HABTEWOLD, Ato Akhilou et al.
La Conférence de Bandoeng : Interventions des Délégués Africains
(**3**, 1955, p. 28-38)

HAFFNER, Pierre et Paulin Soumanou VIEYRA
Propos sur le cinéma africain
(**170**, 2004, p. 43-54)

HAGAN, George P.
The Rule of Law in Asante, A Traditional Akan State
(**113**, 1980, p. 193-208)

HAÏDARA, Sékou Chérif
Ibrahima Baba Kaké : L'Histoire à bras-le-corps
(**153**, 1996, p. 248-251)

HAILU, Salomon L. et al.
Palabre : Procès de l'assistance technique. Le Kenya accède à l'indépendance. Rébellion ou révolution ? Je n'aime pas les Noirs. Aide américaine et l'Afrique. Le nouveau taux de la neutralité. Justification de la Négritude. Faut-il larguer les Antilles ?
(**49**, 1964, p. 223-242)

HAKIM, Musa Abdul
The Journal of African Civilizations (Vol. 4, N° 2, November 1982)
par Africana Studies Department
(**132**, 1984, p. 154-156)

HALANE, Mohamed Osman
L'organisation scolaire
(**38**, 1961, p. 164-167)

HALL, Ian et al.
Pré-colloque sur « Civilisation noire et Éducation »
(**87**, 1973, p. 5-142)

HAMA, Issa Boubou
L'Esprit de la culture sonraïe
(**14-15**, 1957, p. 149-154)
— *La nouvelle alliance* par Ilya Prigogine, Isabelle Stengers
(**115**, 1980, p. 228-231)
— Vers une médecine préventive personnalisée en Afrique Noire
(**124**, 1982, p. 52-75)

HAMA, Issa Boubou et al.
Débats : 19 Septembre, à 21 h [Le 1er Congrès International des Écrivains et Artistes Noirs]
(**8-9-10**, 1956, p. 66-83)

HAMIDULLAH, Muhammad
L'Afrique découvre l'Amérique avant Christophe Colomb

(**18-19**, 1958, p. 173-183)

HAMILTON, Patience J.

How Can Traditional African Power Structures Evolve, Survive and Adapt Themselves to the Transformations Which African is Undergoing?

(**96**, 1975, p. 629-633)

HAMZAOUI, Salah

Décoloniser l'histoire par Mohamed C. Shani

(**58**, 1966, p. 244-248)

HANNA, Judith Lynne

Nkwa di iche iche : Dance-Plays of Ubakala

(**65**, 1968, p. 13-38)

HARDWICK, Louise

Lire et enseigner le *Cahier d'un retour au pays natal* en Grande-Bretagne : Un outil d'apprentissage en ligne

(**189**, 2014, p. 243-254)

HARPER, Peggy

Dance in Nigeria

(**70**, 1969, p. 162-171)

HARRIES, Lyndon

Shaaban Robert: Man of Letters

(**93**, 1975, p. 194-199)

HARRIS, Betty

Black America and Black South Africa: Ideology and Political Economy

(**142**, 1987, pp. 93-107)

HARRIS, Joseph E.

Les précurseurs de la domination coloniale au Fouta Djallon

(**60**, 1966, p. 54-66)

— William Leo Hansberry: Pioneer Afro-American Africanist

(**110**, 1979, p. 167-174)

HARRIS, Leonard

Romanticism and Scientism in Africa

(**113**, 1980, p. 175-192)

— L'âme du Dahoméen animiste révélée par sa religion
(**14-15**, 1957, p. 233-251)

HAZOUMÉ, Guy et YAÏ J. Olabiyi
Brèves remarques sur « Charabia et mauvaise conscience »
(**66**, 1968, p. 41-48)

HAZOUMÉ, Paul et al.
Débats : 19 Septembre, à 21 h [Le 1er Congrès International des
Écrivains et Artistes Noirs]
(**8-9-10**, 1956, p. 66-83)

HEBGA-BADA, Hebga
Mimétisme et développement ou de la nécessité d'un tribalisme
éclairé en Afrique Noire
(**131**, 1984, p. 115-143)

HEBGA, Abbé Meinrad
Une seule pensée, une seule civilisation
(**14-15**, 1957, p. 301-306)
— Acculturation et chances d'un humanisme africain moderne
(**68**, 1968, p. 164-174)
— L'homme vit aussi de fierté
(**99-100**, 1976, p. 19-40)
— Éloge de l'« ethnophilosophie »
(**123**, 1982, p. 20-41)
— Éloge de l'« ethnophilosophie »
(**165-166**, 2002, p. 165-182)

HÉL-BONGO, Olga
Stratégies, enjeux et jeux d'écriture dans *Écrire en pays dominé* de
Patrick Chamoiseau
(**190**, 2014, p. 269-281)

**HÉL-BONGO, Olga, BISANSWA Justin, et KAVWAHIREHI
Kasereka**
Introduction [Imaginaire et urgence sociale dans le roman francophone de la modernité]
(**190**, 2014, p. 25-30)

HEMMINGER, Bill
La grève des Battù par Aminata Sow Fall
(**137-138**, 1986, p. 273-276)

— *The Theory and Practice of Creole Grammar* par J.J. Thomas
(**78**, 1971, p. 270-271)

— *Myths and Legends of the Swahili* par Jan Knappert
(**78**, 1971, p. 271)

— *Black Man in Red Cuba par* John Clytus, Jane Rieker
(**79**, 1971, p. 156-157)

HENKEL, Luther et al.

Palabre : Is Portuguese Colonialism on the Wane ? — Lettre à
Aimé Césaire — Pouvoir politique et sécurité en Afrique — Le
griot dans le drame sénégalais et la femme dans "El Hadj Omar"
— Incertitude de la jeunesse
(**70**, 1969, p. 206-216)

HENRIES, A. Doris Banks

Pageant of Modern Africa
(**57**, 1966, p. 335-336)

— Black African Cultural Identity
(**101-102**, 1977, p. 119-128)

HENRY VALMORE, Simonne

Dialogue [Le 1ᵉʳ Congrès International des Écrivains et Artistes
Noirs]
(**8-9-10**, 1956, p. 366-378)

— Il existe un temps pour les départs
(**121-122**, 1982, p. 356-367)

— *Sucre amer* par Maurice Lemoine
(**125**, 1983, p. 278-280)

HÉRAULT et al.

Dialogue [Le 1ᵉʳ Congrès International des Écrivains et Artistes
Noirs]
(**8-9-10**, 1956, p. 366-378)

HERMENT, Georges

Un grand musicien noir

— Myself My Slogan
(**57**, 1966, p. 295)
— Listen and Hear
(**57**, 1966, p. 295)
— Bird's Eye-view
(**57**, 1966, p. 295)

HILL, Adelaide C.
Revolution in Haïti, 1791 to 1820
(**20**, 1958, p. 5-24)

HILL-LUBIN, Mildred A.
The Relationship of African-Americans and Africans : A Recurring
Theme in the Works of Ata Aidoo
(**124**, 1982, p. 190-201)

HIMES, Chester
Harlem ou le cancer de l'Amérique
(**45**, 1963, p. 46-81)

HODGKIN, Thomas
Messages au 2ᵉ Congrès des Écrivains et Artistes Noirs
(**24-25**, 1959, p. 353)
— Mahdisme, Messianisme et Marxisme dans le contexte africain
(**74**, 1970, p. 128-153)
— Nkrumah's Radicalism
(**85**, 1973, p. 62-72)

HOFFMAN, Léon-François
Complexité linguistique et rhétorique dans *Gouverneurs de la
Rosée* de Jacques Roumain
(**98**, 1976, p. 145-161)
— L'image de la femme dans la poésie haïtienne
(**34-35**, 1960-1961, p. 183-206)

HOFSTEIN, Francis
Chronique du Jazz
(**69**, 1969, p. 199-203)
— Chronique du jazz
(**70**, 1969, p. 195-199)
— Chronique du jazz
(**71**, 1969, p. 81-84)

— La légende et le Mythe
(**57**, 1966, p. 67)
— Liberté
(**57**, 1966, p. 67)

HONONO, N. et al.
Analyse de la situation politique en Afrique du Sud par un groupe de réfugiés
(**50**, 1964, p. 89-95)

HONWANA, Luis Bernardo
Papa, le serpent et moi
(**60**, 1966, p. 172-182)

HOPKINS, N. S.
Le Théâtre Moderne au Mali
(**53**, 1965, p. 162-193)

HORTA, Anderson Braga
Agua marinha ou tempo sem palarra (poèmes) par Lourdes Teodoro
(**123**, 1982, p. 225-226)

HOSPICE, Marlène
En face de la cathédrale
(**121-122**, 1982, p. 368-374)

HOSSARD, Nicolas
La fabrique de l'aube : Césaire et Kateb par Rimbaud
(**189**, 2014, p. 97-110)

HOSSMANN, Irmelin et al.
Palabre : Événements au Ghana. Sport et tribalisme. Racisme au Mississipi. Congo ou le jeu de massacre. Le différend Congo-Gabon. Un peintre éthiopien. Elections en Rhodésie du Nord. Afrique du Sud.
(**44**, 1962, p. 215-232)

HOUANG, R. P. François
Messages au 2e Congrès des Écrivains et Artistes Noirs
(**24-25**, 1959, p. 366)

HOUANNOU, Adrien
Hommage à un grand écrivain : Paul Hazoumé
(**114**, 1980, p. 204-208)

(**105-106**, 1978, p. 123)
— At Dimbaza
(**105-106**, 1978, p. 124)
— White Reply
(**105-106**, 1978, p. 125)
— A Matter of Commitment
(**109**, 1979, p. 107-115)

HOWARD, Lawrence C.
Des différences entre l'impérialisme et le colonialisme
(**37**, 1961, p. 9-26)

HOWLETT, Jacques
Absence et présence
(**1**, 1947, p. 50-55)
— J'irai cracher sur vos tombes
(**1**, 1947, p. 165-166)
— *La philosophie Bantoue* par P. Placide Tempels
(**1**, 1947, p. 175-176)
— La revue des revues : *La Voix du Congolais* (mai-juin 1946). *Chemin du Monde. Revue de psychologie des peuples. Zaïre* (février 1947). *Esprit* (juillet-sept. 1947). « *Poésie 47* » N° 37.
(**1**, 1947, p. 179-184)
— *Tous comptes faits. « Le pavois »* par Georges Balandier
(**2**, 1948, p. 345)
— *Poésie 47 - n° 41*
(**2**, 1948, p. 353)
— *La « Revue Internationale » - n° 16 - Juin 1947*
(**2**, 1948, p. 353)
— *Christianisme social - Octobre-Novembre 1947*
(**2**, 1948, p. 353-354)
— *Zaïre - Juillet 1947*
(**2**, 1948, p. 354)
— *Jeunesse de l'Eglise - n° 7. L'Homme primitif devant le salut* par P. C. L.
(**2**, 1948, p. 354)
— *Le Monde non chrétien - Avril-Juin 1947. Un poème mystique soudanais* par Th. Monod
(**2**, 1948, p. 355)

— « L'effort de l'Église pour aider les noirs en Amérique » par Benjamin T. Crawford
(4, 1948, p. 729-730)

— « La question Noire devant l'idéal démocratique-américain » (Nègre-Américain, secrétaire-trésorier de l'United Transport Service Employees of America) par John L. Yancey
(4, 1948, p. 730-731)

— *L'Eurafrique* par Yvon du Jouchay
(4, 1948, p. 732)

— *L'Évolution religieuse de l'Afrique — Du fétichisme au Christianisme* par L. Aujoulat
(4, 1948, p. 732-733)

— *Jeune Afrique* n° 2, Janvier 1948. *La Littérature orale indigène* par A. Verbeken
(4, 1948, p. 733-734)

— *France outre-mer* — Mai 1948. « L'Afrique, terre des Esclaves » par Jean Sauvy
(4, 1948, p. 734)

— Genèse blanche d'une idée du noir
(5, 1948, p. 768-771)

— La grande nuit d'Afrique
(5, 1948, p. 863-864)

— *Antsa* par Jacques Rabemananjara
(5, 1948, p. 891-894)

— « Figure de proue » ou les fausses recettes
(5, 1948, p. 897)

— *L'âge nouveau* n° 25. Lettres de l'Afrique par A. André de la FAR
(5, 1948, p. 898-899)

— *La table ronde* n° 6, juin 48. Sur le colonialisme par Roger Stéphane
(5, 1948, p. 899-900)

— Zaïre — janvier 48. Buda Efeba (Contes et légendes Pygmées) par P. E. Joset
(5, 1948, p. 900-901)

— *Zaïre* — mars 48. Les bibliothèques publiques au Congo belge par Depasse
(5, 1948, p. 901-903)

— *La revue nouvelle* — n° 4, 15 avril 1948. Lettres de noirs évolués du Congo par R.P. Tempels
(**7**, 1949, p. 335)

— *Esprit* — juin 1948. « De Boston au Mississipi » par Georges Friedmann
(**7**, 1949, p. 335-336)

— L'art nègre ? Connais pas !
(**10-11**, 1951, p. 85-90)

— Bibliographie sommaire
(**10-11**, 1951, p. 199-200)

— *La rage de vivre* par Milton « Mezz » Mezzrow, Bernard Wolfe
(**10-11**, 1951, p. 202-204)

— *Poèmes africains* par Keita Fodeba
(**10-11**, 1951, p. 208)

— *Discours sur le colonialisme* par Aimé Césaire
(**10-11**, 1951, p. 208)

— « L'ethnographe devant le colonialisme » par Michel Leiris
(**10-11**, 1951, p. 209)

— *Enfants du ventre* par Marthe Arnaud
(**10-11**, 1951, p. 209-210)

— *Mentalité primitive et connaissance intégrale* par Jacques Masui.
(**12**, 1951, p. 256)

— Le Réveil de l'homme de couleur
(**12**, 1951, p. 256)

— Pour une ethnographie concrète
(**12**, 1951, p. 257)

— Le procès du colonialisme
(**12**, 1951, p. 257-258)

— *Contemporains,* n° 3, février 1951
(**12**, 1951, p. 259)

— *Les Temps modernes, janvier 1951, La Ségrégation sans larmes (Intruder in the dust)* par Michelle Vian
(**12**, 1951, p. 259-260)

— *L'Art océanien,* Collection le « Musée vivant », n° 38
(**12**, 1951, p. 260-262)

HOWLETT, Jacques et BALANDIER G.
Avant–propos
(**10-11**, 1951, p. 9-11)

HOWLETT, Jacques et al.
Témoignages sur la *Philosophie bantoue* du père Tempels
(**7**, 1949, p. 252-278)

— *La philosophie bantoue* par R. P. Placide Tempels
(**32-33**, 1960, p. 194-195)

— *Unité culturelle de l'Afrique noire. — Les fondements culturels, techniques et industriels d'un futur noir* par Cheikh Anta Diop.
(**32-33**, 1960, p. 195-196)

— *De Saint-Domingue à Haïti. — Silhouettes de nègres et de négrophiles* par Jean Price-Mars
(**32-33**, 1960, p. 196-197)

— *Nationalisme et problèmes malgaches* par Jacques Rabemananjara
(**32-33**, 1960, p. 197-198)

— *Théorie économique et pays sous-développés* par Gunnar Myrdal
(**32-33**, 1960, p. 198)

— *Les masses africaines et l'actuelle condition humaine* par Abdoulaye Ly
(**32-33**, 1960, p. 199)

— *Contribution à l'étude des problèmes politiques en Afrique Noire* par Majhemout Diop
(**32-33**, 1960, p. 200)

— *Ghana, autobiographie de K. N.* par Kwame Nkrumah
(**32-33**, 1960, p. 200-201)

— *La Guinée et l'émancipation africaine (l'Action Politique du Parti démocratique de Guinée) ; Guinée : Prélude à l'Indépendance* par Sékou Touré
(**32-33**, 1960, p. 201-202)

— *Congrès constitutif du P.F.A.* par L. Sédar Senghor
(**32-33**, 1960, p. 202)

— *Soundjata ou l'épopée mandingue* par Djibril Tamsir Niane
(**32-33**, 1960, p. 202-203)

— *Coups de pilon* par David Diop
(**32-33**, 1960, p. 204-205)

— Cari Einstein ou l'initiation à l'art africain
(**191**, 2015, p. 43-52)

HOWLETT, Marc-Vincent
African Philosophy : A "Serious Affair" (traduit par Nana Akua
Anyidoho et S. B. Diagne)
(**165-166**, 2002, p. 121-125)

FONKOUA, Romuald et HOWLETT Marc-Vincent
À Simone Howlett
(**171**, 2005, p. 157-162)

HUANNOU, Adrien
Xala : Une satire caustique de la société bourgeoise sénégalaise
(**103**, 1977, p. 145-157)
— Paul Hazoumé, romancier
(**105-106**, 1978, p. 203-215)

HUDDLESTON Gr., Trevor
Messages au 2ᵉ Congrès des Écrivains et Artistes Noirs
(**24-25**, 1959, p. 338)

HUENU, Codjo
La question de l'État et de la nation en Afrique
(**127-128**, 1983, p. 329-347)

HUGHES, Langston
Terre du Sud (Traduction de François Dodat)
(**5**, 1955, p. 94)
— *Simple, Noir d'Amérique* (Textes traduits de l'américain par
Margalit Martin)
(**12**, 1951, p. 208-224)
— *Let America Be America Again*
(**59**, 1966, p. 3-5)
— *Que l'Amérique redevienne l'Amérique* (Traduit par L. G. Damas)
(**59**, 1966, p. 6-8)

HUMEAU, Jean-Michel
De la lumière sur les visages en Afrique
(**170**, 2004, p. 107-108)

HURBON, Laënnec
Racisme et théologie missionnaire

IJERE, Martin O.

The Nigerian Experience
(**88**, 1973, p. 10-28)
— W.E.B. Du Bois and Marcus Garvey as Pan-Africanists: A Study in Contrast
(**89**, 1974, p.188-206)

IKELLE-MATIBA, Jean

West Africa par R.J. Harrison Church
(**41**, 1962, p. 179-180)
— *My life* par Alhadji Sir Ahmadu Bello
(**48**, 1963, p. 243-244)
— *Zambia Shall Be Free* par Kenneth Kaunda
(**48**, 1963, p. 244-245)
— *The Reds and the Blacks — A Personal Adventure* par William Attwood
(**69**, 1969, p. 212-214)
— *26 mal Afrika* par Werner Holzer
(**69**, 1969, p. 214-215)
— *Afrika, von der vorgeschichte bis zu den staaten der gegenwart* par Pierre Bertaux
(**69**, 1969, p. 215-216)
— Janheinz Jahn (1918-1973)
(**90**, 1974, p. 247-252)

IKELLE-MATIBA, Jean et al.

Palabre : Pour qui sonne le glas en Afrique Centrale ? Un Africain sur les rives de la Tamise. Angola toujours portugaise. Journée d'études africaines à Paris. Le cas de Mgr Pinto de Andrade. Le Katanga, le Congo et l'ONU.
(**45**, 1963, p. 217-232)
— Palabre : Etranger dans Babylone, marche sur Washington. Le soldat en Afrique indépendante. Société Africaine de Culture. Conférence de Bamako. Colloque de Bergneustadt sur l'Afrique.
(**48**, 1963, p. 210-229)

IKIDDEH, Ime

Literature and the Nigerian Civil War
(**98**, 1976, p. 162-174)

INDIRE, F.F.

The African image par Ezechiel Mphahlele
(**44**, 1962, p. 239-242)

— *The Human Factor in Changing Africa* par Melville J. Herskovits
(**46**, 1963, p. 234-236)

— *African Independence* par Peter Judd
(**46**, 1963, p. 239-240)

— Le problème des langues en Afrique (à propos de « Languages in Africa », de John Spencer)
(47, 1963, p. 218-223)

— *Primitive art* par Professeur Wingert
(**47**, 1963, p. 246-247)

— *Rhodes* par J.G. Lockhard, C.M. Woodhouse
(**48**, 1963, p. 248-250)

— *Transition (nᵒˢ 1-10).* — Revue bi-mensuelle publiée à Kampala
(**48**, 1963, p. 250-251)

— *The Mind of Africa* par W.E. Abraham
(**48**, 1963, p. 251-254)

— *Poems from Black Africa — Modern Poetry from Africa* par Gerald Moore, Ulli Beier
(**49**, 1964, p. 263-266)

— *Arrow of God* par Chinua Achebe; *Weep Not Child* par James Ngugi
(**52**, 1964, p. 235-238)

— *Journal of modern African studies* par David Kimble, Helen Kimble
(**54**, 1965, p. 270-272)

— African Poetry of English Expression
(57, 1966, p. 263-265)

— *Une saison au Congo* par Aimé Césaire
(**60**, 1966, p. 199-200)

— Education and Black Civilization
(**89**, 1974, p. 28-39)

— The Correspondence of Edward Wilmot Blyden (1832-1912)
(**114**, 1980, p. 186-196)

— Introduction [« Panorama de la littérature négro-africaine des années 80 »]
(**139**, 1986, p. 6-7)

— *Les mourides du vieux bassin arachidier sénégalais. Entretiens recueillis dans la région du bal (Travaux et Documents de l'ORSTOM)* par Jean Rouch
(**87**, 1973, p. 211)

— *Les mémoires de l'Afrique : Des origines à nos jours* par Robert Cornevin
(**88**, 1973, p. 235)

— *Les premières années françaises au Damergou*
(**88**, 1973, p. 235-236)

IRUNG, Tshitambal'A Mulang
Pourquoi cette fidélité excessive de la philosophie négro-africaine contemporaine à la philosophie occidentale ?
(**146**, 1988, p. 173-184)

ISAURA, Maria et P. DE QUEIROZ
Autour du messianisme
(**20**, 1958, p. 72-76)

ISELY, Raymond B.
Seule devant la mer
(**123**, 1982, p. 119)

— Ville des Fleurs
(**123**, 1982, p. 120)

— Dialogue
(**123**, 1982, p. 12)

— Fraternité
(**123**, 1982, p. 122)

— Fleeting Thoughts on Leaving Africa
(**123**, 1982, p. 123-124)

ISIKA, Samy
La peinture malgache à l'honneur Yvonne Ramanandraisoa
(**11**, 1956, p. 139-141)

ISOLA, Akinwumi
Features of the Contemporary Yoruba Novel
(**139**, 1986, p. 57-73)

ISSAK, Benvenuto F. A.
Le problème de la langue
(**38**, 1961, p. 168-172)

IYEKI, I. et al.
Lettre du Congo belge (au ministre des colonies)
(**20**, 1958, p. 138-139)

IZEVBAYE, D. S.
Politics in Nigerian Poetry
(**78**, 1971, p. 143-167)
— Reality in the African Novel: Its Theory and Practice
(**139**, 1986, p. 115-135)

JACINTO, Antonio
Monangamba
(**57**, 1966, p. 438-439)
— Poème d'amour
(**65**, 1968, p. 79-80)

JACOTA, Jacques et al.
Pré-colloque sur « Civilisation noire et Éducation »
(**87**, 1973, p. 5-142)

JALLAT, Denis
La construction des formes de « colonialisme » dans les imaginaires
des jeunes Français ; l'usage de la littérature d'aventure au début
du xxᵉ siècle
(**183**, 2011, p. 183-198)

JAMES, C. L. et NAVILLE Pierre
The Black Jacobins (Extraits)
(**6**, 1949, p. 23-25)

JAMES, Dr. Marcus
Christianity in the Emergent Africa
(**8-9-10**, 1956, p. 238-244)
— Religion en Afrique
(**24-25**, 1959, p. 185-191)

JAMES, Elton
Tam-Tam Rhythm
(**82**, 1972, p. 65-67)

JAMESON, Holman
Yesterday and Tomorrow
(**31**, 1960, p. 61-62)

JEAN-PAUL II
Discours de Sa Sainteté le Pape Jean-Paul II
(**116**, 1980, p. 260-275)
— Address by His Holiness Pope John Paul II
(**116**, 1980, p. 284-298)

JEANNE, Max
French West-Indian Literature
(**121-122**, 1982, p. 135-139)

JEANNE, Toure et I. KONATE
Déclaration commune
(**20**, 1958, p. 143)

JEANPIERRE, W. A.
La « Négritude », vue par un Afro-Américain
(**39**, 1961, p. 102-117)
— *Guilty land (terre coupable)* par Patrick Van Rensburg
(**41**, 1962, p. 185-186)
— *Young Blood* par John O. Killens
(**41**, 1962, p. 186-187)
— *Africa, the Lion Awakes* par Jack Woddis
(**44**, 1962, p. 242-243)

JEANPIERRE, W. A. et al.
Palabre : Procès de l'assistance technique. Le Kenya accède à l'indépendance. Rébellion ou révolution ? Je n'aime pas les Noirs. Aide américaine et l'Afrique. Le nouveau taux de la neutralité. Justification de la Négritude. Faut-il larguer les Antilles ?
(**49**, 1964, p. 223-242)

JEANSON, Francis
Sartre et le monde noir
(**7**, 1949, p. 189-214)

JEFFREYS, M.D.W.
Où est le "sauvage" ?
(**8-9**, 1950, p. 95-106)

JEGEDE, Dele
Popular Culture and Popular Music: The Nigerian Experience
(**144**, 1987, p. 59-72)

— Anti-grâce
   (**57**, 1966, p. 71-72)
— À David Diop
   (**57**, 1966, p. 73-74)
— Invite suprême
   (**60**, 1966, p. 117-118)
— Lamine Diakhaté ou la joie de s'écouter écrire
   (**142**, 1987, p. 163-165)
— La fraternité plutôt que la haine
   (**148**, 1988, p. 3-5)
— Fraternity Rather Than Hatred
   (**148**, 1988, p. 6-8)
— Senghor, le doux grammairien, conducteur de peuple
   (**154**, 1996, p. 13-19)
— Terres arc-en-ciel
   (**154**, 1996, p. 299-304)
— L'Afrique, le monde, comme ils vont
   (**155**, 1997, p. 225-234)
— News of Africa and the World
   (**155**, 1997, p. 235-242)
— Les germes d'une discorde avortée
   (**165-166**, 2002, p. 205-211)

JOACHIM, K. Paulin et DELORD-OGDEN Véronique
The Seeds of an Aborted Dispute
(**165-166**, 2002, p. 213-217)

JOACHIM, K. Paulin et al.
Palabres : Congo belge. Kenya. Mali. Antilles. Tunis. Le XIᵉ
Congrès de la F.E.A.N.F.
(**30**, 1960, p. 96-107)
— Palabre : Afrique 1960. Congo indépendant. Troubles au Congo.
   Tunis. Conakry. Addis-Abeba. Togo. Sierra Leone.
   (**31**, 1960, p. 96-124)
— *La philosophie bantoue* par R. P. Placide Tempels
   (**32-33**, 1960, p. 194-195)
— *Unité culturelle de l'Afrique noire. — Les fondements culturels,
   techniques et industriels d'un futur noir* par Cheikh Anta Diop.
   (**32-33**, 1960, p. 195-196)

— Palabre : Images d'Angola. Afrique et information. Fin des guillemets. On se bat en Guinée (dite portugaise). Nous, les Noirs. Hypocrisie en Afrique Centrale. La mort de Mouloud Feraoum. (**40**, 1962, p. 160-173)

— Palabre : Le Congo et l'ONU. Première conférence des étudiants à Londres. L'indépendance de la Mauritanie. Conférence de Brazzaville. Une soirée de poésie africaine à Munich. Au Congrès méditerranéen de la culture. La XIe session de l'UNESCO. (**34-35**, 1960-1961, p. 211-226)

JOANS, Ted

It Is Time
(**57**, 1966, p. 357-359)

— Black February Blood
(**60**, 1966, p. 126)

— That Was the World of Langston Hughes (Passed on Blues: Homage to a Poet)
(**64**, 1967, p. 57-58)

— Hallelujah, I Love Jazz So
(**72**, 1969, p. 115-116)

— The Deep Sea Round-Up
(**81**, 1972, p. 137-138)

— *African Music: A People's Art* par Francis Bebey
(**95**, 1975, p. X-XI)

— *Chants of Saints* par Michael Harper, Robert Stepto
(**113**, 1980, p. 262-263)

— « *Such Letters Bear Fruit* » : *A Review of Langston Hughes' Letters : 1923-1967* par Arna Bontemps
(**116**, 1980, p. 239-242)

— *Suddens* par Abdul-Kadar El Janabi
(**136**, 1985, p. 183)

— *Coagulations: New and Collected Poems* par Jayne Cortez
(**136**, 1985, p. 183-184)

JODERARO

Messages au 2e Congrès des Écrivains et Artistes Noirs
(**24-25**, 1959, p. 362)

(**34-35**, 1960-1961, p. 132-150)

JONES, Eldred

"Laughing to Keep from Crying" : A Tribute to Langston Hughes
(**64**, 1967, p. 51-55)

JONES, Gayl

Breaking Out of The Conventions of Dialect: Dunbar and Hurston
(**144**, 1987, p. 32-46)

JONES, Leroi

Lines to Garcia Lorca
(**57**, 1966, p. 360)
— Epistrophe
(**57**, 1966, p. 361)
— Each Morning (Section 4 from "Hymn for Lanie Poo"
(**57**, 1966, p. 361)
— Preface to a Twenty Volume Suicide Note
(**57**, 1966, p. 362)
— The End of Man is his Beauty
(**57**, 1966, p. 384)
— A Poem for Democrats
(**57**, 1966, p. 385)
— 3 poèmes de Leroi Jones (Etats-Unis) : Lignes à Garcia Lorca-
Epistrophe-Chaque matin
(**63**, 1967, p. 182-184)

JONES-QUARTEY

Les problèmes généraux de l'intercommunication en Afrique
(**27-28**, 1959, p. 215-229)

JORDAN, Pallo

Address by His Excellency Mr Pallo Jordan
(**174**, 2006, p. 70-73)

JORGE, Manuel

Gouvernance et ingérence. Les nouveaux enjeux de l'indépendance
(**175-176-177**, 2007-2008, p. 388-391)

JORGE, Manuel et al.

Débat [II. Nouveaux enjeux / 4. Économie politique, mondialisation et nouvelle gouvernance]
(**175-176-177**, 2007-2008, p. 392-413)

JOS, Gabriel
Le Point - Négresse Ho ! - L'île sortait à peine... -Brève communication - Étranger (poèmes)
(**43**, 1962, p. 381-384)

JOSEPH, Seid Brahim
Le Bonnet, la Bourse et la Canne magiques
(**32-33**, 1960, p. 156-159)

JOUANA-KAÉRA, Arlé
Lettre à Rosalie Soleil
(**121-122**, 1982, p. 275-276)

JUDD, Dennis J. et al.
Pré-colloque sur « Civilisation noire et Éducation »
(**87**, 1973, p. 5-142)

JUIN, Hubert
Aimé Césaire, poète de la Liberté
(**4**, 1948, p. 564-575)
— Le songe de Toussaint Louverture (fragment)
(**16**, 1957, p. 83-88)
— Messages au 1er Congrès des Écrivains et Artistes Noirs : Nous avons les uns et les autres des devoirs
(**14-15**, 1957, p. 318-320)

JULIANA, Elis
Tres minutos
(**57**, 1966, p. 554)

JULIEN, Claude
Les États-Unis, Cuba et le Tiers Monde
(**37**, 1961, p. 35-47)
— *Avatar salutiste en pays Yoruba, ou* La métamorphose de frère Jéro par Wole Soyinka, Élisabeth Janvier
(**142**, 1987, p. 175-177)

JULIEN, Eileen
Of Traditional Tales and Short Stories in African Literature
(**125**, 1983, p. 146-165)

JUMINER, Bertène
Témoignage

(**126**, 1983, p. 174)

JUMINER, Bertène et al.

Hommages à Frantz Fanon

(**40**, 1962, p. 118-141)

JURAVER, Jean

Désespoir

(**121-122**, 1982, p. 210)

KABA, Alkaly et al.

Comment le cinéma peut inspirer le sentiment d'une solidarité historique et culturelle entre les communautés du Monde Noir ?

(**90**, 1974, p. 90-96)

KABA, Lansiné

Hommage au professeur Ibrahima Baba Kaké

(**153**, 1996, p. 241-247)

— Obama and (in) the democracy in America

(**178**, 2008, p. 75-86)

KABA-DIANÉ, Mamadou

No Easy Walk to Freedom (La route est pénible vers la liberté) par Nelson Mandela

(**62**, 1967, p. 189-192)

— *Pierre Mendès-France* par Jacques Nantet

(**63**, 1967, p. 257-259)

— *L'aide aux pays sous-développés* par François Luchaire

(**63**, 1967, p. 259-261)

— La révolution angolaise

(**64**, 1967, p. 127-137)

— *Dark Ghetto (Le ghetto noir)* par Kenneth B. Clark

(**62**, 1967, p. 192-195)

— *The Race War : La Guerre Raciale* par Ronald Segal

(**66**, 1968, p. 211-214)

KABA-DIANÉ, Mamadou et al.

Palabre : La guerre Israélo-Arabe — La Chine populaire et le « club » atomique — La Francophonie : Mythe ou réalité ? — The Lessons of the Crisis — Esprit de Glassboro

(**63**, 1967, p. 236-248)

KADIMA-NZUJI, Arthur Kolamoyi
Noctambuliques
(**131**, 1984, p. 112-114)

KADIMA-NZUJI, Mukala
Ville
(**97**, 1976, p. 135)
— Les incantations de la mer : Du côté de Moanda
(**97**, 1976, p. 136)
— Amour pluriel
(**97**, 1976, p. 136)
— Chant du tam-tam intérieur
(**97**, 1976, p. 137)
— Introduction à une lecture de *Antsa* de Jacques Rabemananjara
(**99-100**, 1976, p. 244-258)
— Avant-propos pour une lecture plurielle de la poésie zaïroise
(**104**, 1977, p. 86-93)
— Océan
(**104**, 1977, p. 102-103)
— Poème pour un paysage
(**104**, 1977, p. 103)
— Tu vis
(**104**, 1977, p. 104)
— Fragment
(**104**, 1977, p. 104)
— Une revue de poésie : « l'Étoile et la clef »
(**104**, 1977, p. 152)
— *Le mythe d'Étiemble [hommages, études et recherches, inédits]*
(**113**, 1980, p. 264-265)
— *Enfants du monde* par Claude Sauvageot, Henry R. Labouisse, Georges Hourdin, Père Guy Gilbert
(**114**, 1980, p. 217-218)
— Le livre africain et sa diffusion
(**115**, 1980, p. 97-107)
— *Le Destin glorieux du Maréchal Nnikon Nniku Prince qu'on sort :* Comédie-farce-sinistre en trois plans par Tchicaya U Tam'Si
(**115**, 1980, p. 249-253)

— Un grand érudit de la Nigritie au XVIᵉ siècle : Ahmed Baba
(**60**, 1966, p. 34-45)
— L'Afrique Noire contemporaine
(**68**, 1968, p. 175-186)
— L'aventure des Bukhara (prétoriens noirs) au Maroc au XVIIIᵉ siècle
(**70**, 1969, p. 67-74)
— *L'Afrique depuis 1800*, collection « pays d'outre-mer » par Roland Oliver, Anthony Atmore, Odette Guit
(**75**, 1970, p. 186-187)
— La civilisation de la Boucle du Niger du XIᵉ au XVIᵉ siècle
(**89**, 1974, p. 75-100)
— De l'interprétation abusive des textes sacrés à propos du thème de la malédiction de Cham
(**94**, 1975, p. 241-249)
— L'influence des Afro-Américains sur des nationalistes noirs francophones d'Afrique (1919-1945)
(**112**, 1979, p. 48-65)
— Dimensions géographiques et historiques du monde noir
(**117-118**, 1981, p. 106-111)
— Témoignage
(**151-152**, 1995, p. 28-29)

KAKÉ, Ibrahima B. et al.

Palabre : Conséquences de la grève générale nigérienne. Le culte de la doctrine. Lumumba, deux fois assassiné. Le « dollar africaniste et scientifique ». Les répétitions du *Roi Christophe*.
(**51**, 1964, p. 170-177)
— Palabre : « Zulu » — L'Afrique et les Jeux Olympiques — Des nègres au ciel... ou le sens d'une canonisation — L'affreux et le Transhumant — À propos de la lutte des classes en Afrique Noire — L'Unité Africaine commence à l'école — Les crimes politiques en Afrique et la clairvoyance des masses.
(**53**, 1965, p. 235-254)
— Palabre : Caractère humain de la Francophonie — La Francophonie — La francophonie au Sénégal — Quelques aspects de la Francophonie — Verwœrd est-il bien mort ? — Réflexions sur la huitième coupe du monde de football
(**60**, 1966, p. 183-193)

— *L'autobiographie de Malcolm X* par Alex Haley, Anne Guérin
(**64**, 1967, p. 182-186)

— *Le fils d'Agatha Moudio*, « centre de littérature évangélique » —
collection Abbia par Francis Bebey
(**65**, 1968, p. 177-179)

— *The Press in Africa (Communications, Past and Present)* par Rosalynde
Ainslie
(**66**, 1968, p. 219-222)

— *Africains d'hier et de demain* par Maurice Farelli
(**68**, 1968, p. 225-226)

— Revue des revues [*Esprit* n° 7/8, *Économie et humanisme* sep.-oct.
1970, *Tricontinental* n° 2]
(**76**, 1970, p. 229-231)

— Revue des revues [*Europe* n°501, *Tricontinental* n°4, *Économie et
humanisme* n°198, *Dévéloppement et civilisation*, n°41-42]
(**78**, 1971, p. 272-275)

— Revue des revues [*Les temps modernes* n°301-302, *Esprit* n°9]
(**80**, 1971, p. 174-176)

— Nkrumah et le rôle du journalisme dans la libération de l'Afrique
(**85**, 1973, p. 126-139)

— *Anatomie de l'apartheid* (Collection histoire politique) par Walter
Limp
(**87**, 1973, p. 203-204)

— *Le mouvement « mau-mau » : Une révolte paysanne et anticoloniale
en Afrique Noire* par Robert Buijtenh
(**88**, 1973, p. 237-239)

— *Veillées noires* (Edition Séméac, collection francophonie vivante)
par Léon-Gontran Damas
(**91**, 1974, p. 155-156)

— *Le Cameroun,* (librairie générale de droit et de jurisprudence,
collection « comment ils sont gouvernés »)
(**92**, 1974, p. 200-202)

Aide américaine et l'Afrique. Le nouveau taux de la neutralité. Justification de la Négritude. Faut-il larguer les Antilles ?
(**49**, 1964, p. 223-242)

KALA-LOBÉ, Iwiyé et al.

Palabre : Les élections au Ruanda Burundi. Irrédentisme Somalie. Le Congo au conseil de sécurité. L. S. Senghor à la Sorbonne. Tanganyika indépendant. L'imbroglio katangais. AJ. Lutuli, Prix Nobel de la Paix.
(**39**, 1961, p. 202-229)

— Palabre : Images d'Angola. Afrique et information. Fin des guillemets. On se bat en Guinée (dite portugaise). Nous, les Noirs. Hypocrisie en Afrique Centrale. La mort de Mouloud Feraoum.
(**40**, 1962, p. 160-173)

— Palabre : Le Nigeria vers le morcellement. La conférence constitutionnelle sur le Kenya. Dures réalités. Le fossé. Elections en Uganda.
(41, 1962, p. 164-175)

— Palabre : Évènements au Ghana. Sport et tribalisme. Racisme au Mississipi. Congo ou le jeu de massacre. Le différend Congo-Gabon. Un peintre éthiopien. Elections en Rhodésie du Nord. Afrique du Sud.
(**44**, 1962, p. 215-232)

— Palabre : Addis-Abeba. L'hymne de l'Afrique unifiée. Le Burundi à la recherche d'une stabilité. En Alabama et ailleurs.
(47, 1963, p. 230-245)

— Palabre : Etranger dans Babylone, marche sur Washington. Le soldat en Afrique indépendante. Société Africaine de Culture. Conférence de Bamako. Colloque de Bergneustadt sur l'Afrique.
(**48**, 1963, p. 210-229)

— Palabre : Le voyage aux Antilles. Nations « riches » et pays « pauvres ». Les élections au Bantoustan. Les techniques audiovisuelles et l'Afrique. Le peintre Tiberio. Où il est question de Négritude, mythe et science. Deux perspectives de recherche en Afrique indépendante.
(**50**, 1964, p. 237-257)

— Palabre : Conséquences de la grève générale nigérienne. Le culte de la doctrine. Lumumba, deux fois assassiné. Le « dollar africaniste et scientifique ». Les répétitions du *Roi Christophe*.
(**51**, 1964, p. 170-177)

— Palabre : « Zulu » — L'Afrique et les Jeux Olympiques — Des nègres au ciel … ou le sens d'une canonisation — L'affreux et le Transhumant — À propos de la lutte des classes en Afrique Noire — L'Unité Africaine commence à l'école — Les crimes politiques en Afrique et la clairvoyance des masses.
(**53**, 1965, p. 235-254)

— Palabre : Danse et musique au Sénégal. Sociologie de la nouvelle Afrique. Les indigénistes et la culture. Paul VI et l'église au Congo. Conditions à un haut commandement africain. Classiques africains. Quand les Dieux parlent à *France-Soir*.
(**54**, 1965, p. 240-264)

— Palabre : Les « Congologues » – Gouvernement armé – Lettre ouverte ou Premier Festival Mondial des Arts Nègres – Note sur Shango, dieu Yoruba – La psychologie des élites africaines face au monde moderne – Erpétologie
(**58**, 1966, p. 215-234)

— Palabre : Caractère humain de la Francophonie — La Francophonie — La francophonie au Sénégal — Quelques aspects de la Francophonie — Verwœrd est-il bien mort ? — Réflexions sur la huitième coupe du monde de football
(**60**, 1966, p. 183-193)

— Palabre : La guerre Israélo-Arabe — La Chine populaire et le « club » atomique — La Francophonie : Mythe ou réalité ? — The Lessons of the Crisis — Esprit de Glassboro
(**63**, 1967, p. 236-248)

— Palabres : Les négriers de la matière grise. Le pardon. Education and national development in Liberia 1800-1900. Réflexions autour du Congrès culturel de la Havane.
(**65**, 1968, p. 156-165)

— Palabres : Black Nationalist Cultural Organisation — Une Autocritique sévère — Sport, Politique et Apartheid — Un mois de mai pas comme les autres
(**66**, 1968, p. 197-206)

— Table ronde sur les langues africaines
(**67**, 1968, p. 50-123)

— « Swinging London » Palabre : « Swinging London » — Flagrant
délit — To Whomsoever It May Concern — Vitalité du "pidgin"
— « J'embrasse mon rival, c'est pour mieux l'étouffer »
(**68**, 1968, p. 197-209)

— Table ronde : « Elite et Peuple dans l'Afrique d'aujourd'hui »
(**73**, 1970, p. 39-108)

— Palabres : Réponse à W.A. Lima, à propos de la pièce « Eïa Man-
Maille là ! » — J. and J. Tharaud and the Problem of Afro-Western
Relations — À propos de deux livres sur le Kenya
(**75**, 1970, p. 173-183)

— Pré-colloque sur « Civilisation noire et Éducation »
(**87**, 1973, p. 5-142)

KALANDA, Auguste
Quelques réflexions à propos de la déclaration gouvernementale
sur le Congo
(**26**, 1959, p. 102-113)

KALDOR, Pierre
Messages au 1er Congrès des Écrivains et Artistes Noirs
(**8-9-10**, 1956, p. 392)

KALEM, Ahmed
Quelqu'un nommé Si Mohand
(**78**, 1971, p. 176)

KALIBWAMI, Justin
Kasala : Chant héroïque luba par C. Faik-Nzuji Madiya
(**96**, 1975, p. III-V)

— Redéfinir les rapports entre le catholicisme africain et l'autorité
du pape de Rome
(**172**, 2005, p. 107-116)

KALIBWAMI, Justin et al.
Palabre : La guerre Israélo-Arabe — La Chine populaire et le
« club » atomique — La Francophonie : Mythe ou réalité ? — The
Lessons of the Crisis — Esprit de Glassboro
(**63**, 1967, p. 236-248)

KAMPERVEA, A. et A. SECK
Rapport et Recommandations
(**117-118**, 1981, p. 399-401)
— Report and Recommendations
(**117-118**, 1981, p. 402-404)

KANDÉ, Sylvie
La Raparille par Fadel Dia
(**179-180**, 2009, p. 261-269)

KANDJI, Saliou
L'excision : De la circoncision négro-pharaonique à la clitoridectomie sémito-orientale : Des sources traditionnelles islamiques
(**160**, 1999, p. 42-54)

KANDJIMBO, Luis
Agostinho Neto (1940-1960). L'itinéraire de l'identité individuelle d'un poète de la génération littéraire de 1940
(**184**, 2011, p. 101-120)

KANE et Ousman Iocé DIOP
Interventions des délégués africains à la XVIᵉ session [L'Angola et l'ONU] : Sénégal (intervention de M. Ousman Iocé DIOP)
(**42**, 1962, p. 160-163)

KANE et al.
Débat [I. Impacts / 3. Le Congrès de 1956 et son impact sur les politiques culturelles de l'éducation]
(**175-176-177**, 2007-2008, p. 210-224)

KANE, Abdou Salam
Chronique du jazz : Miles Davis ou Newport à Paris
(**80**, 1971, p. 156-158)

KANE, Amadou Elimane
Un cinéma africain original : Djibril Diop-Mambety
(**170**, 2004, p. 109-112)

KANE, Cheikh Hamidou
Économie et Culture africaine, rapports entre tradition et modernité
(**179-180**, 2009, p. 23-28)

KANZA, Valérie

Alioune Diop et Thomas Kanza, Présence Africaine, un réseau de solidarité dans le processus de la décolonisation du Congo Belge (**175-176-177**, 2007-2008, p. 79-84)

KANZA, Valérie et al.

Débat [I. Impacts / 2. Le Congrès de 1956 et son impact sur l'évolution politique : Décolonisation et démocratie] (**175-176-177**, 2007-2008, p. 102-113)

KARANGIRA, Alexis

Le français dans la politique linguistique du Zaïre (**159**, 1999, p. 113-134)

KAREFA-SMART, Peter

Bamboo Pan Roof (**101-102**, 1977, p. 170-173)

KAREGEYE, Jean-Pierre

L'individu social et les promesses du « nous » (**192**, 2015, p. 139-157)

KARIUKI, Joseph

Come Away, My Love (**57**, 1966, p. 341)

KARL-AUGUST, Emmanuel

Serpos Abdou Tidjani : L'homme et l'œuvre (**129**, 1984, p. 140-157)

KASA-VUBU, J. et Milton MARGAI

Quelques témoignages (**50**, 1964, p. 76-78)

KASA-VUBU, J. et al.

Lettre du Congo belge (au ministre des colonies) (**20**, 1958, p. 138-139)

KASHAMURA, Anicet

Les carnets secrets de la décolonisation, tom. II par Georges Chaffard (**65**, 1968, p. 175-177)

KASHAMURA, Anicet et al.

Table ronde sur « Le Swahili comme langue de Culture, d'Ensei-gnement et Grand Véhiculaire inter-africain »

KATOKE, Israel

Opening Address by Dr. Israel Katoke : Representative of The Secretary-General of Unesco
(**127-128**, 1983, p. 9-11)

KAUNDA, Dr Kenneth

International Literacy Day
(**69**, 1969, p. 3-10)

KAVWAHIREHI, Kasereka M.

« Reprendre » ou des (en)jeux d'une conscience historique et politique
(**157**, 1998, p. 121-140)

— Pour une poétique de l'écart : Notes sur le style philosophique de V.Y. Mudimbé
(**159**, 1999, p. 157-173)

— Tous les philosophes africains ont-ils un style illusionniste ? : À propos de J.G. Bidima et de F. Eboussi Boulaga
(**161-162**, 2000, p. 281-298)

— À propos de la dynamique existentielle dans *Le bel immonde* de V.Y. Mudimbe
(**178**, 2008, p. 177-189)

— La mémoire, l'histoire et l'oubli dans Dossier classé d'Henri Lopes
(**190**, 2014, p. 71-89)

KAWATA, Ashem Tem

Le bel immonde par Y.V. Mudimbé
(**107**, 1978, p. 250-252)

KAYE, Jacqueline

Claude McKay's *Banjo*
(**73**, 1970, p. 165-169)

KAYO, Patrice

La guerre
(**45**, 1963, p. 158-159)

— Chant de l'initié
(**57**, 1966, p. 21)

— Une gerbe
(**57**, 1966, p. 22)

— Moi, le paysan
(**57**, 1966, p. 22-23)

— *Alain Locke and philosophy: A quest for cultural pluralism* par Johnny Washington
(**146**, 1988, p. 268-272)

— *Development Theory in Transition* par Magnus Blomstrom, Bjorn Hettne
(**147**, 1988, p. 107-112)

— *Why Race Matters: Race Differences and What They Mean* par Michael Levin
(**163-164**, 2001, p. 227-235)

KEITA, Madeira

Le parti unique en Afrique
(**30**, 1960, p. 3-24)

— Le parti unique en Afrique [réinsertion]
(**185-186**, 2012, p. 169-193)

KEITA, Thérèse

Patrice Lumumba, le Sankuru et l'Afrique (essai) par Manya K'Omalowete A Djonga, Jean Ziegler
(**135**, 1985, p. 140-141)

— *Classes sociales et idéologies en Afrique Centrale* par J.R. Kitsissut-Boma
(**135**, 1985, p. 142-143)

KELMAN, Gaston

Pour en finir avec l'alibi racial
(**175-176-177**, 2007-2008, p. 324)

KENADID, Yassin Osman

Le monde libre
(**38**, 1961, p. 98-106)

KENDRICK, Gerald D.

Les relations de l'alimentation avec la médecine et la pharmacopée traditionnelles en Afrique Noire
(**113**, 1980, p. 96-121)

— *The Autobiography of Leroi Jones* par Amiri Baraka
(**132**, 1984, p. 145-146)

KENNEDY, James H.

José Carlos Schwartz: Bard of Popular Mobilization in Guinea-Bissau

KGOSAMA, Philip A. et al.

— Palabre : Évènements au Ghana. Sport et tribalisme. Racisme au Mississipi. Congo ou le jeu de massacre. Le différend Congo-Gabon. Un peintre éthiopien. Elections en Rhodésie du Nord. Afrique du Sud.

(**44**, 1962, p. 215-232)

KHAIR-EDDINE, Mohammed

Scandale

(**58**, 1966, p. 128-130)

KHALDI, A. et al.

Palabre : « Zulu » — L'Afrique et les Jeux Olympiques — Des nègres au ciel… ou le sens d'une canonisation — L'affreux et le Transhumant — À propos de la lutte des classes en Afrique Noire — L'Unité Africaine commence à l'école — Les crimes politiques en Afrique et la clairvoyance des masses.

(**53**, 1965, p. 235-254)

— Palabre : Danse et musique au Sénégal. Sociologie de la nouvelle Afrique. Les indigénistes et la culture. Paul VI et l'église au Congo. Conditions à un haut commandement africain. Classiques africains. Quand les Dieux parlent à *France-Soir*.

(**54**, 1965, p. 240-264)

KHALI, Basile

Negroes'Music

(**3**, 1955, p. 46-47)

— Negroes' Music

(**57**, 1966, p. 81-82)

KHALY, Néné

Les conséquences économiques et sociales de la loi-cadre

(**18-19**, 1958, p. 82-89)

— La voie conquérante

(**20**, 1958, p. 64-65)

KHALY, Sambe

Rites, mythes et symboles dans la lutte traditionnelle sénégalaise. Approche socio-anthropologique

(**183**, 2011, p. 149-163)

KINYONGO, J.
Essai sur la fondation épistémologique d'une philosophie herméneutique en Afrique : Le cas de la discursivité
(**109**, 1979, p. 11-28)

KIPRÉ, Pierre
L'historiographie de la formation de l'État contemporain en Afrique Noire : Du devoir de mémoire à la construction de l'avenir
(**173**, 2006, p. 145-160)

KIPRÉ, P. et al.
La solidarité du monde noir et les conditions de son expression
(**117-118**, 1981, p. 57-105)

KISHWE, Maya
Rythmes
(**104**, 1977, p. 94-95)

KISUKIDI, Nadia Yala
Décoloniser la philosophie. Ou de la philosophie comme objet anthropologique
(**192**, 2015, p. 83-98)

KIYA-HINIDZA, Richard
African Realism
(**79**, 1971, p. 70-72)

KIYINDOU, Alain
Discours de clôture [Séminaire sur « le rôle du cinéaste africain dans l'éveil d'une conscience de civilisation noire »]
(**90**, 1974, p. 197-198)
— Technologies de l'information et de la communication et expression culturelle africaine
(**179-180**, 2009, p. 41-55)

KI-ZERBO (Madame)
Discours de clôture [Séminaire sur « le rôle du cinéaste africain dans l'éveil d'une conscience de civilisation noire »]
(**90**, 1974, p. 197-198)

KI-ZERBO, Jacqueline
Un héritage à préserver
(**173**, 2006, p. 47-49)

(**145**, 1988, p. 71-85)

— L'idée de monde noir : De W.E.B Du Bois à la mondialisation
(**181-182**, 2010, p. 197-214)

KI-ZERBO, Lazare et al.

Débat [I. Impacts / 3. Le Congrès de 1956 et son impact sur les politiques culturelles de l'éducation]
(**175-176-177**, 2007-2008, p. 210-224)

— Débat [III. Perspectives / 3. Diaspora africaine et nouvelles solidarités]
(**175-176-177**, 2007-2008, p. 686-697)

KLÜPPELHOLZ, Heinz

L'image du transfuge religieux dans *Le dernier gardien de l'arbre* de Jean-Roger Essomba
(**163-164**, 2001, p. 168-181)

KNAPPERT, Jan

Le swahili, langue de culture
(**50**, 1964, p. 178-182)

KNAPPAERT, Jan et al.

Palabre : La marche sur Montgomery. Les langues africaines dans l'Afrique moderne. Harlem story. La musique au Nigeria.
(**55**, 1965, p. 189-203)

KODJO, Edem

Afrique horizon 2000 : Perspectives nouvelles pour l'unité africaine
(**127-128**, 1983, p. 289-297)

KODJO, Paule

Le nom et l'être dans *L'homme aux sept noms et des poussières* de Xavier Orville
(**123**, 1982, p. 207-214)

KŒNIG, Jean-Paul

Introduction à l'ouvrage *Le théâtre de Jacques Rabemananjara*
(**148**, 1988, p. 99-103)

KOFFI, Atta

Télévision et colonisation culturelle en Afrique Noire
(**88**, 1973, p. 98-112)

KOMBA, Tamba
Apartheid
(**132**, 1984, p. 78)
— Famine
(**132**, 1984, p. 79)
— Robin
(**132**, 1984, p. 80)
— Refugees
(**132**, 1984, p. 81)
— The Threat of War
(**132**, 1984, p. 82)

KONARÉ, Adame Ba
L'histoire africaine aujourd'hui
(**173**, 2006, p. 27-36)

KONATÉ, Doulaye
Traditions orales et écriture de l'histoire africaine : Sur les traces
des pionniers
(**173**, 2006, p. 91-106)

KONATÉ, Ibrahima et TOURÉ Jeanne
Déclaration commune
(**20**, 1958, p. 143)

KONÉ et al.
Débat [I. Impacts / 3. Le Congrès de 1956 et son impact sur les
politiques culturelles de l'éducation]
(**175-176-177**, 2007-2008, p. 210-224)

KONÉ, Mamadou et al.
Activité physique et diabète en Commune IV du District de
Bamako
(**183**, 2011, p. 37-47)

KOR, Buma
Asikoli (A poem written to be read aloud)
(**79**, 1971, p. 65-66)

KOTCHY, Barthélémy Nguessan
Retour aux sources dans la littérature négro-africaine
(**76**, 1970, p. 143-165)

KRÉA, Henri

Préface au panorama de la nouvelle littérature maghrébine (la génération de 1954)
(**34-35**, 1960-1961, p. 168-182)
— Hommages à Jean Amrouche
(**46**, 1963, p. 190-192)
— Abdallah Benanteur, peintre maghrébin, artiste de l'universel
(**56**, 1965, p. 150-151)

KRÉA, Henri et al.

Messages au 1ᵉʳ Congrès des Écrivains et Artistes Noirs : Message des écrivains algériens au congrès des écrivains noirs
(**8-9-10**, 1956, p. 380-381)

KROS, Peter

« A Certain Foreign Cult Called Christianity » : Do We Need It?
(**96**, 1975, p. 496-503)

KUM'A NDUMBE, Alexandre III

Alioune Diop est mort, et maintenant ?
(**125**, 1983, p. 351-355)

KUMAH, C.Y.

Akwambo (Path-Clearing Festival)
(**133-134**, 1985, p. 153-154)
— A Beggar on a Throne of Gold
(**133-134**, 1985, p. 155-156)

KUNDA, Tony

For James Baldwin
(**145**, 1988, p. 193-194)
— Bibliography
(**145**, 1988, p. 195)

KUNDE, Klara

Il est mort le poète
(**157**, 1998, p. 204-205)

KUNENE, Mazisi

To be proud
(**57**, 1966, p. 315)

— The echoes
(**57**, 1966, p. 315-316)
— Farewell
(**57**, 1966, p. 316)
— As long as I live
(57, 1966, p. 317)

KUNENE, Mazisi et VALET Thiréy
Patience and Wisdom (For Lamakhosi)
(**140**, 1986, p. 99)
— Patience et sagesse (Pour Lamakhosi)
(**140**, 1986, p. 100)
— In Praise of the Ancestors
(**140**, 1986, p. 101)
— À la gloire des ancêtres
(**140**, 1986, p. 102)
— A Heritage of Liberation
(**140**, 1986, p. 103)
— Héritage de libération
(**140**, 1986, p. 104)

KWAMENA-POH, Michael A.
The Traditional Informal System of Education in Pre-colonial Ghana
(**95**, 1975, p. 269-283)

KWESHI, Abbé O. Bimwenyi
Témoignage
(**125**, 1983, p. 363-364)

KYARUZI
Interventions des délégués africains à la XVIe session [L'Angola et l'ONU] : République du Tanganiyka (intervention de M. Kyaruzi)
(**42**, 1962, p. 171-176)

LA GUMA, Alex
The Condition of Culture in South Africa
(**80**, 1971, p. 113-122)

LA PIRA, Giorgio
Message au 2e Congrès des Écrivains et Artistes Noirs
(**24-25**, 1959, p. 30)

LA ROSE, Antony
The will
(**57**, 1966, p. 416)
— Carupano - 1962
(**57**, 1966, p. 416-417)
— This Love We Bear...
(**57**, 1966, p. 417-418)
— So speaks
(**57**, 1966, p. 418)
— On the Site
(**57**, 1966, p. 418-419)
— Not from Here
(**57**, 1966, p. 420)
— Unsaid
(**57**, 1966, p. 421)
— The Uprooted
(**57**, 1966, p. 422)

LABOURET, Henri
L'apport de l'Afrique à la civilisation planétaire
(**8-9**, 1950, p. 403-408)
— Sur la main-d'œuvre autochtone
(**13**, 1952, p. 124-136)

LACHERAF, Mostefa
Maroc : D'une « révolution » sur commande, à une révolution
populaire
(**5**, 1955, p. 105-108)
— L'Algérie devant sa liberté
(**6**, 1956, p. 147-157)
— *L'Algérie hors la loi* par Colette Jeanson, Francis Jeanson
(**7**, 1956, p. 146-149)
— Le préalable du terrain culturel et socio-économique et les exigences de la production artistique et économique
(**80**, 1971, p. 3-32)

LACOUTURE, Jean
Hommages à Jean Amrouche
(**46**, 1963, p. 196)

LACOUTURE, Jean et al.
Hommages à Frantz Fanon
(**40**, 1962, p. 118-141)

LACROIX, P.F.
Connaissance et Méconnaissance des langues africaines
(**51**, 1964, p. 87-96)

LADIPO, Duro
Oba Waja (« The King is Dead », a Yoruba tragedy)
(**62**, 1967, p. 146-167)

LADITAN, O. A.
La « prostitution » comme thème de révolte dans la littérature
contemporaine en Afrique Noire
(**163-164**, 2001, p. 199-207)

LAFONTAINE, Marie-Céline
Musique et société aux Antilles : « Balakadri » ou Le bal de qua-
drille au commandement de la Guadeloupe : Un sens, une esthétique, une mémoire
(**121-122**, 1982, p. 72-108)
— Pourquoi
(**121-122**, 1982, p. 211)

LAFORGUE, Pierre
« À l'Afrique » d'Aimé Césaire : Un poème dans l'histoire (variations génétiques)
(**184**, 2011, p. 221-243)

LAGNEAU, Lilyan (voir KESTELOOT, Lilyan)

LAGRAVE, R. et al.
Palabre : « Zulu » — L'Afrique et les Jeux Olympiques — Des
nègres au ciel … ou le sens d'une canonisation — L'affreux et le
Transhumant — À propos de la lutte des classes en Afrique Noire
— L'Unité Africaine commence à l'école — Les crimes politiques
en Afrique et la clairvoyance des masses.
(**53**, 1965, p. 235-254)

LAHBABI, Mohamed Aziz
Propos sur la civilisation et les cultures
(**16**, 1957, p. 94-111)

— Propos sur la civilisation et les cultures
(**17**, 1957, p. 9-30)

LAJRI, Nadra

Le retour chez soi, le retour sur soi ou le temps suspendu
(**190**, 2014, p. 245-256)

LAKE, Edgar O.

To Ghana
(**160**, 1999, p. 173-174)

LAKOUE et al.

Table ronde sur "l'éducation en Afrique"
(**64**, 1967, p. 59-96)

LALEYE, Barnabé

— Le Trou
(**116**, 1980, p. 105-106)
— Réponse
(**116**, 1980, p. 107)
— Alabama
(**116**, 1980, p. 108)
— Avant que nos voix ne s'éteignent
(**132**, 1984, p. 83)
— Flamme
(**132**, 1984, p. 84)

LALEYE, Issiaka-Prosper

Le mythe : Création ou recréation du monde ? : Contribution à
l'élucidation de la problématique de la philosophie en Afrique
(**99-100**, 1976, p. 41-59)
— La philosophie, l'Afrique et les philosophes africains : Triple
malentendu ou possibilité d'une collaboration féconde ?
(**123**, 1982, p. 42-62)
— Pertinence et bref aperçu des modalités d'une enquête systéma-
tique sur la pensée africaine : En guise d'hommage à Alioune Diop
(**181-182**, 2010, p. 299-314)

LAM, Aboubacry Moussa

Égypte ancienne et Afrique Noire chez Cheikh Anta Diop
(**149-150**, 1989, p. 203-213)

LAPOUSSINIÈRE, Christian
À propos de « Tracées » de René Ménil
(**121-122**, 1982, p. 431-435)
— Aimé Césaire et les liens intergénérationnels
(**189**, 2014, p. 345-352)

LAPPE, Nicolas Pasteur
Sur le Golgotha
(**112**, 1979, p. 110)
— Héros
(**112**, 1979, p. 111)
— H... Comme
(**112**, 1979, p. 112)
— Moi, l'homme
(**114**, 1980, p. 114)
— Shaba
(**114**, 1980, p. 115-116)
— Ma contradiction
(**114**, 1980, p. 117)

LARA, Oruno D.
Les racines de l'historiographie afro-américaine
(**89**, 1974, p. 40-58)
— Traite négrière et résistance africaine
(**94**, 1975, p. 140-170)
— Esclavage et révoltes négro-africaines dans l'Empire musulman
du Haut Moyen Age
(**98**, 1976, p. 50-103)
— *Heremakhonon,* (Coll. 10/18) par Maryse Condé
(**98**, 1976, p. 252-256)
— *Le flamboyant à fleurs bleues* par Jean-Louis Baghio'O
(**98**, 1976, p. 257-261)
— *Les esclaves aux Antilles françaises (XVIIᵉ-XVIIIᵉ siècles)* par Gabriel
Debien
(**101-102**, 1977, p. 286-291)
— *African studies since 1945 — A tribute to Basil Davidson* par
Christopher Fyfe
(**101-102**, 1977, p. 292-293)

— *Esquisses martiniquaises : Annuaire international des français d'outre-mer* (1ʳᵉ édition 1924, 2ᵉ édit. 1977.) par Lafcadio Hearn; *Contes de tropiques : Annuaire international des Français d'Outre-Mer, 1976,* (1ʳᵉ édit. 1927) par Lafcadio Hearn ; *Trois fois bel conte* (Éditions de l'Annuaire 1978) (1ʳᵉ édit. 1932) par Lafcadio Hearn
(**114**, 1980, p. 211-212)

— *Le corps noir, [essai]* par Jean-Claude Charles
(**116**, 1980, p. 236-238)

— Along the Road to Basse-Terre
(**121-122**, 1982, p. 212-214)

— *La rive noire : De Harlem à la Seine* par Michel Fabre
(**137-138**, 1986, p. 262-264)

— La Conférence Panafricaine de Londres. Un centenaire à commémorer, 1900-2000
(**163-164**, 2001, p. 103-120)

— L'influence de la Révolution haïtienne dans son environnement Caraïbe
(**169**, 2004, p. 89-103)

LARCIER, Henri

La côte française des Somalis (Série Outre-Mer CXXI)
(**38**, 1961, p. 243-246)

— Présentation de l'Union des Populations de l'Angola (UPA.)
(**42**, 1962, p. 40-46)

LARCIER, Henri et al.

Palabre : Les élections au Ruanda Burundi. Irrédentisme Somalie. Le Congo au conseil de sécurité. L. S. Senghor à la Sorbonne. Tanganyika indépendant. L'imbroglio katangais. AJ. Lutuli, Prix Nobel de la Paix.
(**39**, 1961, p. 202-229)

— Palabre : Le Nigeria vers le morcellement. La conférence constitutionnelle sur le Kenya. Dures réalités. Le fossé. Elections en Uganda.
(**41**, 1962, p. 164-175)

— Palabre : Événements au Ghana. Sport et tribalisme. Racisme au Mississipi. Congo ou le jeu de massacre. Le différend Congo-

Gabon. Un peintre éthiopien. Elections en Rhodésie du Nord. Afrique du Sud.
(**44**, 1962, p. 215-232)

— Palabre : Pour qui sonne le glas en Afrique Centrale ? Un Africain sur les rives de la Tamise. Angola toujours portugaise. Journée d'études africaine à Paris. Le cas de Mgr Pinto de Andrade. Le Katanga, le Congo et l'ONU.
(**45**, 1963, p. 217-232)

LARGIE, Sanbey Ab
La route du soleil
(**6**, 1949, p. 78)

— Je parlerai
(**7**, 1949, p. 304)

LAROCHE, Maximilien
La bataille de Vertières et le *Cahier d'un retour au pays natal* : Westerns du Tiers-Monde
(**151-152**, 1995, p. 180-196)

LARRIER, Renée
Hommage, Image, Imaginaire : Constructions of Haiti by Nineteenth-Century African Americans
(**169**, 2004, p. 211-220)

LASCANY et al.
Débat [I. Impacts / 2. Le Congrès de 1956 et son impact sur l'évolution politique : Décolonisation et démocratie]
(**175-176-177**, 2007-2008, p. 102-113)
Débat [II. Nouveaux enjeux / 5. Dynamiques des cultures et des religions]
(**175-176-177**, 2007-2008, p. 445-457)

LASEBIKAN, E. L.
The tonal structure of Yoruba poetry,
(**8-9-10**, 1956, p. 43-50)

LATAILLADE, Jean
Couleurs amères
(**121-122**, 1982, p. 322-326)

LATORTUE, Régine A.

En quête d'une image indigéniste : Les romancières noires américaines

(**158**, 1998, p. 80-85)

LAUDE, André (A. L.)

La poésie est dans l'histoire par Pierre Bamboté

(**34-35**, 1960-1961, p. 232-234)

— *Cram-cram du Niger* par Pierre Béarn

(**34-35**, 1960-1961, p. 234-235)

— *Jean-Joseph Rabearivelo et la mort* par Robert Boudry

(**36**, 1961, p. 169-170)

— *Les africanistes russes parlent de l'Afrique,* (cahier collectif)

(**36**, 1961, p. 171-172)

— *L'Algérie : Passé et présent* par Y. Lacoste, A. Nouschi, A. Prenant

(**37**, 1961, p. 230-232)

— *Les noirs sauveront les blancs* par William Jackson

(**37**, 1961, p. 235-237)

— *Le Mulâtre* par Aluizio Azevedo

(**40**, 1962, p. 175-176)

— *Ecoute soleil-dieu* par Marie-Magdeleine Carbet

(**40**, 1962, p. 176-177)

— *Changements sociaux en Côte d'Ivoire* par B. Holas

(**40**, 1962, p. 177-178)

— *Les trois « grands » de la Négritude* par René Piquion

(**53**, 1965, p. 278-279)

— *Journal de marche* par Abdelhamid Benzine

(**54**, 1965, p. 274-275)

— *Langston Hughes* par François Dodat, Pierre Seghers

(**54**, 1965, p. 275-277)

LAUDE, André (propos recueillis par André LAUDE)

Entretien avec Claude Bernard-Aubert, Réalisateur de *Les lâches vivent d'espoir*

(**36**, 1961, p. 134-136)

LAUDE, André et al.

Palabre : Assemblée générale des Nations-Unies. Afrique du Sud et Commonwealth. Le Congo sans Lumumba. Les élections

générales au Nyassaland. Angola, An I de la Révolution. Maghreb : Feu rouge ? Feu vert ?
(**36**, 1961, p. 137-159)

LAUDE, Jean
Messages au 2ᵉ Congrès des Écrivains et Artistes Noirs
(**24-25**, 1959, p. 363-366)

LAUFFER, Pierre
Bestaat er iets heerlijkers?
(**57**, 1966, p. 556)

LAUGIER, H.
Messages au 2ᵉ Congrès des Écrivains et Artistes Noirs
(**24-25**, 1959, p. 368-369)

LAURENT, Bilgho et al.
Table ronde sur "l'éducation en Afrique"
(**64**, 1967, p. 59-96)

LAUTURE, Denizé
When My Brothers Come Home : Poems from Central and Southern Africa par Frank Mkalawile Chipasula
(**139**, 1986, p. 200-201)

LAUTURE, Denizé et Thiréy VALET
The Word
(**140**, 1986, p. 97)
— The Children's Bones
(**140**, 1986, p. 98)

LAVACHERY, Henri
L'art des noirs d'Afrique et son destin
(**10-11**, 1951, p. 38-57)

LAVELLE, Louis et al.
Témoignages sur la *Philosophie bantoue* du père Tempels
(**7**, 1949, p. 252-278)

LAWAL, Babatunde
The Artist as a Creative Force in Education and Society
(**86**, 1973, p. 173-177)

LAWSON-BODY, Babatoundé

Pour une autre alternative que celle néo-Tiers-Mondiste du discours politico-économique dominant

(**130**, 1984, p. 3-40)

LAYE, Camara

Les yeux de la statue

(**13**, 1957, p. 102-110)

— Et demain ?

(**14-15**, 1957, p. 290-295)

LE BRETON, Alain

Fragments de la « phrase ensemble »

(**4**, 1948, p. 607-616)

LE CŒUR, Mme Cm.

Autour de l'enfant

(**8-9**, 1950, p. 249-260)

LE CORNEUR, Olivier

Art — livres sur l'art

(**6**, 1949, p. 170-172)

— Livres sur l'art

(**6**, 1949, p. 173-174)

LE GALLOU, Claude

Itinéraires d'enfances dans le cinéma africain de *Badou boy* à *Source d'histoire*

(**170**, 2004, p. 175-188)

LE LOUET, Jean

L'ère de l'opulence, (Collection Liberté de l'Esprit) par J.K. Galbraith

(**37**, 1961, p. 226)

Cultures matérielles de la Côte d'ivoire par B. Holas

(**37**, 1961, p. 227)

LE NAOUR, Jeanick, DAVANTURE Andrée et BALOGUN Françoise

Les films africains : Un patrimoine en danger

(**170**, 2004, p. 121-126)

LEROY, Martine et Françoise BALOGUN
L'Association des Trois Mondes et la mémoire du cinéma africain
(**170**, 2004, p. 117-120)

LES GRIOTS
Les griots
(**17**, 1957, p. 164)
— Appel aux écrivains noirs et malgaches
(**17**, 1957, p. 164-165)

LESLIE, Omalara
Nigeria, Alienation and the Novels of Achebe
(**84**, 1972, p. 99-108)

LESPINAS, Pierre-Henri
Le FLN et l'Algérie par Charles-Henri Favrod
(**45**, 1963, p. 233-234)
— *Les pays sous-développés*, collection « que sais-je ? » par Yves Lacoste
(**45**, 1963, p. 234-235)

LESUEUR, Boris
L'Ancrage de *Batouala* dans l'Oubangui colonial : Témoignage
ou construction d'un archétype de la colonisation ?
(**187-188**, 2013, p. 95-120)

LETNEV, Artem
Alioune Diop, précurseur de la culture de la paix
(**161-162**, 2000, p. 15-19)

LÉVI-STRAUSS, Claude
Messages au 1ᵉʳ Congrès des Écrivains et Artistes Noirs
(**8-9-10**, 1956, p. 385-387)

LEWIS, Melvin E.
Difficult
(**148**, 1988, p. 108)
— Death Is Easier Than Life: (For Clifton)
(**148**, 1988, p. 109-110)

LÈYE, Serigne Mamadou Bousso
Discours de clôture [Colloque international Alioune Diop,
l'homme et l'œuvre face aux défis contemporains]
(**181-182**, 2010, p. 437-439)

— *Les grenouilles du mont Kimbo* par Paul Niger
(**50**, 1964, p. 275)
— *Beautiful Feathers* par Cyprian Ekwensi
(**51**, 1964, p. 181-182)
— *The Black Jews of Harlem* par Howard Brotz
(**51**, 1964, p. 182-183)
— *Le débrouillard,* collection l'air du temps par N.G.M. Faye
(**51**, 1964, p. 183-184)
— *Mandingo* par Kyle Onstott
(**52**, 1964, p. 231-233)
— *Une maison pour M. Biswas,* collection « du monde entier » par
V. S. Naipaul
(**52**, 1964, p. 233-235)
— *Sex and Racism in America* par Calvin C. Herton
(**53**, 1965, p. 270-272)
— *Modern African prose,* Heinemann educational books, African
writers series par Richard Rive
(**53**, 1965, p. 272-273)
— *Sociologie de la nouvelle Afrique,* « idées » NRF par Jean Ziegler
(**53**, 1965, p. 274-276)
— *Origin East Africa. A Makerere Anthology* par David Cook
(**55**, 1965, p. 224-226)
— *Cauchemar antillais* par Eve Dessare
(**55**, 1965, p. 226-229)
— *La traversée* par Alain Albert
(**55**, 1965, p. 229-231)
— *Modern African Stories* par Ellis Ayitey Komey et Ezekiel Mphahlele
(**56**, 1965, p. 143-149)
— *Quartet, new voices from south Africa,* African writers series par
Richard Rive
(**56**, 1965, p. 163-165)
— *La révolution noire* par Thomas Merton
(**56**, 1965, p. 165-166)
— *Les deux versants de l'histoire, 1'autopsie de la colonisation* par
Guy de Bosschère
(**61**, 1967, p. 244-246)

— *Les masses africaines et l'actuelle condition humaine* par Abdoulaye Ly
(**32-33**, 1960, p. 199)

— *Contribution à l'étude des problèmes politiques en Afrique Noire* par Majhemout Diop
(**32-33**, 1960, p. 200)

— *Ghana, autobiographie de K. N.* par Kwame Nkrumah
(**32-33**, 1960, p. 200-201)

— *La Guinée et l'émancipation africaine (l'Action Politique du Parti démocratique de Guinée) ; Guinée : Prélude à l'Indépendance* par Sékou Touré
(**32-33**, 1960, p. 201-202)

— *Congrès constitutif du P.F.A.* par L. Sedar Senghor
(**32-33**, 1960, p. 202)

— *Soundjata ou l'épopée mandingue* par Djibril Tamsir Niane
(**32-33**, 1960, p. 202-203)

— *Coups de pilon* par David Diop
(**32-33**, 1960, p. 204-205)

— *Khamsine* par William J. F. Syad. Préface de Léopold S. Senghor
(**32-33**, 1960, p. 205-206)

— *Leurres et lueurs* par Birago Diop
(**32-33**, 1960, p. 206-207)

— *Kiroa* par Moune de Rivel
(**32-33**, 1960, p. 207)

— *Le fabuleux empire du Mali* par Andrée Clair
(**32-33**, 1960, p. 207-208)

— David Diop est mort
(**32-33**, 1960, p. 216)

— Palabre : La marche sur Montgomery. Les langues africaines dans l'Afrique moderne. Harlem story. La musique au Nigeria.
(**55**, 1965, p. 189-203)

— Palabre : Caractère humain de la Francophonie — La Francophonie — La francophonie au Sénégal — Quelques aspects de la Francophonie — Verwœrd est-il bien mort ? — Réflexions sur la huitième coupe du monde de football
(**60**, 1966, p. 183-193)

— Théâtre *Des inconnus chez moi* par Lucie Cousturier, adaptation de Claude Défard, joué par la compagnie lyonnaise La Poursuite (**190**, 2014, p. 338-339)

LIVERSAGE, V. et P. NAVILLE
Les tenures tribales et leur décomposition
(**13**, 1952, p. 152-169)

LLOID, C.J.
Come Seven Come Eleven
(**84**, 1972, p. 78-79)

LOCKE, Alain
Le rôle du nègre dans la culture des Amériques
(**169**, 2004, p. 117-128)

LODS Pierre
Les peintres de Poto-Poto
(**24-25**, 1959, p. 326-330)

LOFTUS, Maria
Entretien avec René Vautier
(**170**, 2004, p. 55-59)

LOMBALÉ-BARÉ, Gilbert
La littérature congolaise et le rêve du changement
(**154**, 1996, p. 258-282)

LOMBARD, J.
Le collectivisme africain : Valeur socio-culturelle traditionnelle. Instrument de progrès économique
(**26**, 1959, p. 22-51)
— Pensée politique et démocratie dans l'Afrique noire traditionnelle
(**63**, 1967, p. 10-31)

LOMO-MYAZHIOM, Aggée Célestin
L'histoire au chevet de l'Afrique : Passé colonial, histoire trouée et mémoire brouillée
(**173**, 2006, p. 169-188)
— La force de l'imaginaire. Poétique de la relation, imaginaires et résistances : Entretien avec Patrick Chamoiseau
(**179-180**, 2009, p. 97-110)

— Désespoir
(**57**, 1966, p. 233-234)
— Amuse-toi bien
(**57**, 1966, p. 234-235)
— Je pense à toi
(**57**, 1966, p. 235-236)
— Que fais-tu campé au milieu de mon cœur...
(**57**, 1966, p. 236)

LOUM, Fatou Dame

Sport et femmes sénégalaises : Significations sociales de la pratique sportive
(**183**, 2011, p. 133-147)

LOUM, Fatou et al.

— Corpulence et attitude, perception de compétences, du comportement d'élèves sénégalais à l'égard du cours d'éducation physique et du sport en dehors de l'école
(**183**, 2011, p. 25-35)

LUBETH, Jocelyn

Note sur l'écriture et le créole
(**121-122**, 1982, p. 140-141)
— O viens me chanter la litanie de man-tine
(**121-122**, 1982, p. 215-216)

LUBIN, Maurice A.

Contribution d'Haïti à la poésie nègre du monde
(**14-15**, 1957, p. 256-280)
— Population et éducation : Haïti
(**27-28**, 1959, p. 230-236)
— Impressions de voyages (À propos du nègre au Brésil)
(**32-33**, 1960, p. 179-182)
— *Histoire de la littérature haïtienne* par Ghislain Gouraige
(**37**, 1961, p. 222-224)
— De la poésie haïtienne
(**39**, 1961, p. 182-201)
— *Coloured English* par Marcel Bernfeld
(**51**, 1964, p. 180-181)

(**175-176-177**, 2007-2008, p. 431-432)

LUKULA, Charly et al.

Débat [II. Nouveaux enjeux / 5. Dynamiques des cultures et des religions]

(**175-176-177**, 2007-2008, p. 445-457)

LUMUMBA, Patrice

Messages au 2ᵉ Congrès des Écrivains et Artistes Noirs.

(**24-25**, 1959, p. 334)

LUMUMBA, P. et al.

Lettre du Congo belge (au ministre des colonies)

(**20**, 1958, p. 138-139)

LUMWAMU, François

Contribution à la recherche des conditions pour une maîtrise de la connaissance scientifique de l'Afrique

(**117-118**, 1981, p. 313-318)

LUTULI, Albert

L'Afrique et la liberté

(**44**, 1962, p. 9-24)

— L'Afrique et la liberté [réinsertion]

(**185-186**, 2012, p. 107-120)

LUTUMBA, Milau K.

Atalaku, the People's Eye and Memory from "Ndombolo" to "Plein Na Plein" : A Critique of President L. D. Kabila's Regime in Popular Music

(**163-164**, 2001, p. 67-79)

LUXEMBOURG, Rosa

L'expropriation des terres et la pénétration capitaliste en Afrique

(**13**, 1952, p. 137-151)

LY, Abdoulaye

La formation de l'économie sucrière et le développement du marché d'esclaves africains dans les Iles françaises d'Amérique au xviiᵉ siècle

(**13**, 1957, p. 7-22)

(8-9, 1950, p. 425-436)

MABONA, Père Antoine
Philosophie africaine
(30, 1960, p. 40-59)
— Éléments de culture africaine
(41, 1962, p. 144-150)
— Vocation et présence de l'Afrique dans la vie scientifique moderne
(48, 1963, p. 206-209)

MABONA, Père Mongameli
La spiritualité africaine
(25, 1964, p. 157-161)
— Sur l'avenir des concepts religieux chez les Ngunis
(54, 1965, p. 173-180)
— The Sea
(56, 1965, p. 98)
— The Sea
(57, 1966, p. 318)
— Chrysalis
(76, 1970, p. 166-167)
— Gazer-At-The-Dawn
(76, 1970, p. 167-168)
— The Answer
(76, 1970, p. 168)
— Dead Freedom-Fighter
(76, 1970, p. 169)
— Contestation
(76, 1970, p. 169-170)
— Prayer
(76, 1970, p. 170-171)
— Futility
(76, 1970, p. 171-172)
— « Présence Africaine » and South African freedom
(153, 1996, p. 53-64)
— « Présence Africaine » et la liberté en Afrique du Sud
(153, 1996, p. 65-76)
— « Présence Africaine » in Transkei, 1964
(153, 1996, p. 77-79)

MACPHERSON, Allen Roy
Reality Is a Dream
(**109**, 1979, p. 75)

MADDY, Pat Abisodou
African Humanism: Scandinavian Culture
(**65**, 1968, p. 116-121)

MADU, Oliver V. A.
Problems of Urbanization in Central Africa
(**86**, 1973, p. 20-37)

MADUAKOR, Obi
Autobiography as Literature: The Case of Wole Soyinka's
Childhood Memories, *Ake*
(**137-138**, 1986, pp. 227-240)

MADUBUIKE, Ihechukwu
Dibia
(**82**, 1972, p. 63)
— Chinua Achebe: His Ideas on African Literature
(**93**, 1975, p. 140-152)
— Decolonization of African Names
(**98**, 1976, p. 39-49)

MADUKA, Chidi T.
The Revolutionary Hero and Strategies for Survival in Richard
Wright's *The Outsider*
(**135**, 1985, p. 56-70)

MAGLOIRE, Francis L.
Poème
(**57**, 1966, p. 231-232)

MAGNIER, Bernard
Femmes en guerre par Chinua Achebe
(**120**, 1981, p. 96-97)
— *La parenthèse de sang* et *je soussigné cardiaque* par Sony Labou Tansi
(**120**, 1981, p. 97-98)
— *La mort faite homme* par Pius Ngandu Nkashama
(**140**, 1986, p. 161-162)

MAINBERGER, Gonsalv
À la mémoire de Frantz Fanon : Mythe et réalité de l'homme noir
(**46**, 1963, p. 78-92)

MAJA-PEARCE, Adewale
Cultural Half-Castes
(**133-134**, 1985, p. 46-54)

MAJASAN, J.A.
Traditional Systems of Education in the Cultures of Nigeria
(**95**, 1975, p. 322-366)

MAKITA, Philippe
Incantation
(**111**, 1979, p. 61)
— Appel
(**111**, 1979, p. 62)
— La race des ombres
(**111**, 1979, p. 63)
— Et pourtant...
(**111**, 1979, p. 64)
— Les mains enflammées
(**111**, 1979, p. 65)

MAKOMBO BAMBOTE, Pierre (voir BAMBOTÉ, Pierre)

MAKOSO, J. et al.
Lettre du Congo belge (au ministre des colonies)
(**20**, 1958, p. 138-139)

MAKOSSO-MAKOSSO, Sylvain
Le "Mouvement religieux congolais" : De 1921 à nos jours :
Contribution à l'étude des "Formes de Résistance et Formes de
Nationalisme"
(**94**, 1975, p. 214-220)

MAKWAMBALA, A. et al.
Lettre du Congo belge (au ministre des colonies)
(**20**, 1958, p. 138-139)

MAKWARD, Edris
African Culture in the Context of a Global World
(**175-176-177**, 2007-2008, p. 630-645)

— Es necesario decir Algo
(**57**, 1966, p. 530)
— Escribire
(**57**, 1966, p. 530)
— Nacimiento
(**57**, 1966, p. 531)
— Santiago
(**57**, 1966, p. 531-532)
— Mi Gato Negro
(**57**, 1966, p. 532)

MALEBRANCHE, Sabine
Jeanne-Milot
(**146**, 1988, p. 138-139)
— Maria des bas-fonds
(**146**, 1988, p. 140)

MALELA, Buata B.
Toussaint Louverture dans la production d'Aimé Césaire
(**178**, 2008, p. 122-147)
— René Maran et la « question noire » en France : Stratégies et prises
de position dans le champ intellectuel des années vingt et trente
(**187-188**, 2013, p. 121-138)

MALFETTES, Tiphaine
Emplir l'espace et "avant temps" : L'image poétique chez Aimé
Césaire
(**189**, 2014, p. 75-85)

MALIK, Abdul et Delano DE COTEAU
Proclamation (August 1984)
(**143**, 1987, p. 156-158)

MALLET, Robert
Hommage à L.S. Senghor.
(**99-100**, 1976, p. 285-286)

MALOKO-MANA, Bafuidinsoni
Manitou
(**142**, 1987, p. 79)
— L'Afrique, ma case
(**142**, 1987, p. 80)

MALONGA, Jean
Cœur d'Aryenne
(**16**, 1954, p. 159-285)

MAMA, Touna
Commerce international et planification du développement en pays sous-développés
(**130**, 1984, p. 41-70)

MAMDANI, Mahmood
Questions arising about the African diaspora
(**175-176-177**, 2007-2008, p. 657-660)

MAMDANI, Mahmood et al.
Débat [III. Perspectives / 3. Diaspora africaine et nouvelles solidarités]
(**175-176-177**, 2007-2008, p. 686-697)

MAMONSONO, Leopold P.
Angoisses
(**124**, 1982, p. 138-142)
— La parenthèse
(**124**, 1982, p. 143)

MANDEL, Arnold
Accepter l'altérité, la faire accepter
(**5**, 1948, p. 771-774)

MANDELA, Nelson
L'État Sud-Africain contre Nelson Mandela
(**46**, 1963, p. 126-147)
— Discours de Mandela à la Cour avant le jugement
(**46**, 1963, p. 148-162)
— Speech by President Nelson Mandela on receiving an honorary doctorate from the University of la Sorbonne
(**153**, 1996, p. 43-47)
— Discours prononcé par le Président Nelson Mandela lors de la remise de son diplôme de Docteur Honoris Causa à l'Université de la Sorbonne
(**153**, 1996, p. 48-52)

MANDESSI, D.
La route véritable

(**12**, 1951, p. 181)
— Rama-kam
(**12**, 1951, p. 182)
— Les vautours
(**12**, 1951, p. 182-183)
— L'agonie des chaines
(**12**, 1951, p. 183)
— Écoutez, camarades
(**12**, 1951, p. 184)

MANDOUZE, André

La nuit coloniale de Ferhat Abbas
(**44**, 1962, p. 190-203)
— *La nuit coloniale* de Ferhat Abbas [réinsertion]
(**185-186**, 2012, p. 131-144)

MANGEON, Anthony

1943 : Alain Locke à Haïti
(**169**, 2004, p. 115-116)

MANGONÈS, Albert

L'Art plastique en Haïti : Introduction à un témoignage culturel nègre contemporain
(**8-9-10**, 1956, p. 336-338)
— Architecture et civilisation négro-africaine
(**27-28**, 1959, p. 286-290)

MANNONI, O.

Sociologie et psychanalyse par Roger Bastide.
(**10-11**, 1951, p. 211-215)
— La ségrégation scolaire aux États-Unis
(**12**, 1951, p. 228-232)
— *Pleure, ô pays bien-aimé !* par Alan Paton, Denise Van Moppès
(**12**, 1951, p. 240-243)
— *Les politiques d'expansion impérialiste* par J. Ferry, Léopold II, Fr. Crispi, J. Chamberlain, Th. Roosev
(**13**, 1952, p. 408-412)
— *Madagascar,* 1 vol. des « Cahiers Charles de Foucauld »
(**13**, 1952, p. 423)

MARCEL, Gabriel et al.
Témoignages sur la *Philosophie bantoue* du père Tempels
(**7**, 1949, p. 252-278)

MARGAI, Milton et J. KASA-VUBU
Quelques témoignages
(**50**, 1964, p. 76-78)

MARGARIDO, Alfredo
Processus de domination fondant un empire : Cas des Lundas
(**55**, 1965, p. 100-118)

MARGARIDO, Manuel
Socopé
(**57**, 1966, p. 499)
— Vos que Ocupais à Nossa Terra
(**57**, 1966, p. 499-500)

MARIANO, Gabriel
Galo Velho
(**57**, 1966, p. 449)
— Joáo Cabafume
(**57**, 1966, p. 450)
— Cantiga da Minha ilha
(**57**, 1966, p. 451-452)

MARIE-CÉLESTE, S.C. Sœur
Le mysticisme chez Cheikh Hamidou Kane
(**101-102**, 1977, p. 216-226)

MARKAKIS, John
An Interpretation of Political Tradition in Ethiopia
(**66**, 1968, p. 79-97)

MARKOV, Prof. Dr. phil. Walter
Messages au 2ᵉ Congrès des Écrivains et Artistes Noirs.
(**24-25**, 1959, p. 361-362)

MARKOVITZ, Irving L.
The Political Thought of Blaise Diagne and Lamine Gueye
(**72**, 1969, p. 21-38)

MARLIN, Luc
Semence

— *Unité culturelle de l'Afrique noire.* — *Les fondements culturels, techniques et industriels d'un futur noir* par Cheikh Anta Diop.
(**32-33**, 1960, p. 195-196)

— *De Saint-Domingue à Haïti.* — *Silhouettes de nègres et de négrophiles* par Jean Price-Mars
(**32-33**, 1960, p. 196-197)

— *Nationalisme et problèmes malgaches* par Jacques Rabemananjara
(**32-33**, 1960, p. 197-198)

— *Théorie économique et pays sous-développés* par Gunnar Myrdal
(**32-33**, 1960, p. 198)

— *Les masses africaines et l'actuelle condition humaine* par Abdoulaye Ly
(**32-33**, 1960, p. 199)

— *Contribution à l'étude des problèmes politiques en Afrique Noire* par Majhemout Diop
(**32-33**, 1960, p. 200)

— *Ghana, autobiographie de K. N.* par Kwame Nkrumah
(**32-33**, 1960, p. 200-201)

— *La Guinée et l'émancipation africaine (l'Action Politique du Parti démocratique de Guinée)* ; *Guinée : Prélude à l'Indépendance* par Sékou Touré
(**32-33**, 1960, p. 201-202)

— *Congrès constitutif du P.F.A.* par L. Sedar Senghor
(**32-33**, 1960, p. 202)

— *Soundjata ou l'épopée mandingue* par Djibril Tamsir Niane
(**32-33**, 1960, p. 202-203)

— *Coups de pilon* par David Diop
(**32-33**, 1960, p. 204-205)

— *Khamsine* par William J. F. Syad. Préface de Léopold S. Senghor
(**32-33**, 1960, p. 205-206)

— *Leurres et lueurs* par Birago Diop
(**32-33**, 1960, pp. 206-207)

— *Kiroa* par Moune de Rivel
(**32-33**, 1960, p. 207)

— *Le fabuleux empire du Mali* par Andrée Clair
(**32-33**, 1960, p. 207-208)

— Prayers
(**97**, 1976, p. 133)
— Cassandra
(**101-102**, 1977, p. 168)
— Sterling A. Brown: The Last of the Harlem Renaissance Greats
(**148**, 1988, p. 170-175)

MASPERO, François et al.
Hommages à Frantz Fanon
(**40**, 1962, p. 118-141)

MASSIGNON, Louis
Message
(**27-28**, 1959, p. 363-364)

MASSON-OURSEL, Paul
L'Afrique participante
(**1**, 1947, p. 30)

MASSON-OURSEL, Paul et al.
Témoignages sur la *Philosophie bantoue* du père Tempels
(**7**, 1949, p. 252-278)

MATEENE, Kahombo
Sur un poème Kihunde
(**55**, 1965, p. 73-82)

MATEENE, Kahombo et al.
Table ronde sur les langues africaines
(**67**, 1968, p. 50-123)

MATESO, Locha
Négritude : Traditions et développement
(**109**, 1979, p. 126-130)
— *Bibliographie des auteurs africains de langue française :* 4ᵉ édi-
tion établie (Coll. « classique du monde ») par Thérèse Baratte-
Enobelinga, Jacqueline Chauveau-Rabut, Mukala Kadima-Nzuji ;
Guide de littérature africaine par Patrick Merand, Séwanou Dabla
(**112**, 1979, p. 228-232)
— *Panorama critique de la littérature congolaise contemporaine* par
Roger Chemain, Arlette Chemain Degrange
(**114**, 1980, p. 209-210)

— Avant-propos pour un dialogue en poésie
  (**61**, 1967, p. 141-148)
— Lettre à Myriam Makeba
  (**61**, 1967, p. 177-179)
— Une voix vivante de l'Afrique du Sud : William Kgositsile
  (**62**, 1967, p. 177-187)
— Golgotha xxᵉ siècle
  (**63**, 1967, p. 169-171)
— Syllabes pour un contre-silence (1)
  (**154**, 1996, p. 95-96)
— Paroles pour un ami... à Léopold Sédar Senghor
  (**154**, 1996, p. 97-98)
— Lire ma passion pour Haïti
  (**169**, 2004, p. 141-147)
— An Embodiment of Negritude
  (**175-176-177**, 2007-2008, p. 47-49)

MAUNICK, Edouard J. et SIMMONS Barbara

Soul-Barbara Simmons
(**64**, 1967, p. 97-112)

MAUNY, Raymond

Rayonnement d'Ifé : Capitale artistique et religieuse ancienne du golfe de Guinée
(**4**, 1955, p. 80-82)
— *Afrique noire, occidentale et centrale, géographie, civilisation, histoire, tome I* par J. Suret-Canal
  (**23**, 1958, p. 143-147)
— Noms de pays d'Afrique occidentale
  (**34-35**, 1960-1961, p. 61-72)
— Ancienneté de la variolisation en Afrique
  (**36**, 1961, p. 127-130)
— L'Afrique Tropicale de la période pharaonique à l'arrivée des Arabes
  (**52**, 1964, p. 68-93)

MAUROUARD, Elvire

L'Amérique de Dany Laferrière
(**169**, 2004, p. 221-225)

— Africa and the Crisis of Relevance in Modern Culture
(**72**, 1969, p. 9-20)
— The Cultural Fate of African Legislatures: Rise, Decline and Prospects for Revival
(**112**, 1979, p. 26-47)
— The Reincarnation of the African State: A Triple Heritage in Transition from Pre-Colonial Times
(**127-128**, 1983, p. 114-127)
— Conflict Resolution and Social Justice in The Africa of Tomorrow: In Search of New Institutions
(**127-128**, 1983, p. 308-328)

MAZRUI, Ali A. et WAGAW Teshome
The Case of Education and Culture Conflict in Eastern Africa
(**117-118**, 1981, p. 209-238)

MAZRUI, Ali A. et al.
Palabre : « Swinging London » — Flagrant délit — To Whomsoever It May Concern — Vitalité du "pidgin" — « J'embrasse mon rival, c'est pour mieux l'étouffer »
(**68**, 1968, p. 197-209)

MAZZA, C.
Allocution du sénateur, C. Mazza, représentant du gouvernement, au cours de la séance inaugurale au Capitole
(**24-25**, 1959, p. 27-29)

MBABUIKE, Michael C.
A Survey of Cultural and Normative Changes Within the Lbo Family Structure in the Last Two Decades
(**146**, 1988, p. 120-126)

M'BAYE, Annette
Témoignage
(**57**, 1966, p. 136)
— Sablier
(**57**, 1966, p. 136)
— Silhouette
(**57**, 1966, p. 137)

MBAYE, Saliou
Cinquantenaire du 1ᵉʳ Festival Mondial des Arts Nègres

— Christianisme et religions indigènes au Kenya
(**27-28**, 1959, p. 129-153)

— Wavata et l'Iimu
(**32-33**, 1960, p. 160-162)

— New York Skyscrapers
(**57**, 1966, p.342)

MBOM, Clément

Et les chiens se taisaient, ou l'une des quintessences du cheminement d'Aimé Césaire du singulier à l'universel
(**151-152**, 1995, p. 215-237)

— Léopold Sédar Senghor, une trajectoire à l'épreuve du temps
(**154**, 1996, p. 107-129)

— « Le deuil ne quitte plus l'Afrique littéraire francophone... »
(**155**, 1997, p. 5-9)

MBONGO, Nsame

Problèmes théoriques de la question nationale en Afrique
(**136**, 1985, p. 31-67)

— Un grand maître de la philosophie africaine médiévale : Ahmed Baba de Tombouctou
(**161-162**, 2000, p. 269-280)

— Zera Yacob et la philosophie éthiopienne
(**171**, 2005, p. 25-58)

MBOT, Jean Émile

Le Projet Ciciba
(**137-138**, 1986, p. 291-300)

M'BOULÉ, Francis

L'avenir de l'Afrique : Concilier la tradition et la modernité
(**111**, 1979, p. 152-156)

— La pirogue : Un outil économique
(**140**, 1986, p. 135-139)

— Hommage à Cheikh Anta Diop
(**149-150**, 1989, p. 6-9)

MBOUSSA, Boniface Mongo

Sembène Ousmane et la question de l'oralité
(**179-180**, 2009, p. 151-154)

(**20**, 1958, p. 138-139)

M'BWAKI, Alphonse et al.

Table ronde sur l'Enseignement de l'Histoire en Afrique Noire
(**81**, 1972, p. 49-132)

MC VEIGH, Malcolm

Deux témoignages du Révérend Malcolm Mc Veigh, de la mission
de l'Église Méthodiste Américaine
(**42**, 1962, p. 186-198)

McLOUGHLIN, T.O.

The Past and the Present in African Literature: Examples from
Contemporary Zimbabwean Fiction
(**132**, 1984, p. 93-107)

MCHARDY, Cecile (Cecile Mc HARDY)

The other America
(**63**, 1967, p. 187-201)

— *A New and Accurate Description of the Coast of Guinea* par Wm.
Bossman
(**63**, 1967, p. 251-254)

— *A Woman in Her Prime* par S. A. Konadu
(**63**, 1967, p. 254)

— The Seminoles
(**64**, 1967, p. 146-157)

— Love in Africa
(**68**, 1968, p. 52-60)

— Osramanbo
(**70**, 1969, p. 99-103)

— *Cannibale* par Bolya Baenga
(**139**, 1986, p. 197-198)

MCNAIR, Jean

Frantz Fanon, Soweto and Black American Thought par Lou Turner,
John Alan
(**139**, 1986, p. 198-199)

MEDEDJ, Cyprien

Aieux
(**12**, 1951, p. 205-206)

(181-182, 2010, p. 381-393)

MELAWA, Férid

Je t'offrirai une gazelle par Malek Haddad
(30, 1960, p. 108-109)

MELIKIAN, Ov. et L. H. Golden

Une figure scientifique et publique : William E. B. Du Bois
(60, 1966, p. 67-82)

MELON, Henri

Pu i té sové lonnè-i
(121-122, 1982, p. 414-416)

MELON-DEGRAS, Alfred

Terroristes et... récidivistes
(121-122, 1982, p. 279-280)

MELONE, Thomas

Éloge du colonialisme par Julien Cheverny
(39, 1961, p. 239-242)

— Le thème de la négritude et ses problèmes littéraires
(48, 1963, p. 133-150)

— « Mongo Béti, l'homme et le destin »
(70, 1969, p. 120-136)

— La critique littéraire et les problèmes du langage : Point de vue
d'un Africain
(73, 1970, p. 3-19)

MEMEL-FOTÊ, Harris

De la Paix perpétuelle dans la philosophie pratique des Africains
(55, 1965, p. 15-31)

— L'idée de monde dans les cultures négro-africaines
(73, 1970, p. 223-247)

MEMEL-FOTÊ, Harris et al.

Table ronde sur l'Enseignement de l'Histoire en Afrique Noire
(81, 1972, p. 49-132)

MEMMI, Albert

Hommages à Jean Amrouche
(46, 1963, p. 193-196)

MERCIER, Paul

— Deux livres récents sur l'art africain
(**3**, 1948, p. 522-523)
— *The Nuba* par S.F. Nadel
(**4**, 1948, p. 712-713)
— Société sans État en Afrique Noire
(**5**, 1948, p. 877-881)
— « I Have Two Countries » par M. Ojike
(**5**, 1948, p. 881-882)
— *Reaction to Conquest, Effects of Contacts with Europeans on the Pondo of South Africa* par Monica Hunte
(**7**, 1949, p. 320-322)
— *Manuel scientifique de l'Afrique noire, anthropologie, préhistoire, archéologie, cultures et arts, institutions sociales et politique, histoire* par D.-P. de Pedrals
(**7**, 1949, p. 322)
— Un paysan : Kouagou Mounantouwé, de Tipéti
(**8-9**, 1950, p. 115-122)
— Évolution de l'art dahoméen
(**10-11**, 1951, p. 185-193)
— *L'Écriture des Bamum. Sa naissance, son évolution, sa valeur phonétique, son utilisation,* (Mémoire de l'I. F. A. N., Centre du Cameroun, série : Populations, n° 4) par I. Dugast, M. D. W. Jeffreys
(**12**, 1951, p. 245-247)
— Travail et service public dans l'ancien Dahomey
(**13**, 1952, p. 84-91)

MERCIER, Paul et BLYDEN

Textes de Blyden : Textes traduits par P. MERCIER
(**1**, 1947, p. 47-49)

MERCIER, Paul et al.

Pré-colloque sur « Civilisation noire et Éducation »
(**87**, 1973, p. 5-142)

MÉRIDA, Georges

Pour une linguistique antillaise native : Des baragouins à la langue antillaise par L.-Félix Prudent

— Histoire du Vaudou depuis la guerre d'indépendance jusqu'à nos
jours
(**16**, 1957, p. 135-150)

MÉTRAUX, Alfred et al.
Messages au 1ᵉʳ Congrès des Écrivains et Artistes Noirs
(**8-9-10**, 1956, p. 387)

MFABOUM MBIAFU, Edmond
L'écrivain antillais au miroir de sa littérature de Lydie Mondelino
(**158**, 1998, p. 194-197)

— Saïdou Bokoum ou le syndrome de Ouologuem : Sous le signe
de Cham
(**163-164**, 2001, p. 208-223)

— *Lagon, lagunes, tableau de mémoire, « Continents noirs »* par Sylvie
Kandé
(**163-164**, 2001, p. 236-237)

MEYER, L.M.
Points cardinaux
(**8-9**, 1950, p. 289-296)

MFOULOU, Jean
Bien ou mal partie, où doit aller l'Afrique ?
(**65**, 1968, p. 107-115)

— Science et pseudo-science des langues africaines
(**70**, 1969, p. 147-161)

— *Histoire de la traite des noirs de l'antiquité à nos jours* par Hubert
Deschamps
(**84**, 1972, p. 135-136)

MHINA, G.A.
The Place of Kiswahili in the Field of Translation
(**78**, 1971, p. 200-212)

MIAMPIKA, Landry-Wilfrid
Désir d'Afrique, Coll. Continents noirs par Boniface Mongo-
Mboussa, Ahmadou Kourouma
(**163-164**, 2001, p. 237-238)

MIA-MUSUNDA, B. Milebamane
Le viol de l'identité négro-africaine
(**98**, 1976, p. 8-38)

(**79**, 1971, p. 73)

— Discours inaugural [Séminaire sur « le rôle du cinéaste africain dans l'éveil d'une conscience de civilisation noire »]
(90, 1974, pp. 195-197)

— Discours de clôture de M. le ministre de l'Information [Séminaire sur « le rôle du Cinéaste africain dans l'éveil d'une conscience de civilisation noire »]
(**90**, 1974, p. 200-201)

— Message céleste
(**93**, 1975, p. 74-75)

— Conseil
(**101-102**, 1977, p. 160)

MINISTRE DE L'INFORMATION

Discours inaugural par Monsieur le ministre de l'Information [de Haute-Volta]
(**90**, 1974, p. 195-197)

Discours de clôture de M. le ministre de l'Information [de Haute-Volta]
(**90**, 1974, p. 200-203)

MINISTÈRE DES AFFAIRES SOCIALES DU CAMEROUN et SOCIÉTÉ AFRICAINE DE CULTURE

Rapport final du colloque sur « La famille en Afrique Noire »
(**145**, 1988, p. 238-243)

— Final Report of The Colloquium on the Black African Family
(**145**, 1988, p. 244-248)

— Relatório final do colóquio sobre a Familía em África Negra
(**145**, 1988, p. 249-254)

MINNE, Pierre

Langston Hughes : Ou « le train de la liberté »
(**2**, 1948, p. 340-342)

— Une résurgence de la mentalité africaine aux USA. La musique de jazz de la Nouvelle-Orléans
(**77**, 1971, p. 109-130)

MIRIMANOV, V.

L'art de l'Afrique tropicale d'après les travaux des Africanistes soviétiques

— Views on the Political and Social Structures of « Black Civilization and Education »
(**92**, 1974, p. 139-148)
— Notes on the Resurrection of Pan-Africanism
(**117-118**, 1981, p. 190-203)
— The Mwalimu Julius Kambarage Nyerere: A Distinguished African Statesman. An African Giant, Amongst Global Giants. A Token Tribute. / Hommage au Mwalimu Julius Kambarage Nyerere, homme d'État africain, grand parmi les grands de ce monde
(**160**, 1999, p. 3-13, 15-26)

MOHOME, Paulus M.
I speak of Beauty
(**68**, 1968, p.103-104)
— Négritude: Evaluation and Elaboration
(**68**, 1968, p. 122-140)
— Tell Us Ethiopicus
(**70**, 1969, p. 107-109)
— This Frame of Mine
(**98**, 1976, p. 131-132)
— The First Decade of Africa's Independence: A Balance-Sheet
(**98**, 1976, p. 175-186)

MOITT, Bernard
Cheikh Anta Diop and the African Diaspora: Historical Continuity and Socio-Cultural Symbolism
(**149-150**, 1989, p. 347-360)

MOJOLA, Ibiyemi
La femme, bourreau du soi, dans le théâtre d'Oyono Mbia
(**163-164**, 2001, p. 190-198)

MOKONYANE, Dan
Soweto and the Next Perspectives
(**140**, 1986, p. 25-34)

MOLUMELI, Jamary Matlaselo
« Littératures d'Afrique noire, des langues aux livres »
(**156**, 1997, p. 243-248)

MONCHOACHI
Nostrom (extrait 1) (version créole)

(**54**, 1965, p. 267-268)

— *Documents EDSCO*, n° 92 - l'Afrique noire occidentale et centrale par J. Suret-Canale, J. Cabot, Y. B
(**54**, 1965, p. 268-269)

— *Archives de sociologie des religions* (Paris, CNRS), 9ᵉ année, n° 17
(**54**, 1965, p. 269)

— *Anthropologie économique des Gouro de Côte d'Ivoire : De l'économie de subsistance à l'agriculture commerciale* par Claude Meillassoux
(**55**, 1965, p. 145-153)

— Chronique historique
(**58**, 1966, p. 160-181)

— Chronique historique
(**60**, 1966, p. 127-139)

MONOD, Théodore
Étapes
(**1**, 1947, p. 15-20)

— Un poème mystique soudanais
(**3**, 1948, p. 441-450)

— En manière d'introduction
(**8-9**, 1950, p. 7-22)

— L'Afrique, continent "marginal"
(**8-9**, 1950, p. 23-30)

— Un empereur : Moussa I
(**8-9**, 1950, p. 107-114)

— Un homme de Dieu : Tierno Bokar
(**8-9**, 1950, p. 149-158)

— Préface [Hommage à Jacques Richard-Molard : 1913-1951]
(**15**, 1953, p. 5-10)

— Messages au 2ᵉ Congrès des Écrivains et Artistes Noirs
(**24-25**, 1959, p. 375)

— In Memoriam : Théodore Monod (1902-2000)
(**161-162**, 2000, p. 23-25)

MONTAS, R. P. Jacques et R. P. BISSAINTHE
Messages au 1ᵉʳ Congrès des Écrivains et Artistes Noirs
(**8-9-10**, 1956, p. 388)

— Malcolm… je me souviens
  (62, 1967, p. 84-88)
— Conversations with Cheikh Anta Diop.
  (**149-150**, 1989, p. 374-420)

MOREJON, Nancy
  Los Heraldos negros
  (57, 1966, p. 536-539)
— Palabras por el Premio Nacional de Literatura
  (163-164, 2001, p. 3-6)
— Palabras para presentar la mesa redonda titulada "Las mujeres en
  la dinámica del desarrollo cultural contemporaneo" en el marco
  de la celebración del Cincuentenerio del Primer Congreso de
  escritores y artistas negros de Paris
  (**175-176-177**, 2007-2008, p. 699-702)

MORIN, Edgar
  Message au 2ᵉ Congrès des Écrivains et Artistes Noirs
  (**24-25**, 1959, p. 372)

MORIN, Edgar et al.
  Hommages à Frantz Fanon
  (**40**, 1962, p. 118-141)

MORISSEAU, Roland
  Clef du Soleil
  (**57**, 1966, p. 220-222)
— J'entends des pas vibrer
  (**57**, 1966, p. 222)
— Mon amour ouvre grand tes yeux
  (**57**, 1966, p. 223)
— Je te vois
  (**57**, 1966, p. 223-224)
— Rue américaine
  (**57**, 1966, p. 224)
— Mille fois mon poème
  (**57**, 1966, p. 224)

MORISSEAU-LEROY, F.
  Poème créole
  (**12**, 1951, p. 148-149)

MOULAYE, Zeïni
Une saison à Rihata par Maryse Condé
(**121-122**, 1982, p. 426-428)

MOULIN, D. Loys
Le Nègre dans le monde
(**6**, 1949, p. 61-69)

MOUMDZIKA, Maurice Mounkila
Tribulation
(**144**, 1987, p. 84-86)

MOUMOUNI, Abdou
L'énergie solaire dans les pays africains
(**50**, 1964, p. 96-126)
— La Conférence de Nairobi sur « L'éducation scientifique et technique dans ses rapports avec le développement en Afrique »
(**69**, 1969, p. 178-187)

MOUMOUNI, Abdou et al.
Table ronde sur "l'éducation en Afrique"
(**64**, 1967, p. 59-96)

MOUNDOUNGA, Mboumba
Agriculture et développement (Les idées)
(**105-106**, 1978, p. 258-267)

MOUNIER, Emmanuel
Lettre à un ami africain
(**1**, 1947, p. 37-43)

MOUNIKOU, Mathieu
Jean Malonga, écrivain congolais
(**73**, 1970, p. 172-188)

MOUNIN, Georges
Premières réponses à l'enquête sur le « Mythe du Nègre »
(**2**, 1948, p. 195-198)

MOUNIN, Georges et al.
Témoignages sur la Philosophie bantoue du père Tempels
(**7**, 1949, p. 252-278)

MOUNSI
Léopold Congo-Mbemba (1959-2013)

MOUVEMENT SOCIALISTE AFRICAIN
Manifeste
(**11**, 1956, p. 157-159)

MOYANGAR, Naïdeyam
Histoire et conscience historique
(**92**, 1974, p. 96-112)

MOYLAN, Paul A. et al.
Palabres : Réponse à W.A. Lima, à propos de la pièce « Eïa Man-Maille là ! » — J. and J. Tharaud and the Problem of Afro-Western Relations — À propos de deux livres sur le Kenya
(**75**, 1970, p. 173-183)

MPEME BODIONG, Jean-Baptiste
Quel est cet homme ?
(**91**, 1974, p. 55)

MPIA, Ndangye et al.
Table ronde sur "l'éducation en Afrique"
(**64**, 1967, p. 59-96)

MPHAHLELE, Ezekiel
What the South African Negro Reads and Writes
(**16**, 1957, p. 171-176)
— La culture noire dans une société multi-raciale en Afrique
(**24-25**, 1959, p. 208-214)
— La mort-Quelque part-Retour au pays
(**63**, 1967, p. 172-177)
— Variations on a Theme: Race and Color
(**83**, 1972, p. 92-104)
— Hommage à L.S. Senghor.
(**99-100**, 1976, p. 287-290)

MPONDO, Robert
Héritage et controverses autour de la conception classique de la souveraineté absolue
(**163-164**, 2001, p. 33-39)

MPONDO, Simon
L'univers existentiel de l'intellectuel africain chez Chinua Achebe
(**70**, 1969, p. 172-180)

— *Histoire économique de la Guadeloupe et de la Martinique. Du XVIIᵉ siècle à nos jours* par Alain-Philippe Blerald et *l'Europe sous-développa l'Afrique* par Walter Rodney
(**142**, 1987, p. 172-175)

— *Âge et innocence* par George Lamming
(**144**, 1987, p. 143-144)

— *La rumeur des cannes* par Shiva Naipaul
(**144**, 1987, p. 144-145)

— *Comédie classique* par Marie Ndiaye
(**145**, 1988, p. 205-206)

— *La montagne ensorcelée* par Jacques Roumain
(**145**, 1988, p. 206-208)

— *Érotisme et littératures* par Gérard Clavreuil
(**146**, 1988, p. 275-276)

— « L'exil selon Julia »
(**154**, 1996, p. 311-312)
Hommages
(**154**, 1996, p. 24)

— NTM entre le Rap et le dérapage de la loi
(**155**, 1997, p. 177-183)

— Les vertiges insoupçonnés de l' « Ailleurs »
(**155**, 1997, p. 280-282)

— 1947-1997 : Cinquantenaire de Présence Africaine
(**156**, 1997, p. 3-10)

— 1947-1997 : Fiftieth Anniversary of Présence Africaine
(**156**, 1997, p. 11-15)

— L'archéologie africaine : Préhistoire et Paléoanthropologie
(**159**, 1999, p. 88-99)

MUANZA, Ntumba Muena
Papauté, Église et monde contemporain : Quête interculturelle des discours et pratiques du pouvoir
(**172**, 2005, p. 147-160)

— Le monde noir face aux défis de la mondialisation. Problème et perspectives
(**175-176-177**, 2007-2008, p. 266-271)

MUASE, Ch. Kabeya
Bref aperçu sur le mouvement syndical en Afrique Noire
(**131**, 1984, p. 3-14)

MUDIMBE-BOYI, M.E.

Harlem Renaissance et l'Afrique : Une aventure ambiguë
(**147**, 1988, p. 18-28)

— Léopold Sédar Senghor : Un postmoderne avant la postmodernité
(**154**, 1996, p. 184-188)

MUGESERA, Leon

Guilt and Redemption in Ngugi Wa Thiong'o's *A Grain of Wheat*
(**125**, 1983, p. 214-232)

MUHINDI

African Theatre To-Day par Martin Banham, Clive Wake
(**101-102**, 1977, p. 280-282)

MUHINDI, G.

Myth, Literature and the African World par Wole Soyinka
(**107**, 1978, p. 252-254)

MUHINDI, K.

Heremakhonon par Maryse Condé
(**124**, 1982, p. 239-241)

— In Memoriam : Okot p' Bitek
(**125**, 1983, p. 379-381)

— L'apport de Efua Theodora Sutherland à la dramaturgie contemporaine
(**133-134**, 1985, p. 75-85)

MUKANT, Hadj El et El MUKRANE Hadj

Une couronne pour Udomo par Peter Abrahams
(**18-19**, 1958, p. 238-239)

MUKENDI, Ntité

Nos langues maternelles et le développement
(**93**, 1975, p. 178-183)

— Langues africaines et vision du Monde
(**103**, 1977, p. 91-108)

MUKENDI, Ntite A.K. et al.

Pré-colloque sur « Civilisation noire et Éducation »
(**87**, 1973, p. 5-142)

— Comment le cinéma peut inspirer le sentiment d'une solidarité historique et culturelle entre les communautés du Monde Noir ?
(**90**, 1974, p. 99-102)

— Structures fondamentales de l'art négro-africain
(**49**, 1964, p. 116-128)

— Les sources de l'histoire négro-africaine : Agatharchide de Cnide
(**55**, 1965, p. 92-99)

— Les sources de l'histoire négro-africaine II : Homère
(**60**, 1966, p. 46-53)

— *L'Afrique noire. La création plastique,* (Coll. l'univers des formes)
par Michel Leiris, Jacqueline Delange, André Malraux
(**66**, 1968, p. 207-209)

— À la recherche d'un nouveau dialogue entre le Christianisme, le
génie culturel et les religions africaines actuelles
(**96**, 1975, p. 441-466)

— Rapport général
(**117-118**, 1981, p. 354-364)

— General Report
(**117-118**, 1981, p. 365-374)

— Chemins vers la solidarité
(**125**, 1983, p. 307-309)

— S.J. : Discours d'ouverture [Semaine culturelle à la mémoire
d'AliouneDiop]
(**125**, 1983, p. 290-293)

— Hommage à M. Howlett
(**126**, 1983, p. 180)

MVENG, P.E. et Basile-Juleat

*Un livre, deux points de vue : La dialectique du verbe chez les
Bambara* par Dominique Zahan
(**50**, 1964, p. 277-282)

MVENG, P. Engelbert et al.

Table ronde sur l'Enseignement de l'Histoire en Afrique Noire
(**81**, 1972, p. 49-132)

— Pré-colloque sur « Civilisation noire et Éducation »
(**87**, 1973, p. 5-142)

MWAGIRU, Wanjiku

The Woman: So Strong a Force
(**141**, 1987, p. 71-81)

— On laisse mourir la culture du Maghreb (Esquisse de vulgarisation sociologique sur l'importance de la culture dans le Maghreb actuel) (**23**, 1958, p. 123-129)

— *Le fondateur* par Geneviève Serreau (**23**, 1958, p. 133)

NAUMANN, M.

Waiting for the Barbarians par J.M. Coetzee (**132**, 1984, p. 140-143)

— *The Trouble with Nigeria* par Chinua Achebe (**132**, 1984, p. 143-145)

NAVILLE, Pierre

Présence africaine (**1**, 1947, p. 44-46)

— Le travail des noirs dans l'industrie aux États-Unis (**5**, 1948, p. 838-847)

— L'abolition de l'esclavage et la révolution française (**6**, 1949, p. 22)

— Haïti et l'émancipation coloniale (12, 1951, p. 136-145)

— Avertissement (**13**, 1952, p. 19-24)

— La population de l'Afrique : Note démographique (**13**, 1952, p. 25-33)

— La structure de l'industrie et du commerce (**13**, 1952, p. 219-231)

— Données statistiques sur la structure de la main-d'œuvre salariée et de l'industrie en Afrique Noire (**13**, 1952, p. 279-314)

— Note sur le syndicalisme en Afrique Noire (**13**, 1952, p. 359-367)

— Voyage en Afrique du Sud (**13**, 1952, p. 407-408)

— L'Afrique. Enjeu stratégique (**3**, 1955, p. 20-27)

— Y a-t-il un néo-colonialisme soviétique ? (**37**, 1961, p. 27-34)

— Abdou Anta Kâ et le théâtre africain
(**159**, 1999, p. 204-206)

N'DAW, Alassane
Peut-on parler d'une pensée africaine ?
(**58**, 1966, p. 32-46)

NDAYWELL, Isidore
Premier chant
(**73**, 1970, p. 130-131)

N'DIAYE, Alphonse Raphaël
Les traditions orales et la quête de l'identité culturelle
(114, 1980, pp. 3-17)

NDIAYE, Awa et al.
Débat [III. Perspectives / 3. Diaspora africaine et nouvelles solidarités]
(**175-176-177**, 2007-2008, p. 686-697)

NDIAYE, Abdourahime
La science et la technique au service du développement
(**111**, 1979, p. 157-166)

NDIAYE, Falilou
Cheikh Anta Diop : Aux sources de l'épopée africaine moderne
(**159**, 1999, p. 150-156)

NDIAYE, Jean-Pierre
Hommages
(**154**, 1996, p. 23)

N'DIAYE, Jean-Pierre et al.
Pré-colloque sur « Civilisation noire et Éducation »
(**87**, 1973, p. 5-142)

NDIAYE, Ndioro
Diaspora africaine et nouvelles solidarités
(**175-176-177**, 2007-2008, p. 675-679)

NDIAYE, Ndioro et al.
Débat [III. Perspectives / 3. Diaspora africaine et nouvelles solidarités]
(**175-176-177**, 2007-2008, p. 686-697)

N'DONGO, Mamadou Mahmoud
Hybride
(**155**, 1997, p. 221-224)

NDOUTOUME, Philippe Ndong
Le Mvett
(**59**, 1966, p. 57-76)

NDOYE, Bado
Cultures africaines et modernité politique : Entre politique de reconnaissance et exigence d'universalité
(**192**, 2015, p. 99-114)

NDOYE, Thianar
De la recherche et des politiques nationales alimentaires et nutritionnelles dans le tiers monde
(**113**, 1980, p. 122-128)

NDU, Pol
Negritude and The New Breed
(**86**, 1973, p. 117-133)
— Poems from « Amerika »
(**114**, 1980, p. 118-119)

NDUE, Paul N.
Cameroon and the EEC: Increasing State of Undevelopment and Occurring Changes
(**133-134**, 1985, p. 157-190)

NDZOUNGOU, Jérôme
L'aide au Tiers-monde vue dans « Elonga »
(**133-134**, 1985, p. 241-247)

NÉNÉ, Amélia
Fleur de vie
(**108**, 1978, p. 106)
— Le cheveu
(**108**, 1978, p. 107)
— Astre mort
(**108**, 1978, p. 108)
— Muse
(**108**, 1978, p. 109)

(**175-176-177**, 2007-2008, p. 210-224)

NGALASSO-MWATHA, Musanji
Langues et cultures dans la Francophonie
(**94**, 1975, p. 106-116)
— Le livre et la parole : La problématique de la langue et de l'écriture en Afrique Noire
(**125**, 1983, p. 166-185)
— As linguas nacionais na educação nacional
(**142**, 1987, p. 119-129)
— La question linguistique au 1er Congrès des Écrivains et Artistes Noirs
(**175-176-177**, 2007-2008, p. 143-162)
— Décolonisation et devenir culturel de l'Afrique et de ses diasporas
(**181-182**, 2010, p. 39-71)

NGALOSHE, Edward
Economies and Apartheid
(**80**, 1971, p. 127-130)

NGALOSCHE, Edward et al.
Pré-colloque sur « Civilisation noire et Éducation »
(**87**, 1973, p. 5-142)

NGALULA, J. et al.
Lettre du Congo belge (au ministre des colonies)
(**20**, 1958, p. 138-139)

NGANANG, Patrice
On Writing and Book Culture
(**179-180**, 2009, p. 57-61)

NGANGO, Georges
L'Occident chrétien face à l'éveil des non-occidentaux
(**45**, 1963, p. 205-211)
— *Le circuit économique, tome I : Le capitalisme* par Gilbert Blardone
(**45**, 1963, p. 240-242)
— Colonialisme culturel en Afrique
(**47**, 1963, p. 199-205)
— *Doigts noirs* par Jacques Kuoh Moukouri
(**48**, 1963, p. 241-243)

NGANGURA, Kasole

Réflexion sur "Pauvreté, richesse des peuples"
(**108**, 1978, p. 149-157)

NGILERUMA

Interventions des délégués africains à la XVIᵉ session [L'Angola et l'ONU] : Fédération du Nigeria (intervention de M. Ngileruma)
(**42**, 1962, p. 156-159)

NGINDU, Beya

Le pacte de sang (L'Harmattan, collection « Encres noires ») par Pius Nkashama Ngandu
(**133-134**, 1985, p. 255-259)

N'GOALA, Aline

Pays oublié
(**121-122**, 1982, p. 285)

— À une mère-grand-mère
(**121-122**, 1982, p. 285-286)

— Toi
(**121-122**, 1982, p. 286)

— « Moi, laminaire », cette halte sur une route de soif tenace...
(**126**, 1983, p. 27-33)

NGOM, Gilbert

Rapports Égypte-Afrique Noire : Aspects linguistiques
(**137-138**, 1986, p. 25-57)

— L'égyptien et les langues bantu : Le cas du duala
(**149-150**, 1989, p. 214-248)

NGOM, Gilbert et al.

Table ronde : « Elite et Peuple dans l'Afrique d'aujourd'hui »
(**73**, 1970, pp. 39-108)

N'GOM-N'GOUDI, Prosper

L'expérience israélienne et le développement en Afrique
(**51**, 1964, p. 62-86)

— L'industrialisation : Base de l'unité africaine
(**53**, 1965, p. 68-95)

— « Vocation agricole » de l'Afrique ou Économie du développement
(**59**, 1966, p. 95-126)

(**20**, 1958, p. 138-139)

NIANE, Djibril Tamsir
Chants révolutionnaires guinéens
(**29**, 1960, p. 89-103)
— Histoire et tradition historique du Manding
(**89**, 1974, p. 59-74)
— How the Cinema Can Inspire a Feeling of Historical and Cultural
Solidarity between the Communities of the Black World
(**90**, 1974, p. 18)
— Dynamisme des foyers de culture africaine
(**92**, 1974, p. 122-138)
— Nécessité de la solidarité
(**117-118**, 1981, p. 204-208)
— Le Congrès de 1956 : Un programme d'action pour le monde noir
(**175-176-177**, 2007-2008, p. 26-32)

**NIANE, Djibril Tamsir, Férid BOUGHEDIR, Richard B. DE
MEDEIROS, Alkaly KABA, Lucien MAILLI, Ntite MUKENDI,
Jean-Claude RAHAGA, Solo RANDRASANA, Sékou TALL,
Timité BASSORI**
Comment le cinéma peut inspirer le sentiment d'une solidarité
historique et culturelle entre les communautés du Monde Noir
(**90**, 1974, p. 21-32)

NIANE, Djibril Tamsir et al.
Débat [I. Impacts / 1. Le Congrès de 1956 et son impact sur la
question de l'identité, de la diversité et des solidarités culturelles]
(**175-176-177**, 2007-2008, p. 50-61)

NIANG, Ibrahima et al.
Table ronde sur la médecine en Afrique Noire
(**69**, 1969, p. 29-141)

NIANG, Lamine
Les pierres du Guadalquivir
(**39**, 1961, p. 154-156)

NIANG, Mamadou
Le symposium Leo Frobenius « Rôle des traditions dans le développement de l'Afrique »
(**111**, 1979, p. 113-115)

— The Role of the Scholar Today in Developing Nations with Particular Reference to Africa
(**76**, 1970, p. 3-15)
— The African and the Jewish Diasporas: A Comparative Study
(**114**, 1980, p. 176-185)
— Brazil, Canada (Nova Scotia) and the Guinea Coast: A Literary and Historical Overview of the African Diaspora
(**130**, 1984, p. 132-147)

NICOLAS, Gérard

[Sans titre : À force à force la parole...]
(**121-122**, 1982, p. 287)

NIGER, Frank

Africa Must Unite (vient de paraître aux éditions Payot, sous le titre *: L'Afrique doit s'unir »)* par Kwame Nkrumah
(**49**, 1964, p. 243-244)

NIGER, Frank et al.

Palabre : Procès de l'assistance technique. Le Kenya accède à l'indépendance. Rébellion ou révolution ? Je n'aime pas les Noirs. Aide américaine et l'Afrique. Le nouveau taux de la neutralité. Justification de la Négritude. Faut-il larguer les Antilles ?
(**49**, 1964, p. 223-242)
— Palabre : Le voyage aux Antilles. Nations « riches » et pays « pauvres ». Les élections au Bantoustan. Les techniques audiovisuelles et l'Afrique. Le peintre Tiberio. Où il est question de Négritude, mythe et science. Deux perspectives de recherche en Afrique indépendante.
(**50**, 1964, p. 237-257)

NIGER, Paul

Je n'aime pas l'Afrique
(**3**, 1948, p. 432-440)
— Au rendez-vous des Palmeraies
(**6**, 1949, p. 113-116)
— Rhapsodie Caraïbe de Katherine Dunham
(**6**, 1949, p. 151-153)
— Casino-ti-baleon
(**12**, 1951, p. 159-161)

NKASHAMA, Pius Ngandu
La poésie et le réveil de l'homme noir par Bernard Fonlon
(**114**, 1980, p. 213-217)
— *Jacques Rabemananjara, l'homme et l'œuvre,* coll. « approches » par Mukala Kadima-Nzuji
(**120**, 1981, p. 99-102)
— Le symbolisme saurian dans « Ngando » de Lomami-Tchibamba
(**123**, 1982, p. 153-187)
— *Symboles et sociétés en Afrique (contributions à l'anthropologie cognitive de l'Afrique noire), Ethnologica helvetica, 5/1981*
(**124**, 1982, p. 241-245)
— Il était une fois, Saint Monsieur Baly...
(**155**, 1997, p. 18-42)
— Mère → Fille dans les récits fictionnels féminins : Symbolique d'analogies
(**171**, 2005, p. 209-227)

NKETIA, J.H. Kwabena
The Language Problem and the African Personality
(**67**, 1968, p. 157-171)

NKOLLO, Jean-Jacques
Un texte-cathédrale
(**156**, 1997, p. 255-261)

N'KOUEDJA, Dieudonné et Augustin BROH
Expo Tsukuba 85
(**135**, 1985, p. 113-119)

NKOUNKOU-MBECKO-SENGA, Dieudonné
L'apparence dans le droit de la filiation hors mariage
(**146**, 1988, p. 107-119)

NKOUNKOU-MOUNDELE, D.
La foule
(**108**, 1978, p. 118)
— Homme
(**108**, 1978, p. 119-121)

NKRUMAH, Kwame
La naissance de mon parti et son programme d'action positive
(**12**, 1957, p. 11-26)

— Bandama
(**57**, 1966, p. 56)
— Ma tête est immense
(**57**, 1966, p. 57)
— Le Temps a labouré...
(**57**, 1966, p. 57)

NOKAN, Zégoua Gbessi
A la mémoire d'Amilcar Cabral
(**85**, 1973, p. 189)
— Jacques Howlett : Défenseur de la juste cause africaine
(**126**, 1983, p. 182)

NOKU, Michael Peyni
Loose Ends
(**146**, 1988, p. 141)

NOON, J. A. et P. NAVILLE
La mécanique des bas salaires en Afrique Noire
(**13**, 1952, p. 202-218)

NOSI, Lewis
Muzi
(**66**, 1968, p. 181-196)

NOURBESE, Shani
All That Remains of Kush Returns to the Desert
(**116**, 1980, p. 115-117)
— Black Fruit
(**116**, 1980, p. 118-119)

NOUTAT, Laure
Mes hommes à moi par Ken Bugul
(**178**, 2008, p. 205)
— *Que vivent les femmes d'Afrique ?* par Tanella Boni
(**178**, 2008, p. 206)
— *New Directions in African Littérature,* n° 25
(**179-180**, 2009, p. 270-274)
— *Éthiopiques,* n° 81
(**179-180**, 2009, p. 271-272)

NTANGA, Ngolo Mu

I Would Like to Go Home

(**163-164**, 2001, p. 124)

— L'autre Nous

(**163-164**, 2001, p. 125)

NTLOEDIBE, Elias L.

Nazism in Africa

(**74**, 1970, p. 195-205)

NTONFO, André

Football et Identité

(**158**, 1998, p. 119-135)

NUBUKPO, Kaklo et al.

Franc CFA : Les termes nouveaux d'une question ancienne

(**191**, 2015, p. 237-250)

NUMA, Saint-Arnaud

Fils de la nuit noire

(**57**, 1966, p. 229-230)

NUMBI, Norbert Lupitshi Wa

La rue et le milieu institutionnel : Deux univers sociaux « contrastés » dans l'expérience de vie des enfants de la rue à Lubumbashi (RDC)

(**187-188**, 2013, p. 277-290)

NUR, Mohamed Ali

Le développement de l'organisation sanitaire en Somalie

(**38**, 1961, p. 185-188)

NWALA, T. Uzodinma

Anthony William Amo of Ghana on The Mind: Body Problem

(**108**, 1978, p. 158-165)

NWAPA, Flora

My Spoons Are Finished

(**63**, 1967, p. 227-235)

— *The Western Saharans: Background to Conflict* par Virginia Thompson, Richard Adloff
(**132**, 1984, p. 137-140)

NYERERE, Julius K.
L'Unité Africaine
(**39**, 1961, p. 5-11)
— Les fondements du socialisme africain
(**47**, 1963, p. 8-17)
— The University in a Developing Society
(**61**, 1967, p. 3-10)
— Allocution du président Nyéréré prononcée lors du Congrès Panafricain le 19 juin 1974 / President Nyerere's Speech to the Pan-African Congress : June 19, 1974
(**91**, 1974, p. 181-203)
— Les fondements du socialisme africain
(**185-186**, 2012, p. 273-281)

NYIRENDA, Kambona
The Malawian Experience
(**88**, 1973, p. 50-58)

NYUNAÏ, Jean-Paul
Les liens du passé : Ngo-lima ngo-lima
(**1-2**, 1955, p. 123)
— L'essor
(**1-2**, 1955, p. 124-125)
— *Schwarzer orpheus* par Janheinz Jahn
(**1-2**, 1955, p. 164-165)
— *Un homme vivait en paix... ou l'ivrogne dans la brousse*
(**1-2**, 1955, p. 165-167)
— *Le semeur* (n° 3 et 4)
(**1-2**, 1955, p. 181-182)
— *La main-d'œuvre* par C.H. Connilière
(**1-2**, 1955, p. 182-183)
— *Nationalisme camerounais* par François Casalis
(**1-2**, 1955, p. 183)
— *La nouvelle revue française d'outre-mer* (n° 2) par F. Charles Roux
(**1-2**, 1955, p. 184)

NZEWI, Meki
The Cerebral Arts in Nigeria
(**125**, 1983, p. 83-103)

NZIMBU, Clémentine Mansiantima
Les enjeux de l'altérité dans *L'homme qui m'offrait le ciel* de Calixthe Beyala
(**190**, 2014, p. 113-124)

NZUJI, Madiya
Chute
(**104**, 1977, p. 95)
— Rupture
(**104**, 1977, p. 95)
— Mushamusha
(**104**, 1977, p. 96)

OBAMA, Jean-Baptiste
La « recherche des éléments d'une sociologie des peuples africains à partir de leurs jeux » par Charl Béart
(**36**, 1961, p. 173-174)
— *Panafricanisme ou communisme ?* par George Padmore, Thomas Diop
(**37**, 1961, p. 224-226)
— Propos sur les arts nègres
(**41**, 1962, p. 58-74)
— *Le mal de la culture* par Gabriel Mesmin
(**46**, 1963, p. 248-249)
— *Une société de Côte d'Ivoire - hier et aujourd'hui - les Bété* par Denise Paulme
(**46**, 1963, p. 249-250)

OBENGA, Mwene Ndzale
Le royaume de Makoko
(**70**, 1969, p. 27-45)
— L'Afrique dans l'Antiquité
(**72**, 1969, p. 73-84)

OBENGA, Théophile-Joseph
Je tiens seul le Secret
(**57**, 1966, p. 47-48)

— La philosophie pharaonique
(**137-138**, 1986, p. 3-24)
— Esquisse d'une histoire culturelle de l'Afrique par la lexicologie
(**145**, 1988, p. 3-25)
— Propos préliminaire
(**149-150**, 1989, p. 1-3)
— Preliminary Remarks
(**149-150**, 1989, p. 4-5)
— L'économie de la nature ou le Grand Hymne à Aton
(**149-150**, 1989, p. 249-266)
— Les derniers remparts de l'africanisme
(**157**, 1998, p. 47-65)
— Pour conclure
(**181-182**, 2010, p. 431-434)
— Le débat : Pensées actuelles en miettes
(**190**, 2014, p. 299-312)

OBENGA, Théophile et al.
Table ronde : « Elite et Peuple dans l'Afrique d'aujourd'hui »
(**73**, 1970, p. 39-108)
— Table ronde sur l'Enseignement de l'Histoire en Afrique Noire
(**81**, 1972, p. 49-132)

OBIECHINA, E. N.
Growth of Written Literature in English-speaking West Africa
(**66**, 1968, p. 58-78)
— Transition from Oral to Literary Tradition
(**63**, 1967, p. 140-161)
— Amos Tutuola and the Oral Tradition
(**65**, 1968, p. 85-106)
— Ekwensi as Novelist
(**86**, 1973, p. 152-164)

OCHIENG, William R.
Moralism and Expropriation in a British Colony: The Search for
a White Dominion in Kenya 1895-1923
(**133-134**, 1985, p. 214-232)

ODHIAMBO, Victor-Luke
The Crown of Integrity

OHAEGBU, Aloysius U.
The outcasts par Bonnie Lubega
(**88**, 1973, p. 233-235)
— *Les soleils des indépendances* ou le drame de l'homme écrasé par le destin.
(**90**, 1974, p. 253-260)
— *The African Image* par Ezekiel Mphahlele
(**90**, 1974, p.284-285)
— *Good Morning Revolution: Uncollected Writings of Social Protest* par Langston Hughes, Faith Berry
(**90**, 1974, p. 285-287)
— *Literature for the People: Two Novels* par Sembène Ousmane
(**91**, 1974, p. 116-131)
— Ventre d'Ennui
(**93**, 1975, p. 71-72)
— Black Diamond
(**93**, 1975, p. 77)
— The African Writer and the Problem of Cultural Identity
(**101-102**, 1977, p. 25-37)
— Equatorial Rain
(**103**, 1977, p. 90)

OJO-ADE, Femi
Black and Proud
(**108**, 1978, p. 110-114)
— Drought 73
(**108**, 1978, p. 115-117)

OJIAKU, Mazi Okoro
Traditional African Social Thought and Western Scholarship
(**90**, 1974, p. 204-214)

OJIGBO, Anthony Okion
The African Polygamist
(**76**, 1970, p. 173-180)

OJO, M. Adeleye
Africa and the United Nations' System: Decolonization and Development
(**119**, 1981, p. 72-89)

OKEH, Peter Igbonekwu
Au-delà de la peau noire : Réflexions sur la littérature négro-africaine
(**101-102**, 1977, p. 81-101)
— La peste en Afrique
(**129**, 1984, p. 53-78)

OKIGBO, Christopher
The Limits
(**57**, 1966, p. 269-274)
— Lament of the Drums
(**57**, 1966, p. 274-277)
— Watermaid
(**57**, 1966, p. 278-279)

OKION-OJIGBO Anthony
The African Polygamist.
(**76**, 1970, p. 173-180)

OKIWELO, Benedict O.
The Problems of Teaching French in Secondary Schools: A
Situation Study of Calabar, Nigeria
(**110**, 1979, p. 133-148)
— La méthode « De Vive Voix » au Nigeria et les problèmes de son
enseignement
(**133-134**, 1985, p. 28-45)

OKO, Akomaye
Modern African poetry and the African predicament par R.N. Egudu
(**111**, 1979, p. 134-137)

OKOLO, Chukwudum Barnabas
In Retrospect and Prospect: The Modern African Revisited
(**111**, 1979, p. 31-43)
— Apartheid as Unfreedom
(**129**, 1984, p. 20-37)

OKOLO, Okonda
Tradition et destin
(**114**, 1980, p. 18-26)

OKOMBA-OTSHUDIEMA, Paul-Albert
La philosophie et l'idéologie chez Nkrumah
(**85**, 1973, p. 106-112)

OKONGA, Salem
La Somalie, hier et aujourd'hui
(**38**, 1961, p. 220-237)
— *Chocolates for my wife* par Todd Matshikiza
(**39**, 1961, p. 245-246)

OKONGA, Salem et al.
Palabre : La république d'Afrique du Sud. Cuba 1961 et l'Afrique.
Kenya. Monrovia. Evian-Lugrin.
(**37**, 1961, p. 189-207)
— Palabre : Les élections au Ruanda Burundi. Irrédentisme Somalie.
Le Congo au conseil de sécurité. L. S. Senghor à la Sorbonne.
Tanganyika indépendant. L'imbroglio katangais. AJ. Lutuli, Prix
Nobel de la Paix.
(**39**, 1961, p. 202-229)

OKONKWO, Juliet I.
The Intellectual as Political Activist: A Character Type in Recent
African Fiction
(**130**, 1984, p. 71-92)
— Nuruddin Farah and the Politics of Somalia
(**132**, 1984, p. 44-53)

OKONKWO, Rina
Mojola Agbebi: Apostle of the African Personality
(**114**, 1980, p. 144-159)

OKOYE, Mokwugo
Le Nigeria d'aujourd'hui
(**44**, 1962, p. 100-108)

OKPAKU, Joseph
Tradition, Culture and Criticism
(**70**, 1969, p. 137-146)

OKPALA, B.O. Nwugo
Lexical Poverty of African Languages?
(**110**, 1979, p. 149-158)
— The Poor Dear Folks
(**113**, 1980, p. 174)

OKPANACHI, Musa Idris
Crush Me

(**155**, 1997, p. 81-83)

OKPEWHO, Isidore
The Study of African Oral Literature
(**139**, 1986, p. 20-40)

OLA, Opeyemi
Traditional Political Systems in a Modernizing Nigeria
(**96**, 1975, p. 641-692)
— The New Africa: Beyond the Nation-State
(**101-102**, 1977, p. 236-266)
— On "Radical Nationalism in the Cameroons"
(**108**, 1978, p. 50-64)
— Pan-Africanism: An Ideology of Development
(**112**, 1979, p. 66-95)

OLADITAN, Olalere
Une lecture fanonienne du roman africain : Vue d'ensemble d'une approche
(**104**, 1977, p. 60-85)

OLAOYE, R.A.
Native Knowledge and Conflict Resolution in Post-Colonial Nigeria
(**172**, 2005, p. 57-66)

OLAWAIYE, Nelson
The World Is Restless
(**40**, 1962, p. 144-145)

OLINGA, Alain Didier
L'Afrique face à la « globalisation » des techniques de protection des droits fondamentaux
(**159**, 1999, p. 25-45)

OLIVELLA, Manuel Zapata
Negritud, Indianidad y Mestizaje en Latino America
(**145**, 1988, p. 57-65)

OLOGOUDOU, Emile
La Flambée
(**52**, 1964, p. 169)
— Lorsque vous reviendrez
(**125**, 1983, p. 243-244)

ONDO, Bonaventure Mve et al.
Débat [III. Perspectives / 2. Nouveaux défis pour la culture afri-
caine]
(**175-176-177**, 2007-2008, p. 649-656)

ONGOUYA, Jean-Félix
La présence militaire de la France en Afrique
(**116**, 1980, p. 43-63)

ONOMO ETABA, Roger B.
Maximum Illud, de Benoît XV, et l'œuvre missionnaire au Cameroun
(1890-1935) : Entre anticipations, applications et contradictions
(**172**, 2005, p. 125-145)

ONU, P. Eze
Sex Discrimination After Death: An Example from Mortuary
Advertisements in African Newspapers
(**114**, 1980, p. 79-98)

ONYEWUENYI, Innocent C.
A Philosophical Reappraisal of African Belief in Reincarnation
(**123**, 1982, p. 63-78)

OPOKU, K.
Cabral and the African Revolution
(**105-106**, 1978, p. 45-60)

OPUBOR, Alfred Esimatemi
Intercommunication: Creating the Global Black Community
(**117-118**, 1981, p. 333-340)

OREL, Maurice
Entre main tendue et poing levé
(1**21-122**, 1982, p. 288)

ORGANISATION DE L'UNITÉ AFRICAINE
— La Charte de l'OUA
(**146**, 1988, p. 63-70)
— The OAU Charter
(**146**, 1988, p. 71-79)

ORGANISATION DE L'UNITÉ AFRO-AMÉRICAINE
Programme de l'Organisation de l'Unité Afro-Américaine
(**62**, 1967, p. 70-76)

— The Ambivalence of Laughter. Wondering Through the Landscape of Dan Agbese's *Nigeria Their Nigeria*
(**179-180**, 2009, p. 255-260)

OSWALD, Gatore
Théophile Obenga et les paradoxes de l'ethnocentrisme
(**103**, 1977, p. 109-125)

OUT CANTEY, Lawrence
Gyatoso Clinic
(**86**, 1973, p. 93-103)

OTUBANJO, Femi
Ideology and Military Integration in Africa
(**116**, 1980, p. 64-75)

OUATTARA, Bourahima
Senghor, lecteur de Barrès
(**191**, 2015, p. 215-236)

OUEDRAOGO, Dragoss
Filmer la mémoire d'Alioune Diop : Les enjeux de la mise en images d'une vie et d'une œuvre prolifique
(**181-182**, 2010, p. 395-397)

OUEGNIN, Marcelle
Négresses !
(**13**, 1957, p. 74-75)

OUOLOGUEM, Yambo
Paysage humain
(**48**, 1963, p. 167-168)
— Marx et l'étrangeté d'un socialisme africain
(**50**, 1964, p. 20-37)
— 1901
(**51**, 1964, p. 99-100)
— *Jungle saints* par Philippa Schuyler, Herden
(**52**, 1964, p. 246-247)
— *Patron de New York* par Bernard B. Dadié
(**53**, 1965, p. 255-258)
— *De votre envoyée spéciale* par Madeleine Riffaud
(**53**, 1965, p. 258-260)

OUSMAN, Ba

Interventions des délégués africains à la XVIᵉ session [L'Angola et l'ON U] : République du Mali (intervention de M. Ba Ousman)
(**42**, 1962, p. 142-146)

OUSMANE, Diallo

Connaissance historique de la Guinée
(**29**, 1960, p. 45-52)

OVER Jr., A. Mead

Two Approaches to Projecting the Effect of Scale on the Cost of a Primary Health Care Program in a Developing Country: The Case of Niger
(**124**, 1982, p. 105-117)

OWODE, Akin

"Awo" and "zik"
(**37**, 1961, p. 217-219)

— *Le nègre en France* par Shelly T. McCloy
(**37**, 1961, p. 220-222)

OWODE, Akin et al.

Palabre : La république d'Afrique du Sud. Cuba 1961 et l'Afrique. Kenya. Monrovia. Evian-Lugrin.
(**37**, 1961, p. 189-207)

OYEDIRAN, Oyelele

Leadership in Nigeria's New Constitution
(**115**, 1980, p. 194-210)

OYEKUNLE, Segun

There's Power in « The Light » : A Review of Souleymane Cisse's Film, *Yelleen*
(**148**, 1988, p. 182-184)

OYOVBAIRE, S. Egite

On the Concept of Ethnicity and African Politics
(**92**, 1974, p. 178-189)

P., D.M.

Chronologie politique africaine
(**60**, 1966, p. 207)

— *Histoire du jazz* par Robert Goffin
(**6**, 1949, p. 165-168)
— Un festival du jazz à la salle Pleyel
(**7**, 1949, p. 325-327)

PANKHURST, Richard
L'indépendance de l'Éthiopie et son importation d'armes au
XIXᵉ siècle
(**32-33**, 1960, p. 77-102)
— Portrait : Ménélik II. Empereur d'Ethiopie
(**41**, 1962, p. 151-163)
— Théodore II : Empereur d'Ethiopie
(**47**, 1963, p. 123-144)
— Ethiopia and the Loot of the Italian Invasion : 1935-1936
(**72**, 1969, p. 85-95)
— The Napier Expedition and the Loot from Maqdala
(**133-134**, 1985, p. 233-240)

PANOU (Père) et al.
Débat [II. Nouveaux enjeux / 5. Dynamiques des cultures et
des religions]
(**175-176-177**, 2007-2008, p. 445-457)

PAPU, Edgar
L'homme dans le folklore africain par C.I. Goulian
(**67**, 1968, p. 189-191)
— *Horizons ethnographiques* par Ion Biberi
(**67**, 1968, p. 191-193)

PARAF, Pierre
Messages au 1ᵉʳ Congrès des Écrivains et Artistes Noirs
(8-9-10, 1956, p. 382)

PARÈS, Yvette
La lutte anti-lépreuse au Sénégal : Médecine européenne et
médecine africaine : Les étapes d'une rencontre riche d'espoir
(**124**, 1982, p. 76-96)

PARISOT, Yolaine
« Esquisses martiniquaises » du réel merveilleux caribéen :
Ferrements (autour de « Statue de Lafcadio Hearn ») et « Wifredo
Lam » dans *Moi, laminaire ...*

PATRI, Aimé

Le message philosophique et poétique de Malcolm de Chazal
(**1**, 1947, p. 137-142)

— Y a-t-il une philosophie bantoue ?
(**2**, 1948, p. 203-208)

— Deux poètes noirs en langue française
(**3**, 1948, p. 378-387)

PATTERSON, Chantal

Les mutilations sexuelles féminines : L'excision en question
(**141**, 1987, p. 161-180)

PATTERSON, Raymond

Three Views of Dawn
(**57**, 1966, p. 388)

— Tla Tla
(**57**, 1966, p. 388-389)

— Black All Day
(**57**, 1966, p. 389)

PAUL, Emmanuel C.

L'ethnologie et les cultures noires
(**8-9-10**, 1956, p. 143-153)

— Tâches et responsabilités de l'ethnologie
(**27-28**, 1959, p. 237-243)

PAULHA

Les coloniaux doivent-ils connaitre les langues africaines ?
(**2**, 1948, p. 328-332)

PAULME, Denise

The Dynamics of Culture Change. An Enquiry into Race Relations in Africa par B. Malinowski
(**5**, 1948, p. 868-869)

— Les Kissi. — « Gens du riz » : Haute-Guinée Française
(**6**, 1949, p. 26-35)

— Les Kissi « gens du riz »
(**7**, 1949, p. 226-248)

— À propos des Kuduo Ashanti
(**10-11**, 1951, p. 156-162)

PEISSI, P.
Les masques blancs des tribus de l'Ogoué
(**10-11**, 1951, p. 182-184)

PELAGE, David
Rencontre internationale Frantz Fanon (Alger : 10-15 décembre 1987)
(**145**, 1988, p. 231-232)

— *Saint-Louis du Sénégal : Mémoires d'un métissage* par Jean-Pierre Biondi, Léopold Sédar Senghor
(**146**, 1988, p. 252-253)

PELAGE (Docteur)
La fin d'un mythe scientifique
(**1**, 1947, p. 158-161)

PELAGE, Sidney
Les morts ont l'habitude
(**63**, 1967, p. 120-139)

PELLA, Giuseppe
Messages au 2ᵉ Congrès des Écrivains et Artistes Noirs
(**24-25**, 1959, p. 363)

PELÉ et al.
Débat [I. Impacts / 2. Le Congrès de 1956 et son impact sur l'évolution politique : Décolonisation et démocratie]
(**175-176-177**, 2007-2008, p. 102-113)

PÉPIN, Ernest
Parole pour parole
(**121-122**, 1982, p. 224-225)

— La femme antillaise et son corps
(**141**, 1987, p. 181-193)

— Parabole de mer
(**191**, 2015, p. 7-39)

PEPPER, Mme et M.
Musique et pensée africaines
(**1**, 1947, p. 149-157)

PEREA CHALÁ-GRANDIN, Lucía
Manuel Zapata Olivella, « El Ekobio Mayor » 1920-2004

— Le feu dans la nuée ; Madame Bovary [Notes sur émission de radio]
(**4**, 1948, p. 710)

— *Madame Bovary* par G. Flaubert
(**4**, 1948, p. 711)

— Bois d'ébène ; Féerie antillaise [Notes sur émission de radio]
(**5**, 1948, p. 895-896)

PFAFF, Françoise
Paulin Soumanou Vieyra pionnier de la critique et de la théorie
du cinéma africain
(**170**, 2004, p. 27-34)

PFOUMA, Oscar
L'héritage pharaonique : Hommage à C.A. Diop
(**149-150**, 1989, p. 267-282)

PHELPS, Anthony
Poème à la Montagne
(**57**, 1966, p. 248-251)

PHILCOX, Richard
Laparrinths with Path of Thunder par Christopher Okigbo
(**80**, 1971, p. 169-170)

— *The Trial of Christopher Okigbo* (African Writers Series No. 97)
par Ali A. Mazrui
(**81**, 1972, p. 183-184)

— *An Ill-Fated People (Zimbabwe Before and After Rhodes)* par
Lawrence C. Vambe
(**82**, 1972, p. 149-150)

— *Black and White in Love* (Poems) par Mbella Sonne Dipoko
(**82**, 1972, p. 151-152)

— *The Grass Is Singing* par Doris Lessing
(**87**, 1973, p. 204-206)

PHILCOX, Richard et B. Mouralis
Africa: Ideology, Identity, Culture
(**165-166**, 2002, p. 13-17)

PHILIP, André
Les conditions politiques de l'expansion des pays sous-développés
(**21**, 1958, p. 36-41)

— Une image belge de l'Afrique
(**23**, 1958, p. 158-159)

PINZI, A. et al.
Lettre du Congo belge (au ministre des colonies)
(**20**, 1958, p. 138-139)

PIRON, O. et L. T.
Témoignages
(**6**, 1949, p. 182-184)

PITCHER, Oliver
The Pale Blue Casket
(**57**, 1966, p. 365)
— Raison d'être
(**57**, 1966, p. 365-366)

PLACOLY, Vincent
Les pauvres gens
(**121-122**, 1982, p. 378-383)

PLÉNET, Jocelyne
La vérité
(**121-122**, 1982, p. 251)
— Une tête
(**121-122**, 1982, p. 251-252)

PLIYA, Jean
Le gardien de nuit
(**75**, 1970, p. 115-130)
— Le rendez-vous
(**81**, 1972, p. 139-161)

POLITE, Allen
I Will Sit Now...
(**57**, 1966, p. 393)
— A Talk with George
(**57**, 1966, p. 394)
— It Was Knife
(**57**, 1966, p. 394)

POLIUS, Joseph
Au-delà du présent

POSSOZ, Emile
La magie des primitifs
(**40**, 1962, p. 88-117)

POSY, Bonnard
Vivre
(**57**, 1966, p. 227-228)
— Sagesse
(**57**, 1966, p. 228)

POTEKHIN, I.
De quelques problèmes méthodologiques pour l'étude de la formation des nations en Afrique au sud du Sahara
(**17**, 1957, p. 60-75)
— Messages au 2ᵉ Congrès des Écrivains et Artistes Noirs
(**24-25**, 1959, p. 371)
Lénine et l'Afrique
(**74**, 1970, p. 191-194)

POULAT, M.
Messages au 2ᵉ Congrès des Écrivains et Artistes Noirs
(**24-25**, 1959, p. 366)

POULLET, Hector
Féré chyen pentiré syèl
(**121-122**, 1982, p. 226)
— Mettre des fers aux chiens peindre le ciel
(**121-122**, 1982, p. 227)
— Adan chimen vòch-galèt la...
(**121-122**, 1982, p. 228)
— Avec tes gros sabots...
(**121-122**, 1982, p. 228)

POUYE, Aissatou Mbdoj et Souleymane Bachir DIAGNE
Approches
(**179-180**, 2009, p. 132-136)

PRAH, Kwesi Kwaa
Culture, the Missing Link in Development Planning in Africa
(**163-164**, 2001, p. 90-102)

— Le Congrès des Écrivains et Artistes Noirs : Problèmes culturels du monde noir
(**7**, 1956, p. 159-160)
— La culture moderne et notre destin
(**8-9-10**, 1956, p. 3-6)
— Après le Congrès
(**11**, 1956, p. 3-6)
— Conclusion [Débat sur la poésie nationale]
(**11**, 1956, p. 100-102)
— Freedom and Justice
(**12**, 1957, p. 3-5)
— Responsabilités estudiantines
(**13**, 1957, p. 3-5)
— Nos tâches
(**14-15**, 1957, p. 3-6)
— Peut-on dresser le Vatican contre les peuples de couleur ?
(**16**, 1957, p. 3-8)
— Le sous-équipement et les leçons du Caire
(**17**, 1957, p. 3-8)
— Science et conscience
(**18-19**, 1958, p. 3-5)
— Indépendance, sécurité, paix mondiale
(**20**, 1958, p. 3-4)
— IIᵉ Congrès des Écrivains et Artistes Noirs (Rome : 27 mars-2 avril 1959)
(**20**, 1958, p. 144)
— Notre dossier
(**21**, 1958, p. 3-4)
— Accra : Le rendez-vous de l'Unité
(**22**, 1958, p. 3-4)
— Balkanisation et unité
(**23**, 1958, p. 3-5)
— Notre politique de la culture
(**24-25**, 1959, p. 3-4)
— Politique et culture
(**26**, 1959, p. 3-4)

— Il y a un an, Addis-Abeba
(**50**, 1964, p. 3-4)
— Responsabilités Culturelles et Peuples nouveaux
(**52**, 1964, p. 3-4)
— Organiser et valoriser l'expérience africaine
(**53**, 1965, p. 5-7)
— Question sur la pédagogie africaine
(**54**, 1965, p. 5-6)
— Pour une pédagogie africaine
(**55**, 1965, p. 5-14)
— De la paix ou la parole exercée ensemble
(**56**, 1965, p. 3-4)
— Le langage du cœur
(**58**, 1966, p. 3-7)
— Pour une politique de la culture
(**60**, 1966, p. 3-5)
— D'Israël et de Populorum Progressio ...
(**63**, 1967, p. 3-9)
— XXᵉ anniversaire
(**64**, 1967, p. 3-5)
— Pouvoir du Peuple et Révolution de Civilisation
(**66**, 1968, p. I)
— Lettre sur la civilisation de la Femme Africaine
(**68**, 1968, p. 88-90)
— Diffuser ...
(**70**, 1969, p. 3-6)
— Price-Mars est mort
(**71**, 1969, p. 3-4)
— Un été culturel africain
(**72**, 1969, p. 3-5)
— An African Cultural Summer
(**72**, 1969, p. 6-8)
— Culture ou Civilisation ?
(**82**, 1972, p. 3-6)
— Culture or Civilization ?
(**82**, 1972, p. 7-10)

— La papauté vue d'Afrique au début du XXIe siècle
  (**172**, 2005, p. 5-6)
— Écrire l'histoire de l'Afrique après Ki-Zerbo
  (**173**, 2006, p. 5-8)
— Lucien Lemoine est mort (1923-2010)
  (**179-180**, 2009, p. 288-289)
— Georges Anglade (1944-2010).
  (**179-180**, 2009, p. 290-291)

P. A. et BERNARD-AUBERT Claude

Entretien avec Claude Bernard-Aubert, Réalisateur des *Lâches vivent d'espoir* (Propos recueillis par André Laude)
(**36**, 1961, p. 134-136)

PRESSAT, R.

Les données démographiques du sous-développement
(**21**, 1958, p. 14-22)

PRICE-MARS, Jean

Survivances africaines et dynamisme de la culture noire outre-Atlantique
(**8-9-10**, 1956, p. 272-280)
— *La Lézarde* par Édouard Glissant
  (**22**, 1958, p. 118)
— Discours de S. E. le Dr Price-Mars, président de la S.A.C., à M. le président Giovani Gronchi (audience accordée par le président de la République italienne)
  (**24-25**, 1959, p. 26)
— Remerciement
  (**24-25**, 1959, p. 35-36)
— La paléontologie, la préhistoire et l'archéologie
  (**24-25**, 1959, p. 49-59)
— Discours de S. E. le Dr Price-Mars, président de la S.A.C., à S. S. Jean XXIII lors de l'audience au Vatican
  (**24-25**, 1959, p. 425-426)
— *Le vaudou haïtien* par Alfred Métraux
  (**26**, 1959, p. 119-120)

PRISO, F. Mouasso

Le cultivateur et la belle-mère

QURAISHY, B.B.
Land Tenure and Economic Development in Ghana
(**77**, 1971, p. 24-35)

R., J. (Jacques RABEMANANJARA) et DE GAULLE Charles
Discours du Général de Gaulle devant l'Assemblée Nationale
du Mali
(**29**, 1960, p. 123-126)

R., V. (Voahangy RAJAONAH)
Livres reçus / Books Received
(**116**, 1980, p. 299-301)

RABEMANANDJARA, Jacques
Chant XXII
(**2**, 1948, p. 242-243)
— Hymne à nahita
(**5**, 1948, p. 791-795)
— Paques 48
(**6**, 1949, p. 108-110)
— Pour Marcelle
(**4**, 1955, p. 70-72)
— Automne austral
(**7**, 1956, p. 96-97)
— L'Europe et Nous
(**8-9-10**, 1956, p. 20-28)
— *Ces pays qu'on n'appellera plus colonies,* (bibliothèque de l'homme
d'action) par Robert de Montvalon
(**11**, 1956, p. 123-125)
— Madagascar 1947-1957
(**12**, 1957, p. 73-77)
— Présence de Madagascar
(**12**, 1957, p. 89-108)
— Le poète noir et son peuple
(**16**, 1957, p. 9-25)
— Les fondements culturels du nationalisme malgache
(**18-19**, 1958, p. 125-142)
— Réveillon 47
(**20**, 1958, p. 66-68)

(101-102, 1977, p. 303-321)

RABEMANANJARA, Jacques et al.
Notre position en face du referendum
(20, 1958, p. 141-142)

RACINE, Daniel
Dimensions africaines dans l'enseignement de la littérature
d'expression française en Amérique
(93, 1975, p. 153-164)
— Dialectique culturelle et politique en Guadeloupe et Martinique
(104, 1977, p. 7-27)
— The Aesthetics of Léon-Gontran Damas
(121-122, 1982, p. 154-165)

RAHAGA, Jean-Claude et al.
Comment le cinéma peut inspirer le sentiment d'une solidarité
historique et culturelle entre les communautés du Monde Noir
(90, 1974, p. 153-159)

RAHANDRAHA, Thomas
Le Poète
(57, 1966, p. 159-160)

RAHARIJAONA, Henri
Contribution à l'histoire de la nation malgache par Pierre Boiteau
(23, 1958, p. 138-141)

RAJAONAH, Voahangy
Le bassin d'Ambalavao, influence urbaine et évolution des campagnes
(sud betsileo Madagascar) par Michel Prtais
(93, 1975, p. 232-234)
— La chasse et le piégeage à Madagascar : Techniques et traditions
(96, 1975, p. 525-562)
— *Les Zafimaniry (un groupe ethnique de Madagascar à la poursuite*
de la forêt) par Daniel Coulaud
(99-100, 1976, p. 277-278)
— *Pelandrova* par Pelandrova Dreo
(105-106, 1978, p. 296-298)
— Réflexion sur l'éducation en Afrique
(111, 1979, p. 19-30)

— In Memoriam : Walter Rodney (1942-1980)
(**115**, 1980, p. 254-254)

— *Canadian Journal of African Studies. Revue canadienne des études africaines*, Vol. 14 n° 1 ; Vol. 14 n° 2 et Vol. 13 [sic] n° 3 by ; Diogène, n° 110 by ; *Journal of Carribean Studies*, Vol. 1, Number 1 ; C.A.R.E. (Revue du Centre Antillais de Recherche et d'Études). N° 3, 4, 5 ; *Notes bibliographiques caraïbes*, n° 23-24 janvier-février ; n° 25 avril et n° 26 ; *Ethno-psychologie*, n° 1 ; *Africa*, anno XXXV, n° 1 ; *Recherche, pédagogie et culture*, vol. IX, n° 49 ; *Taloha* (Civilisation de Madagascar, art et archéologie, anthropologie sociale), n° 8 ; *France Eurafrique*, n° 299
(**116**, 1980, p. 243-250)

— Dimensions géographique et démographique du monde noir
(**117-118**, 1981, p. 36-52)

— *Canadian Journal of African Studies, (revue canadienne des études africaines)* vol. 14, n° 3 ; *présence Francophone* n° 20 ; *Madagascar. Revue de géographie*, n° 36 ; *Études ; Politique africaine ; Africa*, anno XXXV, n° 3-4
(**119**, 1981, p. 193-199)

— Livres reçus / Books Received
(**119**, 1981, p. 200-202)

— In Memoriam : Alexis Kagamé (1912-1981)
(**120**, 1981, p. 113-114)

— *Cosmopolitiques*, n° 5, décembre 1987 ; *Afrique contemporaine*, n° 144, octobre-novembre-décembre 1987 ; *Race and Class*, vol. XXIX, n° 3, Winter 1988 ; *Études*, n° 4, avril 1987 ; *Téléma (Lève-toi et marche)*, n° 51-52, juillet-décembre 1987 ; *La Plume*, n° 3, 2ᵉ semestre 1987
(**145**, 1988, p. 220-227)

RAJI-OYELADE, Aderemi

The Comparatist Choice: A Review of « Critical Essays on the Novel in Francophone Africa »
(**156**, 1997, p. 249-253)

RAKOTOMALALA

Interventions des délégués africains à la XVIᵉ session [L'Angola et l'ONU] : République de Madagascar (intervention de M. Rakotomalala)

(**42**, 1962, p. 140-141)

RAKOTOSON, Michèle

Elle fut silence

(**146**, 1988, p. 207-211)

RALIBERA, Rémy

Théologien-prêtre africain et développement de la culture négro-africaine

(**27-28**, 1959, p. 154-187)

RAMANOELINA, Martin

Simples jalons pour une révolution créatrice

(**44**, 1962, p. 25-59)

— *Enquête sur les étudiants noirs en France* par J.P. N'Diaye

(**45**, 1963, p. 248-250)

— Simples jalons pour une révolution créatrice (suite)

(**48**, 1963, p. 94-108)

— *La pauvreté des nations* par R. Gendarme

(**48**, 1963, p. 231-235)

— *Révolution industrielle et sous-développement, collection développement économique* par Paul Bairoch

(**48**, 1963, p. 235-237)

— *L'économie de l'énergie dans les pays en voie de développement* (Collection tiers-monde) par Pierre Sevette

(**48**, 1963, p. 237)

— *L'univers économique et social, tome IX de l'encyclopédie française* par François Perroux

(**49**, 1964, p. 245-246)

— Commerce extérieur et culture humaine (Quelques réflexions après la Conférence de Genève)

(**52**, 1964, p. 143-149)

— *Industrie et collution collective* par François Perroux

(**52**, 1964, p. 238-239)

— *Planification et croissance accélérée* par Charles Bettelheim

(**52**, 1964, p. 239-240)

— *L'économie de l'ouest africain* par Abdoulaye Wade

(55, 1965, p. 208-209)

RASETA, Joseph, RAVOAHANGY Joseph et RABEMANANJARA Jacques
Notre position en face du référendum
(**20**, 1958, p. 141-142)

RASH, Y.
Œdipe et job dans les religions ouest-africaines par Meyer Fortes, Edouard Ortigues ; *Anthropologie Religieuse, Textes fondamentaux* par John Middleton, Marc Augé
(**98**, 1976, p. 249-252)

RASSEMBLEMENT DÉMOCRATIQUE AFRICAIN (RDA)
IIIᵉ congrès interterritorial du RDA. Résolution politique
(**16**, 1957, p. 199-200)

RATSIMAMANGA, Albert Rakoto
Poètes malgaches de langue française
(**7**, 1956, p. 26-50)

RATTON, Charles
L'or fétiche
(**10-11**, 1951, p. 136-155)

RAVEL, Georges
Ratsiraka : Socialisme et misère à Madagascar par Ferdinand Deleris
(**143**, 1987, p. 209-210)

RAVELONANOSY, Victoire
De la céramique à Madagascar
(**31**, 1960, p. 90-95)

RAVOAHANGY, Joseph et al.
Notre position en face du referendum
(**20**, 1958, p. 141-142)

RAYMOND, Louis Tanis
Lancinance
(**63**, 1967, p. 185-186)

RAZAFINTSAMBAINA, Gabriel
Hommage à Rabearivelo…
(**36**, 1961, p. 120-126)

RECHT, Jean-Jacques
Actualité de W.E.B. Du Bois

RIBBE, Claude

Discours au sénat le 30 novembre 2002
(**167-168**, 2003, p. 163-166)

— C'est la faute à Voltaire !
(**169**, 2004, p. 167-181)

RICARD, Alain

Les paradoxes de Wole Soyinka
(**72**, 1969, p. 202-211)

— *Shango,* suivi de *Le roi éléphant,* (Collection « théâtre africain »)
par Ola Balogun
(**93**, 1975, p. 234-235)

— Souvenir de Jacques Howlett
(**126**, 1983, p. 185-186)

— James Baldwin à Los Angeles
(**143**, 1987, p. 219-229)

— Réponse d'Alain Ricard à la note de lecture de J.M. Molumeli
parue dans le n° 156
(**157**, 1998, p. 270-271)

RICHARD-MOLARD, Jacques

Terres de démesure
(**8-9**, 1950, p. 39-47)

— Plaidoyer pour une nouvelle paysannerie en Afrique Noire
(**13**, 1952, p. 170-179)

— Groupements ethniques et Civilisations nègres d'Afrique
(**15**, 1953, p. 11-32)

— Groupements ethniques et collectivités d'Afrique Noire
(**15**, 1953, p. 33-44)

— L'homme ouest-africain
(**15**, 1953, p. 45-60)

— Le Nègre, ce méconnu
(**15**, 1953, p. 61-66)

— Démographie de l'A.O.F.
(**15**, 1953, p. 67-82)

— Notes démographiques sur la région de Labé
(**15**, 1953, p. 83-94)

— Les densités de population au Fouta-Djalon
(**15**, 1953, p. 95-106)

(**132**, 1984, p. 147-149)

RIVE, Richard
Résurrection
(**48**, 1963, p. 171-179)

RIVENC, P. et GUBERINA P.
Projet de programme pour le développement de l'enseignement
des langues en Afrique Occidentale
(**39**, 1961, p. 118-124)
— Projet en vue du développement de l'éducation des adultes en
Afrique
(**40**, 1962, p. 79-87)

RIVIÈRE, Françoise
Allocution de Françoise Rivière
(**174**, 2006, p. 60-63)

ROCHMANN, Marie-Christine
Jean-Joseph Rabearivelo : Poète de la mort
(**145**, 1988, p. 165-172)

RODINSON, Maxime
*Formirovanie natsional'noy obchtchnosti youjnoafrikanskikh Bantu
(La formation de la communauté nationale des Bantous sud-afri-
cains) (= Trudy Instituta etnografii im. N. N. Miklukho-Maklaya
[Travaux de l'Institut d'ethnographie N. N. Mikloukho-Maklaï],
nouvelle série, t. XXIX)* par I. I. Potekhin
(**12**, 1957, p. 166-170)

ROLAND, Pascal
Les imaginaires de l'ailleurs en danse contemporaine
(**183**, 2011, p. 79-89)

ROLIN, Gabrielle et al.
Palabre : Images d'Angola. Afrique et information. Fin des guillemets. On se bat en Guinée (dite portugaise). Nous, les Noirs.
Hypocrisie en Afrique Centrale. La mort de Mouloud Feraoum.
(**40**, 1962, p. 160-173)

ROLLÉ, Christian
France soit (poème du renouveau)
(**121-122**, 1982, p. 253)

— Vers une littérature africaine
(**6**, 1949, p. 144-146)
— La danse
(**8-9**, 1950, p. 219-226)
— Messages au 1ᵉʳ Congrès des Écrivains et Artistes Noirs : Le forgeron blanc
(**8-9-10**, 1956, p. 400-401)
— Messages au 1ᵉʳ Congrès des Écrivains et Artistes Noirs
(**14-15**, 1957, p. 322-323)

ROUGERIE, R. J.
Les enfants de l'oncle Tom par Richard Wright
(**3**, 1948, p. 518-519)
— *Fatou peau noire* par F. Didelot
(**7**, 1949, p. 323-324)

ROUGET, Gilbert
Anthologie de musique Centre-africaine
(**7**, 1949, p. 324-325)
— Chroniques musicales
(**1-2**, 1955, p. 153-158)
— La musique
(**3**, 1955, p. 71-73)
— La musique
(**5**, 1955, p. 108-112)
— La musique
(**7**, 1956, p. 138-141)

ROUGET, Gilbert et al.
Messages au 1ᵉʳ Congrès des Écrivains et Artistes Noirs
(**8-9-10**, 1956, p. 387)

ROUÏL, Marie-Thérèse
Toumba
(**57**, 1966, p. 177)
— Enfance
(**57**, 1966, p. 178)

ROUMAIN, Jacques
Bois d'Ébène
(**2**, 1948, p. 230-243)

RUBONGOYA, L.T.
The Language and Culture of a People
(**94**, 1975, p. 11-30)

RUGAMBA, Dorcy
Lettre à un ami
(**192**, 2015, p. 159-161)

RUMEAU, Delphine
Du monument au rituel, les poèmes funéraires d'Aimé Césaire
(**189**, 2014, p. 27-38)

RUPAIRE, Sonny
Hommage à Auguste Sainte-Lucie - Marie-Galante(poèmes)
(**43**, 1962, p. 409-412)
— [Ki lavalas]
(**121-122**, 1982, p. 232)
— Mwen se gwadloupeyen
(**121-122**, 1982, p. 232)

RUTIL, Alain
Chants de travail paysan (Marie-Galante), Wochi-i-i
(**121-122**, 1982, p. 200-201)

SAADA, Paul
Le conflit judéo-arabe par A.R. Abdel-Kader
(**41**, 1962, p. 180-182)
— *Matinale de mon peuple* par Jean Sénac
(**41**, 1962, p. 182-183)

SAAR, Adolphe et al.
Témoignages sur la *Philosophie bantoue* du père Tempels
(**7**, 1949, p. 252-278)

SADI, Jean-Pierre Karegeye
Sony Labou Tansi et la pathologie du pouvoir en Afrique
(**156**, 1997, p. 205-219)

SADJI, Abdoulaye
Nini (roman)
(**1**, 1947, p. 89-110)
— *Nini*
(**2**, 1948, p. 276-298)

— *Nini* (roman)
(**3**, 1948, p. 485-504)
— Littérature et Colonisation
(**6**, 1949, p. 139-141)
— *Nini : Mulâtresse du Sénégal* (roman)
(**16**, 1954, p.287-415)

SADJI, Abdoulaye et al.
Témoignages sur la *Philosophie bantoue* du père Tempels
(**7**, 1949, p. 252-278)

SAINT-AMAND, E.
Emeute au Transvaal par Harry Bloom
(**18-19**, 1958, p. 240-241)

SAINT-ÉLOI, Rodney
Figures d'Afrique…
(**181-182**, 2010, p. 215-219)

SAINT-JAQUES, C.
L'aluminium et la bauxite
(**20**, 1958, p. 122-124)

SAINT JEAN, Louis Carl et SCOTT-LEMOINE Jacqueline
Jacqueline Scott-Lemoine (1923, Port-au-Prince, Haïti : 2011, Dakar, Sénégal). Extrait d'un entretien avec Louis Carl Saint Jean
(**184**, 2011, p. 249-255)

SAINT-LOT, Emile et al.
Débats : 20 Septembre, à 21 h [Le 1er Congrès International des Écrivains et Artistes Noirs]
(**8-9-10**, 1956, p. 206-226)
— Dialogue [Le 1er Congrès International des Écrivains et Artistes Noirs]
(**8-9-10**, 1956, p. 366-378)
— Palabre : Le voyage aux Antilles. Nations « riches » et pays « pauvres ». Les élections au Bantoustan. Les techniques audiovisuelles et l'Afrique. Le peintre Tiberio. Où il est question de Négritude, mythe et science. Deux perspectives de recherche en Afrique indépendante.
(**50**, 1964, p. 237-257)

SAINVILLE, Léonard

À propos du « débat autour des conditions d'un roman national chez les peuples noirs »
(**18-19**, 1958, p. 217-220)

— *Les mendiants de miracles* par G.-V. Gheorghiu
(**26**, 1959, p. 123-125)

— *Orpheu Negro* : Grand Prix du Festival de Cannes 1959
(**26**, 1959, p. 130-131)

— Le roman et ses responsabilités
(**27-28**, 1959, p. 37-50)

— La presse française et la Guinée
(**29**, 1960, p. 109-115)

— *Sapotille et le serin d'argile* par Michèle Lacrosil
(**37**, 1961, p. 212-214)

— *L'Afrique noire* (éditions sociales) par J. Suret-Canale
(**52**, 1964, p. 247-250)

— *Manuels d'histoire africaine pour l'enseignement*
(**53**, 1965, p. 262-263)

— *Histoire de l'Afrique occidentale française* par Djibril Tamsir Niane, Jean Suret-Canale
(**53**, 1965, p. 263)

— *Précis d'histoire de l'ouest africain* par Marcel Guilhem
(**53**, 1965, p. 263-264)

— *Histoire de la Côte d'Ivoire* par Clerici
(**53**, 1965, p. 264-265)

— *Précis d'histoire de la Haute-Volta* par Marcel Guilhem, Jean Hébert
(**53**, 1965, p. 265-266)

— *Manuel d'histoire de Madagascar* par Chapus, Dandouau
(**53**, 1965, p. 266)

— *Histoire du Sénégal* par Félix Brigaud
(**53**, 1965, p. 266)

— Document inédit
(**70**, 1969, p. 75-98)

— La captivité et la mort de Toussaint-Louverture (1).
(**76**, 1970, p. 238-251)

— *Dieu nous l'a donné* par Maryse Condé
(**84**, 1972, p. 136-138)

— Table ronde sur « Le Swahili comme langue de Culture, d'Enseignement et Grand Véhiculaire inter-africain »
(**78**, 1971, p. 49-117)

— Pré-colloque sur « Civilisation noire et Éducation »
(**87**, 1973, p. 5-142)

SALGADO, Lionel
Reflections: On George Jackson's Murder
(**79**, 1971, p. 74-75)

SALIFOU, André
Pré-colloque sur « Civilisation noire et Éducation »
(**87**, 1973, p. 5-142)

— L'éducation africaine traditionnelle
(**89**, 1974, p. 3-14)

SALIFOU, Koala
Le pays de rêve
(**163-164**, 2001, p. 129)

— Eden
(**163-164**, 2001, p. 130)

— Le cours des saisons
(**163-164**, 2001, p. 131)

— Le touriste de Bretton Woods
(**167-168**, 2003, pp. 251)

SALKEY, Andrew
To Langston Hughes
(**64**, 1967, p. 56-56)

SALL, Amadou Lamine
L'actualité de Césaire
(**151-152**, 1995, p. 48-50)

SALL, Babacar
Histoire et conscience historique : De la philosophie de l'histoire dans l'œuvre de Cheikh Anta Diop
(**149-150**, 1989, p. 283-291)

— Le voleur de verbe
(**151-152**, 1995, p. 30-34)

SALLAH, Tijan M.
Oh, Chaka!

SANKALÉ, Marc

Souveraineté nationale et problèmes sanitaires internationaux
(**36**, 1961, p. 34-50)

— Notes sur l'actualité sanitaire en Afrique Noire : Du désenchantement au réalisme
(**124**, 1982, p. 5-15)

SANKALÉ, M., I. WONE, T. MOROSOV, S. MOROSOV et H. DE LAUTURE

La place du « ceebu-jën » dans l'alimentation des populations suburbaines de Dakar
(**113**, 1980, p. 9-44)

SANKALE, Sylvain

Ousmane Sow est mon ami...
(**191**, 2015, p. 63-75)

— DAK'ART 2016. La Biennale de l'art africain contemporain
(**191**, 2015, p. 264-268)

SANNEH, L.O.

Field-Work among the Jakhanke of Senegambia
(**93**, 1975, p. 92-112)

SANTILLAN, Teresa Gracia et al.

Palabre : Conséquences de la grève générale nigérienne. Le culte de la doctrine. Lumumba, deux fois assassiné. Le « dollar africaniste et scientifique ». Les répétitions du *Roi Christophe*.
(**51**, 1964, p. 170-177)

SANTO, Alda Do Espirito

No Mesmo lado da Canoa
(**57**, 1966, p. 490-492)

— Descendo O Meu Bairro
(**57**, 1966, p. 492-493)

— Avo Mariana
(**57**, 1966, p. 493-494)

— Onde Estao Os Homens Caçados Neste : Vento De Loucura
(**57**, 1966, p. 495-496)

— Angolares
(**57**, 1966, p. 496-497)

SARR, Mohamed Mbougar
La Couleur de l'infortune
(**191**, 2015, p. 119-132)
— FESMAN 66 : Des images et des questions
(**191**, 2015, p. 251-258)

SARTRE, Jean-Paul
Présence noire
(**1**, 1947, p. 28-29)
— Orphée Noir : Extraits
(**6**, 1949, p. 9-14)
— Black Orpheus (traduit par S.W. Allen).
(**10-11**, 1951, p. 219-247)
— La pensée politique de Patrice Lumumba
(**47**, 1963, p. 18-58)

SARTRE, J.-P. et ALLEN S. W.
Black orpheus
(**10-11**, 1951, p. 219-247)

SASSINE, Williams et CÉVAËR Françoise
Entretien
(**155**, 1997, p. 10-17)

SASTRE, Robert
God Bless Ghana
(**12**, 1957, p. 67-68)
— Spiritualité africaine et christianisme
(**13**, 1957, p. 23-30)
— Théologie et culture africaine
(**24-25**, 1959, p. 132-141)

SATTI, Nureddin
Africanité et Arabité au Soudan
(**119**, 1981, p. 123-132)

SAUNDERS, Christopher
The General History of Africa and Southern Africa's Recent Past
(**173**, 2006, p. 117-126)

SAUVY, Alfred
Messages au 2ᵉ Congrès des Écrivains et Artistes Noirs
(**24-25**, 1959, p. 373)

SCHEEL, Charles W.

Les romans de Jean-Louis Baghio'o et Iᵉ Réalisme Merveilleux redéfini

(**147**, 1988, p. 43-62)

— Hommage à Victor Jean-Louis Baghio'o.

(**153**, 1996, p. 261-264)

SCHEUB, Harold

« When a Man Fails Alone »

(**74**, 1970, p. 61-89)

SCHIPPER de LEEUW, Mineke

Noirs et Blancs dans l'œuvre d'Aimé Césaire

(**72**, 1969, p. 124-147)

— Le mythe de race et de couleur : Littératures et contre-littératures

(**109**, 1979, p. 65-74)

— A la recherche d'une arme miraculeuse : Le théâtre sud-africain depuis les événements de Soweto

(**140**, 1986, p. 35-46)

SCHMIDT, Elena N.

Note sur une thèse de doctorat d'histoire

(**80**, 1971, p. 171-173)

SCHMIDT, Nelly

Les caraïbes (Collection « Que sais-je ? ») par Oruno D. Lara

(**137-138**, 1986, p. 270-273)

SCHNEIDER, Anne

De la destinée pédagogique d'Aimé Césaire : Poétique(s) de l'engagement pour la jeunesse

(**189**, 2014, p. 255-267)

SCOTT, Michaël

Élections générales en Afrique du Sud

(**18-19**, 1958, p. 221-224)

— L'essentielle mauvaise foi de l' « apartheid »

(**30**, 1960, p. 62-71)

— Afrique du Sud, société anonyme

(**50**, 1964, p. 60-75)

— The Speech of Mr. Assane Seck (Minister of Cultural Affairs of the Republic of Senegal) [Second Session of the International Congress of Africanists]
(**67**, 1968, p. 230-233)

— Discours inaugural de M. Assane Seck : Ministre d'État chargé de la Culture du Sénégal [1ᵉʳ Pré-Colloque du 3ᵉ Festival Mondial des Arts Nègres : « Dimensions mondiales de la Communauté des Peuples Noirs »]
(**117-118**, 1981, p. 19-21)

— Inaugural Speech by Mr. Assane Seck : Senegalese Minister of State for Culture [1ᵉʳ Pré-Colloque du 3ᵉ Festival Mondial des Arts Nègres : « Dimensions mondiales de la Communauté des Peuples Noirs »]
(**117-118**, 1981, p. 22-24)

— Un nationaliste sans concession
(**173**, 2006, p. 37-44)

— Mot de bienvenue
(**181-182**, 2010, p. 31-33)

SECK, Assane et KAMPERVEA A.
Rapport et Recommandations
(**117-118**, 1981, p. 399-401)

— Report and Recommendations
(**117-118**, 1981, p. 402-404)

SECK, Assane et al.
Congrès International des Africanistes
(**66**, 1968, p. 225-259)

— L'apport du 1ᵉʳ Congrès international des écrivains et artistes noirs à la pensée contemporaine
(**174**, 2006, p. 101-125)

SEDDOH, Komlavi
L'Afrique reste à construire
(**175-176-177**, 2007-2008, p. 115-117)

SEDDOH, Komlavi et al.
Débat [I. Impacts / 3. Le Congrès de 1956 et son impact sur les politiques culturelles de l'éducation]
(**175-176-177**, 2007-2008, p. 210-224)

SÉLASSIÉ, Kiflé Beseat et al.
Débat [I. Impacts / 1. Le Congrès de 1956 et son impact sur la question de l'identité, de la diversité et des solidarités culturelles] (**175-176-177**, 2007-2008, p. 50-61)

SELLASIE, Gabre
Interventions des délégués africains à la XVIᵉ session [L'Angola et l'ONU] : Éthiopie
(**42**, 1962, p. 113-117) (intervention de M. Gabre Sellasié)
Interventions des délégués africains à la XVIᵉ session [L'Angola et l'ONU] : République du Tchad
(**42**, 1962, p. 118-123)

SELMANI, Samia
Représentation du couple dans le roman francophone contemporain : Entre fiction et réalité
(**190**, 2014, p. 213-226)

SEMBENE, Carrie D.
From Leroi Jones to Amiri Baraka par Theodore R. Hudson
(**91**, 1974, p. 152-155)

SEMBÈNE, Ousmane
La mère…
(**17**, 1957, p. 111-112)
— *La Noire de…*
(**36**, 1961, p. 90-102)
— Bon anniversaire !
(**154**, 1996, p. 27)
— Moment d'une vie : Paulin Soumanou Vieyra
(**170**, 2004, p. 19-22)

SEMUJANGA, Josias
Et Présence Africaine inventa une littérature
(**156**, 1997, p. 17-34)
— De la construction du Hamite à la mise à mort du Tutsi
(**167-168**, 2003, p. 175-194)

SENAC, Jean, Henri KREA, Kateb YACINE
Messages au 1ᵉʳ Congrès des Écrivains et Artistes Noirs : Message des écrivains algériens au congrès des écrivains noirs
(**8-9-10**, 1956, p. 380-381)

— *Entre la peur et l'espoir* par Tibor Mende
(**18-19**, 1958, p. 233-234)
— Communauté et Afrique Noire
(**22**, 1958, p. 5-9)
— Souleymane Cissé, cinéaste malien
(**144**, 1987, p. 133-138)
— La crise de l'Université en Afrique Noire
(**144**, 1987, p. 153-155)

SENGAT-KUOH, François (Francesco N'DINTSOUNA)
Préjugé
(**57**, 1966, p. 27-28)

SENGHOR, Blaise
Pour un authentique cinéma africain
(**49**, 1964, p. 104-110)

SENGHOR, Blaise et al.
Pré-colloque sur « Civilisation noire et Éducation »
(**87**, 1973, p. 5-142)

SENGHOR, Jeggan
You, Kwame, Me
(**85**, 1973, p. 178)

SENGHOR, Léopold Sédar
Chant de l'Initié
(**1**, 1947, p. 56-59)
— *Poète malgache* par Favien Ranaivo,
(**2**, 1948, p. 333-336)
— Congo
(**4**, 1948, p. 625-626)
— "La phrase ensemble"
(**4**, 1948, p. 685-687)
— Le Kaya-Magan [Attribué à Guy Tirolien. Errata dans N° 6)]
(**5**, 1948, p.789-790)
— Subir ou choisir
(**8-9**, 1950, p. 437-443)
— Chaka
(**12**, 1951, p. 164-174)

— Speech by Mr. Léopold Sédar Senghor President of the Republic of Senegal
(92, 1974, p. 31-38)
— Hommage à Taos Amrouche.
(103, 1977, p. 180-181)
— Les leçons de Léo Frobenius
(111, 1979, p. 141-151)
— Suite du débat autour des conditions d'une poésie nationale chez les peuples noirs : Réponse
(163-164, 2001, p. 62-65)
— Suite du débat autour des conditions d'une poésie nationale chez les peuples noirs
(165-166, 2002, p. 243-246)

SENGHOR, Léopold Sédar et MARSHALL DAVIS F.
Pour toi
(7, 1949, p. 303)

SENGHOR, L.-S., GOUHIER Alain, ACHILLE L., HÉRALT, DIOP Alioune, DIOP Cheikh Anta, SAINT-LOT, CÉSAIRE Aimé et WRIGHT Richard
Dialogue [Le 1ᵉʳ Congrès International des Écrivains et Artistes Noirs]
(8-9-10, 1956, p. 366-378)

SENGHOR, Léopold Sédar et al.
Débats : 19 Septembre, à 21 h [Le 1ᵉʳ Congrès International des Écrivains et Artistes Noirs]
(8-9-10, 1956, p. 66-83)
— Débats : 20 Septembre, à 21 h [Le 1ᵉʳ Congrès International des Écrivains et Artistes Noirs]
(8-9-10, 1956, p. 206-226)
— Congrès International des Africanistes
(66, 1968, p. 225-259)
— Senghor : Un poète en politique
(154, 1996, p. 61-71)

SENGHOR, Renée
Terra d'Africa 1998
(159, 1999, p. 232-234)

SHELTON, Austin J.

Le principe cyclique de la personnalité africaine
(**45**, 1963, p. 98-104)

— Le principe cyclique de la personnalité africaine (II) : « Le retour à la brousse » ou le recul ontologique
(**46**, 1963, p. 64-77)

— The Ideology of Blackness and Beauty in America and Africa
(**79**, 1971, p. 126-136)

— African Attitudes and Values: Generalizations for Africanist Teaching
(**97**, 1976, p. 117-131)

SHELTON, Austin S.

The Problem of Griot Interpretation and the Actual Causes of War in Sondjata
(**66**, 1968, p. 145-152)

— A Summary of Interior Monologue in Cheikh Hamidou Kane's *Ambiguous Adventure*
(**101-102**, 1977, p. 207-215)

SIBITA, A.

Poème : Maîtres et disciples : Commentaire
(**125**, 1983, p. 371-373)

SICE, Abu Di-Djilène

Libéria : Pour les « Hebrew Israelites » le Christ était… Noir !
(**70**, 1969, p. 233-240)

SICHONE, Owen B.

Kalingalinga (Shanty Town)
(**137-138**, 1986, p. 163)

— Scavengers
(**137-138**, 1986, p. 164)

— Is Africa Dying?
(**137-138**, 1986, p. 165)

SIDIBÉ, Amsatou Sow

Les mutilations génitales féminines au Sénégal
(**160**, 1999, p. 55-66)

SIDIBÉ, Mamby

Contes de la Savane

(**87**, 1973, p. 178-196)
— Land and Politics in Ukambani from the End of the 19th Century Up to 1933
(**89**, 1974, p. 101-146)

SIMMONS, Barbara et Edouard J. MAUNICK
Soul-Barbara Simmons
(**64**, 1967, p. 97-112)

SIMMONS, Clifford
Books from Africa and the West Indies
(**61**, 1967, p. 219-225)

SIMMONS, Ruth
La pertinence de la poésie de David Diop pour les jeunes Noirs aux États-Unis
(**75**, 1970, p. 89-96)

SIMON, Erica
La Négritude et les problèmes culturels de l'Afrique contemporaine (À propos de l'œuvre de Cheikh A. Diop)
(**47**, 1963, p. 145-172)

SIMON, Erica et al.
Pré-colloque sur « Civilisation noire et Éducation »
(**87**, 1973, p. 5-142)

SIMPSON, Ekundayo
Bilinguisme et création littéraire en Afrique
(**111**, 1979, p. 44-60)

SINDA, Martial
L'État africain postcolonial : Les forces sociales et les communautés religieuses dans l'État postcolonial en Afrique
(**127-128**, 1983, p. 240-260)

SINDA, Martial et al.
Pré-colloque sur « Civilisation noire et Éducation »
(**87**, 1973, p. 5-142)

SINDA, Thierry
Réflexions cinématographiques en deux actes autour du cycle Sembène Ousmane organisé par Med Hondo
(**157**, 1998, p. 253-255)

SINE, Babacar et al.
Pré-colloque sur « Civilisation noire et Éducation »
(**87**, 1973, p. 5-142)

SINGH, Raja J.
Trade Union Development in Zambia
(**131**, 1984, p. 15-23)

SIRIMAN, Cissoko
Coupeur de bois
(**57**, 1966, p. 85-86)
— O Terre
(**57**, 1966, p. 87)

SISSA-LE, Bernard
Pour un renouvellement des principes et des méthodes de l'enseignement en Afrique
(**103**, 1977, p. 43-58)

SISSOKO, Fily Dabo
Humour africain
(**8-9**, 1950, p. 227-239)

SITHOLE, Edson F.C.
Appréhensions européennes à l'égard des nouveaux gouvernements africains
(**44**, 1962, p. 135-145)

6ᵉ CONGRÈS PANAFRICAIN
— Déclaration générale / General Declaration
(**91**, 1974, p. 204-219)
— Resolution on Culture / Rapport du Comité économique
(**91**, 1974, p. 220-232)
— Déclaration du 6ᵉ Congrès Panafricain sur la lutte de libération nationale en Afrique australe
(**91**, 1974, p. 233-236)

SKOROV, George
Messages au 2ᵉ Congrès des Écrivains et Artistes Noirs
(**24-25**, 1959, p. 335)

SKOROV, Guéorgui
In mémoriam : Ivan Potekhine, homme, savant et ami de l'Afrique

(**53**, 1965, p. 215-220)

SLATER, Montagu

Le procès de Jomo Kenyatta
(**6**, 1956, p. 46-55)

— Le procès de Jomo Kenyatta
(**11**, 1956, p. 32-46)

SLOAN, Ruth C.

Les étudiants africains aux États-Unis (traduit de l'anglais par P. Mercier)
(**14**, 1953, p. 257-274)

SMITH, E.W

Un éducateur : Dr. J. Aggrcy
(**8-9**, 1950, p. 123-132)

SMITH, Pierre

The Content and Form of Yoruba Ijala par S. A. Babalola
(**63**, 1967, p. 254-256)

SNYDER, Emile

Jacques Howlett : Artisan du devenir
(**126**, 1983, p. 188-190)

SOCK, Boubacar

L'utilisation de la Radiodiffusion pour l'animation et l'éducation des communautés de base (L'expérience sénégalaise)
(**107**, 1978, p. 93-110)

SOCIÉTÉ AFRICAINE DE CULTURE (Society of African Culture, SAC)

Société Africaine de Culture : Bureau. Règlement intérieur.
(**24-25**, 1959, p. 431-433)

— Georges Padmore n'est plus
(**29**, 1960, p. 116)

— In memoriam : Richard Wright
(**34-35**, 1960-1961, p. 247)

— Félix Moumié est mort
(**34-35**, 1960-1961, p. 248)

— Nouvelles de la Société africaine de culture
(**36**, 1961, p. 175-176)

— Nouvelles de la Société Africaine de Culture
(**38**, 1961, p. 247-248)
— Nouvelles de la Société Africaine de Culture
(**39**, 1961, p. 254-255)
— Nouvelles de la Société Africaine de Culture
(**40**, 1962, p. 185-186)
— Nouvelles de la Société Africaine de Culture
(**41**, 1962, p. 190-191)
— De la contribution de la personnalité africaine à la vitalité du catholicisme.
(**44**, 1962, p. 245-260)
— Nouvelles de la Société Africaine de Culture
(**44**, 1962, p. 261-262)
— Nouvelles de la Société Africaine de Culture
(**45**, 1963, p. 251)
— In memoriam : Melville J. Herskovits
(**46**, 1963, p. 251-252)
— Nouvelles de la Société Africaine de Culture
(**46**, 1963, p. 253-254)
— Table ronde sur la médecine en Afrique Noire
(**69**, 1969, p. 29-141)
— Congrès international d'histoire africaine
(**89**, 1974, p. 207-208)
— International Congress of African History
(**89**, 1974, p. 209-210)
— Argument [Séminaire sur « le rôle du cinéaste africain dans l'éveil d'une conscience de civilisation noire »]
(**90**, 1974, p.4-5)
— Summary [Séminaire sur « le rôle du cinéaste africain dans l'éveil d'une conscience de civilisation noire »]
(**90**, 1974, p. 6-7)
— Texte de base [Séminaire sur « le rôle du cinéaste africain dans l'éveil d'une conscience de civilisation noire »]
(**90**, 1974, p. 8-12)
— Basic Text [Séminaire sur « le rôle du cinéaste africain dans l'éveil d'une conscience de civilisation noire »]
(**90**, 1974, p. 13-17)

— Le 6ᵉ Congrès Panafricain (Dar-es-Salaam, 19-27 juin 1974)
(**91**, 1974, p. 173-180)
— Argument du pré-colloque
(**92**, 1974, p. 39-46)
— Note d'information REVUE N° 2
(**92**, 1974, p. 47-52)
— Plan de travail
(**92**, 1974, p. 53-57)
— Ordre du Jour
(**92**, 1974, p. 58-59)
— Rapport général
(**92**, 1974, p. 60-90)
— Africaniser les disciplines de la culture
(**92**, 1974, p. 91-93)
— Africanizing the cultural disciplines
(**92**, 1974, p. 94-95)
— Rappel : Colloque sur « Le critique africain et son peuple comme producteur de civilisation »
(**97**, 1976, p. 189-203)
— Identité culturelle négro-africaine
(**98**, 1976, p. 3-5)
— Negro-African Cultural Identity
(**98**, 1976, p. 6-7)
— La conférence intergouvernementale de l'UNESCO sur les politiques culturelles en Afrique (Africacult)
(**98**, 1976, p. 267-296)
— Réalisation de la S.A.C., 1961-1975 / Realizations of the Society of African Culture
(**98**, 1976, p.297-319)
— Colloque d'Abidjan (« Civilisation Noire et Église catholique »)
(**104**, 1977, p. 3-4)
— The Abidjan Colloquium ("Black Civilization and the Catholic Church")
(**104**, 1977, p. 5-6)
— Concept d'État et Civilisation négro-africaine
(**107**, 1978, p. 257-261)

— Nouvelles de la Société Africaine de Culture
(**126**, 1983, p. 195-215)
— Rapport général
(**127-128**, 1983, p. 391-400)
— General report
(**127-128**, 1983, p. 401-409)
— Recommandations
(**127-128**, 1983, p. 410-411)
— Recommendations
(**127-128**, 1983, p. 412-413)
— Nouvelles de la Société Africaine de Culture
(**129**, 1984, p. 177-188)
— Nouvelles de la Société Africaine de Culture
(**130**, 1984, p. 180-188)
— La mort de Cheikh Anta Diop
(**136**, 1985, p. 3-6)
— The Death of Cheikh Anta Diop
(**136**, 1985, p. 7-9)
— Wole Soyinka : Prix Nobel de Littérature 1986
(**139**, 1986, p. 3-4)
— Wole Soyinka: The 1986 Nobel Prize-Winner for Literature
(**139**, 1986, p. 5)
— La femme africaine dans la vie moderne : Images et réalités
(**141**, 1987, p. 3)
— Today's African Woman: Images and Realities
(**141**, 1987, p. 5)
— Racisme pas mort
(**143**, 1987, p. 3-5)
— Racism Is Not Dead
(**143**, 1987, p. 6-7)
— Pour célébrer le vingt-cinquième anniversaire de l'Organisation de l'Unité Africaine (1963-1988)
(**146**, 1988, p. 3-4)
— To Celebrate the Twenty-Fifth Anniversary of the Organization of African Unity (1963-1988)
(**146**, 1988, p. 5-6)

(**86**, 1973, p. 91-92)

— Ibo Man

(**91**, 1974, p. 56)

— Seconds

(**93**, 1975, p. 73)

SOW

Interventions des délégués africains à la XVIᵉ session [L'Angola et l'ONU] : République du Tchad (intervention de M. Sow)

(**42**, 1962, p. 177-178)

SOW, Alpha Ibrahim (Alfâ Ibrâhîm)

Notes sur les procédés poétiques dans la littérature des Peuls du Foûta-Djalon

(**54**, 1965, p. 181-197)

— Où sont-ils donc allés ?

(**57**, 1966, p. 75)

— Chimères

(**57**, 1966, p. 76)

— *Du régime foncier au Fouta-Djalon avant la colonisation* par V.A. Soubbotine

(**58**, 1966, p. 242-244)

— L'éphémère

(**60**, 1966, p. 119)

SOW, Alfa Ibrahim et al.

Table ronde sur "l'éducation en Afrique"

(**64**, 1967, p. 59-96)

— Table ronde sur les langues africaines

(**67**, 1968, p. 50-123)

— Table ronde sur « Le Swahili comme langue de culture, d'Enseignement et Grand Véhiculaire inter-africain »

(**78**, 1971, p. 49-117)

SOW, Fatou

Femmes africaines, emploi et division internationale du travail.

(**141**, 1987, p. 195-226)

— Présence continue des femmes africaines dans l'histoire

(**175-176-177**, 2007-2008, p. 732-737)

SPADY, James G.
Dr. Cheikh Anta Diop and the Background of Scholarship on Black Interest in Egyptology and Nile Valley Civilizations
(**149-150**, 1989, p. 292-312)

SPAGNOLLI, Giovanni
Message au 2ᵉ Congrès des Écrivains et Artistes Noirs
(**24-25**, 1959, p. 340)

SPINNER, Christine Mons
Danse contemporaine, identité et politiques culturelles
(**183**, 2011, p. 105-124)

STANIS, Wembonyama O. et Marianne BUKWE BUBI
Considérations médicales des mutilations génitales féminines : L'excision
(**160**, 1999, p. 31-41)

STANLEY, Janet L.
Tales of Yoruba Gods and Heroes par Harold Courlander, Larry Lurin
(**90**, 1974, p. 283)

STANLEY, Ryan
Verwoerd Is Dead
(**70**, 1969, p. 105-106)

STENOU, Katérina
Définition de quelques termes clés
(**175-176-177**, 2007-2008, p. 422-430)

STENOU, Katérina et al.
Débat [II. Nouveaux enjeux / 5. Dynamiques des cultures et des religions]
(**175-176-177**, 2007-2008, p. 445-457)

STEPHENSON, Elie
Où se trouvent les orangers
(**121-122**, 1982, p. 342-346)

STEPHERSON, Elton
South Africa: The dynamics of the African National Congress par Edward Feit
(**45**, 1963, p. 239-240)

SUMO, Honore-François
La fleur du désert
(**126**, 1983, p. 114-120)

SUNDIATA, I. K.
The Mores of Expansion 1837-1914
(**70**, 1969, p. 46-66)

SURENA, Guillaume
Le meurtre du père nègre dans l'œuvre d'Aimé Césaire
(**151-152**, 1995, p. 161-176)

SURET CANALE, Jean
El Hadj Omar
(**20**, 1958, p. 69-72)

— Message au 2ᵉ Congrès des Écrivains et Artistes Noirs
(**24-25**, 1959, p. 344-348)

— La Guinée dans le système colonial
(**29**, 1960, p. 9-44)

— Contexte et conséquences sociales de la traite africaine
(**50**, 1964, p. 127-150)

— *Les classes sociales en Afrique Noire, « économie et politique »* par Raymond Barbe
(**50**, 1964, p. 263-267)

— *Histoire du Cameroun* par R.P. Engelbert Mveng
(**56**, 1965, p. 158-161)

— Grandeur et présence de Nkrumah
(**85**, 1973, p. 50-55)

— *Histoire de l'Afrique noire, d'hier à demain* par Joseph Ki-Zerbo
(**87**, 1973, p. 197-203)

— *Femmes : Portraits et guides*
(**135**, 1985, p. 143-144)

— *Le combat du rassemblement démocratique africain* par Gabriel Lisette
(**135**, 1985, p. 144-145)

— *Afrique noire : Permanences et ruptures* par Catherine Coquery-Vidrovitch
(**136**, 1985, p. 178-182)

SY, Seydou Madani

Formes et structures de l'État : L'État multinational et le pluralisme politique

(**127-128**, 1983, p. 298-307)

SYAD, William J. F.

The birth of a nation

(**38**, 1961, p. 72)

— La Somalie à l'heure de la vérité

(**38**, 1961, p. 73-97)

— Hier

(**38**, 1961, p. 238)

— L'Ange aux ailes brisées

(**57**, 1966, p. 161-162)

— Hier

(**57**, 1966, p. 162-163)

— La femme et le chien

(**57**, 1966, p. 163-165)

SYLVAIN, Jeanne G.

L'enfance paysanne en Haïti

(**12**, 1951, p. 88-111)

SYMPOSIUM DU 1ᵉʳ FESTIVAL CULTUREL PANAFRICAIN

Manifeste Culturel Panafricain

(**71**, 1969, p. 115-123)

SYMPOSIUM INTERNATIONAL SUR LA CRÉATION DE L'INSTITUT DES PEUPLES NOIRS

Symposium international sur la création de l'Institut des Peuples Noirs (Ouagadougou : 20-26 avril 1986) : Résolution générale

(**137-138**, 1986, p. 285-287)

— International Symposium on the Creation of a Black Peoples' Institute (Ouagadougou : April 20-26, 1986) : General Resolution

(**137-138**, 1986, p. 288-290)

T., L. et PIRON O.

Témoignages

(**6**, 1949, p. 182-184)

TALL, Sékou et al.

Comment le cinéma peut inspirer le sentiment d'une solidarité historique et culturelle entre les communautés du Monde Noir (**90**, 1974, p. 62-84)

TAMBADOU, Moustapha

Espérances et combats d'Alioune Diop : Permanences et mutations (**181-182**, 2010, p. 421-427)

TAMUNOTONYE, Martin-Adiyi

Vendredi Treize (**107**, 1978, p. 135-136)

TANIFEANI, William

Yari Yari. Black Women Writers and the Future: An International Conference on Literature by Women of African Descent (**158**, 1998, p. 181-187)

TANLA-KISHANI, Bongasu

African Cultural Identity Through Western Philosophies and Languages (**98**, 1976, p. 104-130)

— African Tragic and Artistic Spiritualization (**98**, 1976, p. 193-195)

— Emancipation (**125**, 1983, p.245-246)

— The Comparative Role of Orality and Writing (**136**, 1985, p. 68-80)

— In Memoriam : Bernard Fonlon (**139**, 1986, p. 220-225)

— On the Laps of Hills: In Memory of Bernard Nso'Kika Fonlon, Shuufaay Woo Ntoondzev : 1924-1986 (**139**, 1986, p. 195-196)

— James Baldwin (**144**, 1987, p. 87)

— The Proverbial Philosophy of Fon Njoya the Great (**171**, 2005, p. 81-109)

— Our Lodge of Being-Langu (**191**, 2015, p. 276-278)

— The Era of Entertainment Cinema and Television in Contemporary Africa
(**191**, 2015, p. 133-160)

TCHICAYA, Gérald et al.
Palabre : Le Congo et l'ONU. Première conférence des étudiants à Londres. L'indépendance de la Mauritanie. Conférence de Brazzaville. Une soirée de poésie africaine à Munich. Au Congrès méditerranéen de la culture. La XIe session de l'UNESCO.
(**34-35**, 1960-1961, p. 211-226)

TCHICAYA, U'Tamsi
L'affiche
(**30**, 1960, p. 72-73)
— Le pardon de l'adieu
(**30**, 1960, p. 74-76)
— Intérieur 1
(**40**, 1962, p. 142)
— Intérieur 2
(**40**, 1962, p. 142-143)
— Les Langues sans écriture
(**52**, 1964, p. 162-166)
— A travers Temps et Fleuve
(**57**, 1966, p. 35-38)
— Le Signe du Mauvais Sang
(**57**, 1966, p. 38-40)
— Cattle Bells to the Soul-In What Night...-The Belly Remains
(**63**, 1967, p. 178-181)

TCHIDIMBO, R.
L'étudiant africain face à la Culture Latine
(**14**, 1953, p. 55-64)

TCHIENEHOM, Jean-Vincent
Des mass media pour promouvoir la personnalité africaine
(**88**, 1973, p. 70-79)

TCHIKAYA, Thyster et al.
Table ronde sur l'Enseignement de l'Histoire en Afrique Noire
(**81**, 1972, p. 49-132)

TCHIVELA, Tchichelle
Les aliénés
(**114**, 1980, p. 99-111)
— Zama-Yi
(**119**, 1981, p. 109-116)

TCHOFFOGUEU, Emmanuel
Théâtre et histoire par Anna Paola Mosseto, éd.
(**169**, 2004, p. 251-254)

TCHUMKAM, Hervé
André Brink et l'esthétique postcoloniale. De l'écriture de la marge au déplacement des frontières
(**171**, 2005, p. 197-207)
— D'Aimé Césaire aux « écrivains de banlieue ». Sur la représentation de la communauté dans le contexte postcolonial
(**184**, 2011, p. 167-179)

TEGHEN, Yunga
Unity or Poverty? The Economics of Pan-Africanism par Reginald H. Green, Ann Seidman
(**115**, 1980, p. 238-241)
— *The African Condition* par Ali A. Mazrui
(**115**, 1980, p. 242)
— *The Novels of Ayi Kwei Armah* par Robert Fraser
(**123**, 1982, p. 226-228)
— *The White Man of God* par Kenjo Jumbam
(**125**, 1983, p. 283-286)

TEJANI, Ph. D., Bahadur
Cultural Continuity in Ancient and Modern Africa
(**148**, 1988, p. 20-29)

TELL, Roland
Noir
(**121-122**, 1982, p. 298)

TELLI, Diallo
Le divorce chez les Peuls
(**22**, 1958, p. 29-47)

TEMPELS, P. Placide
L'étude des langues bantoues à la lumière de la philosophie bantoue

(**5**, 1948, p. 755-760)
— L'être est force : Extraits de la *Philosophie bantoue* du père Tempels
(**7**, 1949, p. 249-251)
— Messages au 1er Congrès des Écrivains et Artistes Noirs
(**8-9-10**, 1956, p. 382-383)

TENKEU, KENGNE Ghislaine Elvire, KONÉ Mamadou, BAGAYOGO Mamadou et GUINDO Marc
Activité physique et diabète en Commune IV du District de Bamako
(**183**, 2011, p. 37-47)

TENREIRO, Francisco José
Nègre du monde entier
(**65**, 1968, p. 73-76)

TEODORO, Lourdes
Initiation
(**123**, 1982, p. 118)
— *Moi, laminaire ou la force de regarder demain...*
(**126**, 1983, p. 24-26)

TERSEN
Victor Schœlcher
(**6**, 1949, p. 15-21)

T.G.S.
Les problèmes de l'eau dans le monde par Raymond Furon
(**48**, 1963, p. 237-238)

THAMI, Dahmane
Gold, Diamonds and Blood
(**147**, 1988, p. 39)
— Positive Exercise
(**147**, 1988, p. 40)
— Around Me
(**147**, 1988, p. 41)

THÉÂTRE DAHOMÉEN
La ruse de Diégué
(**5**, 1948, p. 796-809)

THEIS, E.
Un écrivain : Richard Wright
(**8-9**, 1950, p. 141-148)

THELWELL, Mike
Les méandres de la Marche de Washington
(**49**, 1964, p. 150-164)
— James Baldwin
(**52**, 1964, p. 14-26)

THEMBANI, Dick et al.
Palabre : Assemblée générale des Nations-Unies. Afrique du Sud
et Commonwealth. Le Congo sans Lumumba. Les élections générales au Nyassaland. Angola, An I de la Révolution. Maghreb :
Feu rouge ? Feu vert ?
(**36**, 1961, p. 137-159)

THÉOBALDS, Tom
La littérature engagée et l'écrivain antillais
(**27-28**, 1959, p. 27-36)

THÉODAT, Jean-Marie
Haïti et la République dominicaine : La négritude en partage
(**169**, 2004, p. 73-87)

THÉSÉE, Françoise
Auteur de la Société des Amis des Noirs : Clarkson, Mirabeau et
l'abolition de la traite (août 1789-mars 1790)
(**125**, 1983, p. 3-82)

THEUWS, Théodore
Croyance et culte chez les Baluba
(**18-19**, 1958, p. 23-32)

THIAM, Joseph Ma
L'aventure ambiguë par Cheikh Hamidou Kane
(**39**, 1961, p. 234-237)

THIAM, Momar
J'ai connu Paulin Soumanou Vieyra...
(**170**, 2004, p. 25)

THIAM, Oumar Doudou
Des contes et des fables en Afrique Noire

(**4**, 1948, p. 667-671)
— De l'avenir des institutions coutumières en Afrique Noire
  (**6**, 1949, p. 36-46)
— *Droit coutumier nègre* [par Emile Possoz]
  (**6**, 1949, p. 164)
— *My Life in the Bush of Ghosts* par Amos Tutuola
  (**51**, 1964, p.178-179)
— Le Fédéralisme africain, ses principes et ses règles
  (**79**, 1971, p. 51-64)

THIBAUD, Paul et al.

Palabre : La république d'Afrique du Sud. Cuba 1961 et l'Afrique.
Kenya. Monrovia. Evian-Lugrin.
(**37**, 1961, p. 189-207)

THIMON, Alex

Parcours (extrait)
(**121-122**, 1982, p. 299-300)

THOMAS Bissambou,

Umba — Rumba (Chant commun des peuples noirs)
(**143**, 1987, p. 153-154)

THOMAS, Greg

Fire and Damnation: Hip-Hop ("Youth Culture") and 1956 in
Focus
(**175-176-177**, 2007-2008, p. 300-312)
— Re-reading Frantz Fanon and E. Franklin Frazier on the Erotic
  Politics of Racist Assimilation by Class
  (**159**, 1999, p. 71-87)

THOMAS, Jacqueline M. C. et SEVY Gabriel V.

Contes, fables et histoires Ngbaka
(**50**, 1964, p. 183-206)

THOMAS, Louis-Vincent

Animisme et Christianisme : Réflexions sur quelques problèmes
d'évangélisation en Afrique Occidentale
(**26**, 1959, p. 5-21)
— Un système philosophique sénégalais : La cosmologie des Diola
  (**32-33**, 1960, p. 64-76)

— Espoir
(14, 1953, p. 193-194)
— Martyrs
(14, 1953, p. 195)
— Balafong et frénésie
(14, 1953, p. 196-197)
— Le Noir africain et les cultures indo-européennes
(14-15, 1957, p. 7-28)

TIDJANI, A. SERPOS

Rituels
(8-9, 1950, p. 297-306)
— L'africain face au problème du travail
(13, 1952, p. 108-115)
— À propos de « Négritude et Mathématique »
(82, 1972, p. 111-119)
— *The negro mood* par Lerone Bennett Jr.
(82, 1972, p. 155-157)
— *Background to Black-American Literature* par Ruth Miller
(83, 1972, p. 134)
— Examen de consciencisme
(85, 1973, p. 73)
— *Afrique noire : De la colonisation aux indépendances 1945-1960*
par Jean Suret-Canale
(85, 1973, p. 242-243)
— *La traversée de la nuit dense suivi de cris rouges* par Zègoua Nokan
(87, 1973, p. 213-215)
— Réflexion sur le Colloque : "Le critique africain et son peuple
comme producteur de civilisation"
(88, 1973, p. 185-188)
— De l'école coranique à l'école étrangère ou le passage tragique
de l'Ancien au Nouveau dans *L'Aventure ambiguë* de Cheikh
Hamidou Kane
(101-102, 1977, p. 188-206)

— If Not Peace of Mind
(97, 1976, p. 132)
— Family Tree
(101-102, 1977, p. 166-167)

TINE, Abdoulaye et al.

Débat [II. Nouveaux enjeux / 4. Économie politique, mondialisation et nouvelle gouvernance]
(175-176-177, 2007-2008, p. 392-413)

TINE, Alioune

Cultural Policies as an Instrument of External Image-Building: A Blueprint for Nigeria
(133-134, 1985, p. 99-121)

TIROLIEN, Guy

Gouaches
(31, 1960, p. 58)
— Fama moussa
(31, 1960, p. 59-60)
— Vive Bélisaire !
(51, 1964, p. 104-120)
— Gold bullets
(61, 1967, p. 142)
— Childhood
(61, 1967, p. 143)
— *Le roman de Bouqui* par Suzanne Comhaire-Sylvain
(89, 1974, p. 264-265)
— *La meringue (danse nationale d'Haïti)* par Jean Fouchard
(89, 1974, p. 265-266)
— A la lisière du devant-jour
(121-122, 1982, p. 238)
— Ode au silence
(121-122, 1982, p. 239)

TODIANI, Jean et DE MARIO M. A.

L'amour et l'avenir
(41, 1962, p. 101-102)

TODIANI, Jean et al.

Aspiration

TOURÉ, El-Hadj Abdoulaye Fanyé
Du dialogue des cultures au dialogue Nord/Sud dans l'espace de la francophonie
(**175-176-177**, 2007-2008, p. 204-209)

TOURÉ, Ismaël
Apollo XI Poème à l'infini
(**74**, 1970, p. 154-155)

TOURÉ, Mamadou
L'Association des pays et territoires d'Outre-Mer au Marché Commun
(**21**, 1958, p. 67-88)

TOURÉ, Mamoudou
Conséquences financières de la loi-cadre
(**18-19**, 1958, p. 90-102)
— Responsabilités de l'économiste africain
(**27-28**, 1959, p. 244-251)

TOURÉ Mohamed A.-F.
— Perspectives d'industrialisation et marchés africains
(**86**, 1973, p. 68-85)

TOURÉ, Sadan-Moussa
Pour la liberté (lutte sacrée...)
(**57**, 1966, p. 77-78)
— Notre Liberté
(**57**, 1966, p. 78-80)

TOURÉ, Sékou
Le leader politique considéré comme le représentant d'une culture
(**24-25**, 1959, p. 104-115)
— Messages au 2ᵉ Congrès des Écrivains et Artistes Noirs
(**24-25**, 1959, p. 333)

TOWA, Marcien
« Consciencisme »
(**85**, 1973, p. 148-177)
— Propositions sur l'identité culturelle
(**109**, 1979, p. 82-91)
— Conditions d'affirmation d'une pensée philosophique africaine moderne
(**117-118**, 1981, p. 341-353)

— *Études de droit musulman,* Collection Travaux et Recherches de la Faculté de Droit et des Sciences Economiques de Paris, série « Afrique » par M. Chafik Chehate
(**81**, 1972, p. 189)

— *Collection « bibliothèque africaine et malgache »* par Professeur Gonidec
(**81**, 1972, p. 189-191)

— La colonisation et le problème de la démocratie
(**97**, 1976, p. 55-59)

— Discours prononcé à l'ouverture de la Conférence des Ministres africains de la Culture
(**105-106**, 1978, p. 167-169)

— « La spécificité et le dynamisme des cultures négro-africaines »
(**111**, 1979, p. 107-112)

— Témoignage
(**125**, 1983, p. 356-359)

— De la genèse de la Nation et de l'Etat en Afrique Noire
(**127-128**, 1983, p. 149-160)

TRAORÉ, Mahama Johnson

Témoignage
(**155**, 1997, p. 60-61)

— Lettre à Djibril
(**158**, 1998, p. 171-172)

— Le FESPACO, un espace de liberté ?
(**170**, 2004, p. 91-92)

TRAORÉ, Mamadou

Cuisine et culture africaines
(**101-102**, 1977, p. 38-56)

— *Femmes et multinationales*
(**123**, 1982, p. 241-244)

TRAORÉ-LEROUX, Charles

« Griot »
(**5**, 1948, p. 787)

— Deux poèmes
(**7**, 1949, p. 299)

TSEGAYE, Gabre-Medhin
Nkrumah at Noon
(**85**, 1973, p. 48-49)

TSHIAKATUMBA, Matala Mukadi
Addendum
(**63**, 1967, p. 166-168)
— Héritage
(**66**, 1968, p. 126-127)
— Dans les méandres de l'enfer rythmique
(**66**, 1968, p. 128-129)
— À Aimé Césaire
(**104**, 1977, p. 96-97)
— À quand
(**104**, 1977, p. 98-99)

TSHISHIKU, Mgr Tshibangu
Message
(**125**, 1983, p. 369)

TSHIYEMBE, Mwayila
L'OUA face à un nouvel ordre de sécurité régionale
(**146**, 1988, p. 25-60)
— *L'occident : Du déclin au défi* par Edem Kodjo
(**147**, 1988, p. 114)
— *Transfert de technologie et nationalisation au Ghana* par Stephen Adei
(**147**, 1988, p. 115)
— Étude comparée de nouvelles institutions constitutionnelles africaines : Ignorance du modèle négro-africain de société postnationale, néoconstitutionnalisme de pacotille et absence de l'esprit des lois
(**156**, 1997, p. 35-98)
— A Comparative Study of the New African Constitutional Institutions: Ignorance of the Negro-African Model of Postnational Society, Cheap Neoconstitutionalism and Absence of the Spirit of the Law
(**156**, 1997, p. 99-103)

— *The Ethiopian people: Their rights and progress* par E. Sylvia Pankhurst
(**5**, 1948, p. 870-871)

— *Côte des Somalis, Réunion, Inde* par H. Deschamps, R Decary et A. Menard
(**5**, 1948, p. 872)

TUBIANA, Joseph et al.
Messages au 1er Congrès des Écrivains et Artistes Noirs
(**8-9-10**, 1956, p. 387)

— Messages au 2e Congrès des Écrivains et Artistes Noirs
(**24-25**, 1959, p. 355)

TUBMAN
Messages au 2e Congrès des Écrivains et Artistes Noirs
(**24-25**, 1959, p. 331)

TUTUOLA, Amos
Faut pas rendre le mal pour le mal
(**30**, 1960, p. 77-81)

— Les petits frères canards et leur sœur désobéissante
(**36**, 1961, p. 103-108)

TWUM-AKWABOAH, Edward
The Pan-African Movement and the Nigerian Civil War par Skyne R. Uku
(**112**, 1979, p. 219-223)

TYLE-SARA, Alphonse
Le temps des Mal-Indépendants
(**98**, 1976, p. 133-144)

UBIANA, Joseph T
The Government of Ethiopia par Margery Perham
(**5**, 1948, p. 869-870)

UDODEM, Ph. D., S. Iniabong
Philosophy and the Future of Higher Education in Africa
(**148**, 1988, pp. 178-181)

UDOIDEM, Sylvanus Iniobong
The Epistemological Significance of Proverbs: An Africa Perspective
(**132**, 1984, p. 126-136)

UNESCO

Actes de la Conférence générale de l'UNESCO
(**109**, 1979, p. 160)

— Records of The General Conference of UNESCO
(**109**, 1979, p. 161)

— Actes de la Conférence générale de l'UNESCO
(**109**, 1979, p. 162-163)

— Record of The General Conference of UNESCO
(**109**, 1979, p. 164-165)

— Résolution adoptée par la Conférence générale de l'UNESCO
à sa XXIᵉ Session (Belgrade, septembre-octobre 1980)
(**117-118**, 1981, p. 407-408)

— Resolution Adopted by the General Conference of UNESCO
at its XXIst Session (Belgrade: September-October 1980)
(**117-118**, 1981, p. 409-410)

UNION AFRICAINE

Communiqué de presse N. 41/21ᵉ Sommet de l'UA : Les diri-
geants africains signent la Déclaration du 50ᵉ anniversaire de
l'OUA-UA
(**187-188**, 2013, p. 353-354)

UNION DES POPULATIONS DE L'ANGOLA (UPA)

La Révolution Angolaise
(**45**, 1963, p. 105-126)

UNION DES ÉCRIVAINS DE l'URSS

Message au 2ᵉ Congrès des Écrivains et Artistes Noirs
(**24-25**, 1959, p. 369-370)

UNION DES ÉCRIVAINS ZAÏROIS

Premier salon du livre zaïrois
(**135**, 1985, p. 129-131)

UNION DES ÉCRIVAINS YOUGOSLAVES

Messages au 1ᵉʳ Congrès des Écrivains et Artistes Noirs
(**8-9-10**, 1956, p. 379)

UNION GÉNÉRALE DES ÉTUDIANTS CRÉOLES DE LA RÉUNION

La Réunion à l'heure de l'autonomie
(**43**, 1962, p. 349-350)

— *Situations - Vᵉ : Colonialisme et néo-colonialisme* par Jean-Paul Sartre
(**51**, 1964, p. 186-187)

— *L'Algérie qui se cherche* par Daniel Guerin
(**51**, 1964, p. 187-188)

VALENSIN, Charlyne et al.

Palabre : Procès de l'assistance technique. Le Kenya accède à l'indépendance. Rébellion ou révolution ? Je n'aime pas les Noirs. Aide américaine et l'Afrique. Le nouveau taux de la neutralité. Justification de la Négritude. Faut-il larguer les Antilles ?
(**49**, 1964, p. 223-242)

— Palabre : Le voyage aux Antilles. Nations « riches » et pays « pauvres ». Les élections au Bantoustan. Les techniques audio-visuelles et l'Afrique. Le peintre Tiberio. Où il est question de Négritude, mythe et science. Deux perspectives de recherche en Afrique indépendante.
(**50**, 1964, p. 237-257)

— Palabres : Les négriers de la matière grise. Le pardon. Education and national development in Liberia 1800-1900. Réflexions autour du Congrès culturel de la Havane.
(**65**, 1968, p. 156-165)

— Palabres : Black Nationalist Cultural Organisation — Une Autocritique sévère — Sport, Politique et Apartheid — Un mois de mai pas comme les autres
(**66**, 1968, p. 197-206)

VALENTE, M. Gowenha

Magaiça
(**57**, 1966, p. 459)

— O mineiro sobrevivente
(**57**, 1966, p. 459-460)

VALET, Thiéry (traducteur) et D. Lauture

The Word
(**140**, 1986, p. 97)

— The Children's Bones
(**140**, 1986, p. 98)

— Maman c'était quoi le racisme ?
(116, 1980, p. 96)
— Soweto
(116, 1980, p. 96)
— Aube
(116, 1980, p. 97)
— Ghetto
(116, 1980, p. 98-99)
— Un jour
(116, 1980, p. 100)
— Chrysalide
(121-122, 1982, p. 242)

VAMBE, Lawrence C.
The Rhodesian "Settlement"
(82, 1972, p. 52-62)
— A Million White Immigrants for Rhodesia
(92, 1974, p. 196-199)

VAN DEN BERGHE, Pierre
Les Langues Européennes et les Mandarins Noirs
(68, 1968, p. 3-14)

VAN LIERDE, Jean
Témoignage : Patrice Lumumba, leader et ami
(36, 1961, p. 112-119)

VAN SERTIMA, Ivan G.
Muse Without Music (The Poet in Search of a Tongue)
(57, 1966, p. 406-407)
— Volcano
(57, 1966, p. 408)
— Life and Death (Dialogue on Man's Mortality and Significance)
(57, 1966, p. 409-411)

VAN-CHI, Régine et al.
Pré-colloque sur « Civilisation noire et Éducation »
(87, 1973, p. 5-142)

VANDEN BOSSCHE, Jean
L'art plastique chez les Bapende.
(10-11, 1951, p. 167-174)

(**24-25**, 1959, p. 292-298)

VERHAEGEN, Benoît
Autour d'une décolonisation
(**23**, 1958, p. 97-106)
— L'Université et les Étudiants : Sociologie d'une grève
(**52**, 1964, p. 128-142)

VERHAREN, Charles C.
In and Out of Africa Misreading Afrocentrism
(**156**, 1997, p. 163-185)
— Environment, Culture, and Ethics. An African Concept of Evil
(**158**, 1998, p. 47-62)

VERLOOGHEN, Corly
Mijn Geheim
(**57**, 1966, p. 547)
— De wolven
(**57**, 1966, p. 547)

VERSINGER, Georgette
The Journey Within (African Writers Series, No. 206) par I.N.C.
Aniebo
(**109**, 1979, p. 155-158)
— Un auteur africain à l'Agrégation : Chinua Achebe
(**115**, 1980, p. 188-193)
— *African poetry in English: An Introduction to Practical Criticism* par
S.H. Burton, C.J.H. Chacksfiel
(**119**, 1981, p. 191-192)
— *European and African Stereotypes in Twentieth-Century Fiction* par
Sarah L. Milbury-Steen
(**124**, 1982, p. 234-236)
— Jacques Rabemananjara, Grand Prix de la francophonie 1988
(**146**, 1988, p. I-IV)

VIAN, Boris et R. WRIGHT
Claire étoile du matin
(**1**, 1947, p. 120-136)

VIEIRA, Luandino
Buganvilla
(**57**, 1966, p. 440)

— Responsabilités du cinéma dans la formation d'une conscience nationale africaine
(**27-28**, 1959, p. 303-313)

— Le Cinéma et la Révolution Africaine
(**34-35**, 1960-1961, p. 92-103)

— Le cinéma au 1ᵉʳ Festival culturel panafricain d'Alger
(**72**, 1969, p. 190-201)

— À Montréal, les études africaines en question
(**72**, 1969, p. 214-219)

— Centres culturels, et Politique de la culture en Afrique
(**74**, 1970, p. 185-190)

— Le Troisième Festival des Arts d'Ifé
(**77**, 1971, p. 208-214)

— La création cinématographique en Afrique
(**77**, 1971, p. 218-232)

— Dinard 1971 ou le cinéma, fait politique
(**80**, 1971, p. 139-142)

— Festival du film de Moscou 1971
(**80**, 1971, p. 143-149)

— Le 3ᵉ Festival panafricain de Ouagadougou
(**82**, 1972, p. 120-131)

— Le 2ᵉ Festival Cinématographique de Tachkent
(**83**, 1972, p. 86-91)

— Le 3ᵉ Festival Cinématographique de Dinard
(**84**, 1972, p. 109-116)

— Les 4ᵉˢ Journées Cinématographiques de Carthage
(**86**, 1973, p. 178-187)

— Le 4ᵉ festival cinématographique panafricain de Ouagadougou
(**88**, 1973, p. 218-227)

— Le 8ᵉ Festival cinématographique de Moscou
(**89**, 1974, p. 234-242)

— Cannes et Tachkent : Deux festivals au service du cinéma
(91, 1974, p. 147-151)

— 6ᵉ Festival International de Films d'expression française
(**92**, 1974, p. 190-195)

— Les 5ᵉˢ Journées Cinématographiques de Carthage
(**93**, 1975, p. 208-214)

— Responsabilités du cinéma dans la formation d'une conscience nationale africaine
(**170**, 2004, p. 61-72)

— Le Cinéma et la Révolution africaine [réinsertion]
(**170**, 2004, p. 73-81)

VIEYRA, Paulin Soumanou et HAFFNER P.
Propos sur le cinéma africain
(**170**, 2004, p. 43-54)

VILLA, P. Luigi
Messages 2ᵉ Congrès des Écrivains et Artistes Noirs
(**24-25**, 1959, p. 363)

VINCENT, Jules
Idéologies tribalistes et nation en Afrique par Guy Landri Hazoume
(**85**, 1973, p. 240-242)

VINCILEONI, Nicole
Mémoire d'Isles
(**157**, 1998, p. 249-252)

VULOR, Éna
Totemism/Mysticism and the Mother Figure in the Francophone African Novel
(**154**, 1996, p. 243-257)

WABERI, Abdourahman A.
Émile Ollivier, poète de la migrance
(**167-168**, 2003, p. 143-145)

— *Nation-Building, Propaganda and Literature in Francophone Africa* par Dominic Thomas
(**167-168**, 2003, p.346-348)

WADE, Abdoulaye
Afrique Noire et Union Française
(**14**, 1953, p. 118-144)

— Imposture du Fédéralisme
(**5**, 1955, p. 101-105)

— Le cinéma : Encore du Christine Garnier
(**6**, 1956, p. 158-160)

— Examen critique des méthodes pédagogiques
(**7**, 1956, p. 56-73)

WADE, Amadou Moustapha et al.
Témoignages des africains sur Bandoeng
(**3**, 1955, p. 38-44)

WAGAW, Teshome et MAZRUI A. A.
The Case of Education and Culture Conflict in Eastern Africa
(**117-118**, 1981, p. 209-238)

WAHL, Jean
Messages au 2ᵉ Congrès des Écrivains et Artistes Noirs
(**24-25**, 1959, p. 370)

WAHL, Jean et al.
Témoignages sur la *Philosophie bantoue* du père Tempels
(**7**, 1949, p. 252-278)

WALCOTT, Derek
A Letter from Brooklyn
(**57**, 1966, p. 413-414)
— Pocomania
(**57**, 1966, p. 414-415)

WALLERSTEIN, Immanuel
Le Ghana face au présent
(**18-19**, 1958, p. 184-194)
— La Recherche d'une Identité Nationale en Afrique Occidentale
(**34-35**, 1960-1961, p. 79-91)
— L'idéologie politique du PDG
(**40**, 1962, p. 44-56)

WALTERS, Ronald
Foreword
(**159**, 1999, p. 3-13)
— Liminaire
(**159**, 1999, p. 14-24)

WANDJA, Joséphine Guidy
Excision ? Mutilation sexuelle ? Mythe ou Réalité ?
(**141**, 1987, p. 53-58)

WANE, C. D. Bouthier
La lutte sénégalaise : Élaboration d'une forme de lutte scolaire
(**183**, 2011, p. 165-182)

— Structure, Contradiction and the Nigerian Catastrophe: Elements of an Analysis
(**77**, 1971, p. 191-207)

WATTEAU, Maurice

Situations raciales et condition de l'homme dans l'œuvre de J.-P. Sartre
(**2**, 1948, p. 209-229)

— Situations raciales et conditions de l'homme dans l'œuvre de J.-Paul Sartre
(**3**, 1948, p. 405-417)

WAUTHIER, Claude

No Easy Task par Aubrey Kachingwe; *I Will Try* par Legson Kayira
(**61**, 1967, p. 241-243)

— *African arts — arts d'Afrique*
(**69**, 1969, p. 227-228)

— *Histoire de la colonisation allemande,* collection « que sais-je ? » par Robert Cornevin
(**72**, 1969, p. 228-229)

— *Le pouvoir africain* (Collection esprit « frontière ouverte ») par Jean Ziegler
(**82**, 1972, p. 147-148)

— *Faux-papiers 1950-1972,* (Coll. miroir oblique) par Emile Snyder
(**90**, 1974, p. 287-288)

— Témoignage sur Senghor
(**154**, 1996, p. 77-78)

— Le Vatican et l'Afrique noire
(**172**, 2005, p. 161-167)

WEAVER Jr., Harold D.

Paul Robeson and The Pan-African World
(**107**, 1978, p. 217-222)

— The Contestation of African Cinema: The Early post-Independence Filmmaking of Sembene Ousmane and his Courageous Afro-centric Colleagues
(**170**, 2004, p. 133-138)

WILLIAMS, J.C. et A.C. BOURGI
La pensée politique de Frantz Fanon
(**88**, 1973, p. 139-162)

WILLIAMS, Milton
I Wifeless
(**57**, 1966, p. 425)
— Sometimes a Man
(**57**, 1966, p. 426)
— Oh! Prahalad Dedicated Day
(**57**, 1966, p. 427)
— Here There's a War on
(**57**, 1966, p. 427)
— Pray for Rain
(**57**, 1966, p. 428)
— Iron Punts Laden with Cane
(**57**, 1966, p. 428)

WILLIAMS, Sandra
La renaissance de la tragédie dans l'œuvre dramatique d'Aimé
Césaire
(**76**, 1970, p. 63-81)

WILLANE, Oumar et al.
Table ronde : « Elite et Peuple dans l'Afrique d'aujourd'hui »
(**73**, 1970, p. 39-108)

WISCHNEGRADSKY, Dimitri
Le blues
(**37**, 1961, p. 157-188)

WIWA, Ken Saro
Corpses Have Grown
(**83**, 1972, p. 68-71)

WOLDE-GIORGHIS, Haïlou
Un Africain face à face avec les Etats-Unis
(**48**, 1963, p. 193-201)

WONDJI, Christophe
Yves Person et la renaissance des cultures et des sociétés africaines
(**129**, 1984, p. 38-52)

— Tamping Ties
   (**6**, 1949, p. 73)
— Lead Me to the Rock
   (**6**, 1949, p. 74)
— Ain'T No Grave Can Hold My Body Down
   (**6**, 1949, p. 75)
— Tradition and Industrialization
   (**8-9-10**, 1956, p. 347-360)

WRIGHT, Richard et A. Frasconi
   Exchange of letters
   (**5**, 1948, p. 780-784)

WRIGHT, Richard et al.
   Débats : 19 Septembre, à 21 h [Le 1ᵉʳ Congrès International des Écrivains et Artistes Noirs]
   (**8-9-10**, 1956, p. 66-83)
— Dialogue [Le 1ᵉʳ Congrès International des Écrivains et Artistes Noirs]
   (**8-9-10**, 1956, p. 366-378)

X, MALCOLM
   La communauté noire américaine et la révolution africaine
   (**54**, 1965, p. 37-53)
— Telephone Conversation with Malcolm X
   (**62**, 1967, p. 63-69)

X.X.X.
   Un plan de développement des colonies portugaises
   (**3**, 1955, p. 67-70)
— Le fonds d'investissement pour le développement économique et social des territoires d'outre-mer
   (**11**, 1956, p. 47-56)
— Le fonds d'investissement pour le développement économique et social des territoires d'outre-mer
   (**12**, 1957, p. 142-163)
— De Bandoeng au Caire - La Conférence des peuples afro-asiatiques
   (**17**, 1957, p. 113-114)

YOYO, Émile

Exode pour un volcan
(**121-122**, 1982, p. 390-394)

YUSUF, Amhed Abdy

Le mouvement syndical
(**38**, 1961, p. 216-219)

YUSUF, Kenadit Ahmed

Les limites de la Somalie
(**38**, 1961, p. 130-134)

ZADI, Bernard

Autour d'une exposition de peinture
(**91**, 1974, p. 138-146)

ZANDRONIS, Dannyck

An n'ay !
(**121-122**, 1982, p. 243-244)

ZE BELINGA, Martial

Économie des arts et artisanats africains : Attractivité internationale versus prédation globale
(**167-168**, 2003, p. 37-55)

— Entre hommage ambigu et reconnaissance adultérine : La consécration institutionnelle en Afrique, une production néo-coloniale ?
Colloque RH, Pans-Sorbonne (sur Ki Zerbo)
(**169**, 2004, p. 243-245)

— Le Vatican, l'Afrique et la mondialisation
(**172**, 2005, p. 169-174)

— Afrique et mondialisation prédatrice
(**175-176-177**, 2007-2008, p. 364-382)

— Une prophétie de l'égalité des races : Obama
(**178**, 2008, p. 61-65)

— Aggiornamento ! Pour une approche alternative de la Culture
en Afrique contemporaine
(**179-180**, 2009, p. 83-96)

— Économies de la culture, discontinuités discursives, créativité
épistémologique (**192**, 2015, p. 55-82)

— Franc CFA : Les termes nouveaux d'une question ancienne
(**191**, 2015, p. 237-250)

Remerciements

Ce travail a été rendu possible grâce au soutien de JSPS KAKENHI numéros de subvention 17K18480, 17H02328, 19H01388 et Projets de recherche de l'Institut de Recherches sur les Langues et Cultures d'Asie et d'Afrique (Université des Langues Étrangères de Tokyo) "Présence Africaine : Vers de nouvelles perspectives politiques et culturelles"(2015-2017), "Présence Africaine 2 : Texte, pensée et mouvement" (2018-2020).

Formaté typographiquement par
Desk (www.desk53.com.fr)